유럽연합과 젠더

정책, 제도, 행위자적 고찰

이 도서의 국립중앙도서관 출판예정도서목록(CIP)은 서지정보유통지원시스템 홈페이지(http://seoji.nl.go.kr)와 국가자료공동목록시스템(http://www.nl.go.kr/kolisnet)에서 이용하실 수 있습니다.
CIP제어번호: CIP2018042998(양장), CIP2018042999(반양장)

EU European Union and Gender

유럽연합과 젠더

정책, 제도, 행위자적 고찰

박채복 지음

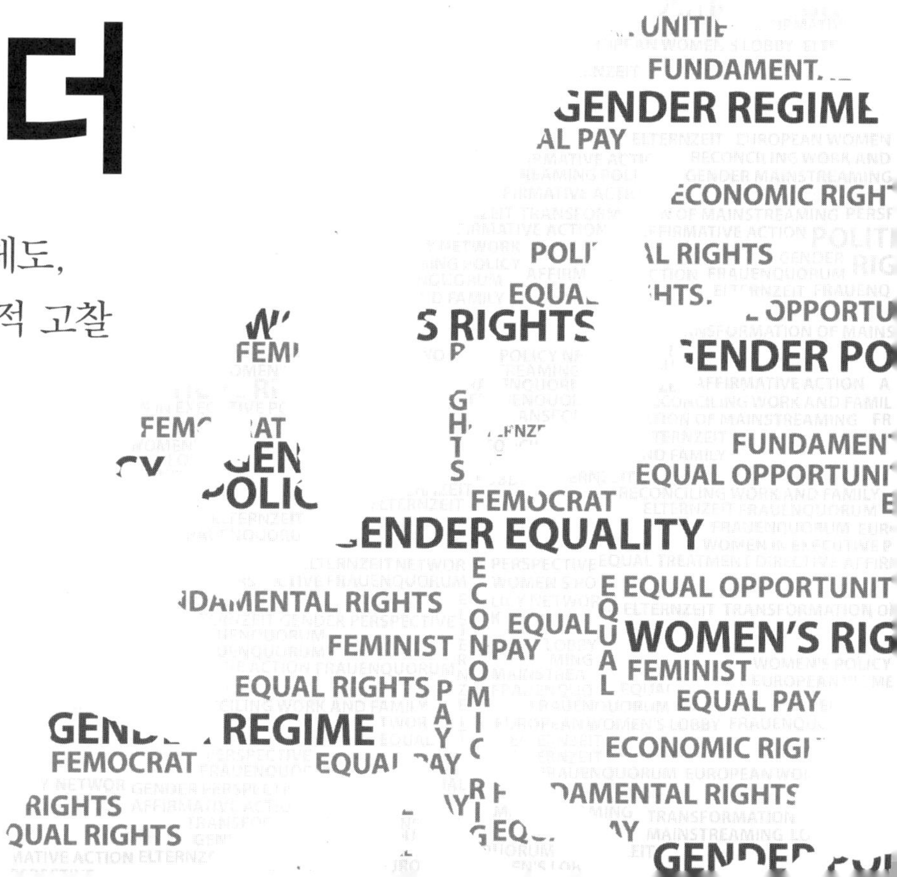

한울
아카데미

이 저서는 2015년 정부(교육부)의 재원으로 한국연구재단의 지원을 받아 수행된 연구임.
(NRF-2015S1A6A4A01013642)

머리말

주지하다시피 유럽의 문화적 이미지는 에우로페 신화와 밀접하다. 황소로 변신한 제우스의 등을 타고 크레타로 향하는 에우로페의 이미지는 행운과 풍요로움의 메타포로 읽히며, 신들에게 선택받은 사람들이라는 선민의식을 유럽인의 자의식으로 상징화했다. 그러나 에우로페 납치 사건의 발단은 자유분방한 제우스의 애정행각으로 치부할 수 있어 유럽의 문화적 원형을 둘러싼 신화적 배경은 현대의 젠더적 관점에서 보자면 많은 문제점을 지닌다 할 것이다. 더구나 중세 이래 일반화되어 나타나는 유럽을 성녀 혹은 여왕의 모습으로 의인화해 표현하는 알레고리와 지도들은 유럽 문화가 지닌 폐쇄성에 대한 방증일 뿐 아니라, 유럽중심주의의 본류에 남성 우위적 사고가 자리 잡고 있음을 여실히 보여준다 할 것이다.

모두에게 열려 있고 기회 균등과 자아 계발을 천명하는 유럽연합의 기본 이념들은 과거의 젠더적 불평등을 해소하고자 하는 의지를 담고 있다. 그럼에도 오늘날 유럽연합의 발전 과정을 면밀히 살펴보면, 예의 과거 역사가 규정하는 몇 가지 구조론적 의문점이 도출된다. 이 책은 다년간 이러한 문제의식을 좇아온 필자가 '유럽연합과 젠더'라는 키워드를 통해 유럽연합에 대한 새로운 접근을 시도한 결과물을 담고 있다. 또한 젠더적 관점에서 유럽연합의 정책 결정 과정에 대한 동태적 분석을 통해 유럽연합 내 젠더정책 형성의 메커니즘 및 역동성을 고찰했다. 이 과정에서, 유럽연합의 젠더정책이 개별 회원국 수준에서 젠더정책의 변화에 어떻게 영향을 미치고 그것이 다시 유럽 차원으로 확장되어 복합적으로 작동하고 있는지 구체적으로 알아보기 위해 유럽연합이라는 다층적 거버넌스를 분석했다.

이 책은 다음과 같은 세 가지 지향점을 지닌다. 첫째, 이 책에서 필자는 '유럽연합과 젠더'라는, 한국 사회에서는 이제껏 주목을 받지 못한 연구 영역에 대한 서술을 시도했다. 국내에서 유럽연합에 대한 많은 연구가 진행되고 연구 성과가 축적되어 유럽연합 관련 저술 활동이 활발하게 전개되어왔음에도 유럽연합을 젠더적 관점에서 서술한 학술서는 전무한 상태이다. 이에 젠더적 시각에서 유럽연합에 대한 체계적이고 폭넓은 이해를 통해 국제적 차원의 젠더정책을 선도하는 글로벌 행위자로서 독보적인 역할을 수행하고 있는 국제적 행위자인 유럽연합을 분석했다.

둘째, 이 책을 통해 필자는 유럽연합을 젠더적 시각에서 분석하는 과정에서, 유럽 통합에서 제기되는 다양한 문제 가운데 민주주의의 결여 문제에 대해 일정 정도 해답을 제공하고자 했으며, 이를 통해 유럽적 가치와 정체성의 공유를 통한 사회적 연대를 확산하는 과정에서 진정한 통합을 이룰 수 있는 유럽 통합의 정당성을 확보하는 작업에 일조하고자 했다. 국제적 규범을 준수하고 유럽 통합을 성공적으로 수행하는 과정에서 젠더정책은 고용과 관련해 여성의 경제활동 참여 증대나 공동체 내 양성평등 원칙을 적극적으로 추진함으로써 여성과 남성이 동등하게 대표될 수 있도록 다양한 법적·제도적 장치를 마련하는 문제만을 의미하지 않는다. 젠더문제는 유럽 통합 과정에서 유럽연합이 직면한 민주주의의 결여 문제와 그 극복의 어려움에 관한 논의이며, 유럽적 가치와 정체성의 확립, 다수결의 원칙과 소수의 권리 존중이라는 민주적 절차가 작동하는 과정에서 사회적 연대와 충성심을 창출하는 데 가장 근본이 되는 논의가 될 것이다.

셋째, 이 책은 유럽연합 내 젠더정책의 현주소를 진단하고 유럽의 젠더문제에 대한 관심을 충족시키는 데 매우 유용한 틀을 제공하고자 한다. 유럽연합과 유럽을 대상으로 한국적 맥락과 밀접한 관련을 갖기 위해서는 높은 수준의 권리 보호 및 젠더평등을 구가하고 있는 유럽연합의 젠더정책을 살펴보는 과정에서 한국 사회 속에서 논의되고 있는 한국적 젠더 논의에 정책적 시사점을 발견하는 작업이 매우 중요하다. 이를 통해 실천적 담론을 전개해나갈 수 있을 것이다.

이 책은 유럽연합을 체계적으로 다루는 학술서로서, 젠더적 관점에서 유럽연합을 조망하는 과정에서 필수적으로 다뤄야 하는 이슈 및 주제를 중심으로 구성되어 있다. 제1부 '젠더적 시각에서 본 유럽연합의 정책 결정 과정'은 유럽 차원의 젠더정책이 회원국 젠더정책에 영향을 미치고, 또 회원국의 젠더정책이 다른 회원국의 젠더정책에 영향을 미쳐 유럽 차원의 젠더정책의 방향과 전개 양식을 바꾸는, 이른바 젠더정책의 유럽화 과정에 대한 분석이다. 제2부 '유럽연합과 젠더: 정책 및 행위자에 대한 역동성'은 여성을 주로 노동자로 간주해 노동시장 진입에서의 남녀평등 문제, 동일노동과 동일임금 원칙의 병행, 일과 가정의 양립 문제 등에 초점을 맞췄던 초기의 정책적 관심과 배려를 넘어, 점차 정책 결정 과정에서의 여성의 대표성 증진 문제, 성주류화정책, 여성에 대한 폭력 문제, 다문화 등 유럽연합이 직면한 구조적 문제와 관련한 정책과 행위자에 대해 접근해본다.

이 책은 한국연구재단의 저술출판지원사업의 지원을 받아 수행된 프로젝트의 결과물이다. 선한 의지를 가지고 대가없이 아낌없이 내어주신 많은 분의 도움이 있었음에 감사드린다. 이 책은 그분들의 사랑과 지지가 없었다면 존재할 수 없었을 것이다. 이 책을 출간해준 한울엠플러스와 윤순현 차장님, 그리고 최규선 편집자께도 감사의 마음을 전한다.

나의 도움의 손길을 뿌리치지 않은 그분들이 했던 것처럼, 이 책이 유럽에 대해 꿈꾸고 희망하는 사람들에게 작은 지적 자극과 영감을 주어 멈추지 않고 계속 자신의 길을 찾아가는 데 작은 끌림이 되었으면 하는 바람이다.

2018년 12월

신용산 연구실에서

박채복

차례

제1부

젠더적 시각에서 본 유럽연합의 정책 결정 과정

제1장

유럽에서의 젠더 불평등 현황 및 문제 제기

유럽연합(European Union: EU)은 유럽의 정치·경제 통합을 실현하기 위해 1993년 11월 1일 발효된 마스트리히트조약(Maastricht Treaty), 소위 유럽연합조약(Treaty on European Union)에 따라 유럽 12개국이 참가해 출범했다. 1951년 핵심 6개국으로 창설된 유럽석탄철강공동체(European Coal and Steel Community: ECSC)와 1957년 로마조약에 의해 창설된 유럽경제공동체(European Economic Community: EEC), 그리고 유럽원자력공동체(European Atomic Community: Euratom)가 통합되어 지금의 유럽연합으로 발전했다.

유럽연합은 유럽에서의 평화 정착과 공동 번영을 목표로 출발한 유럽 통합의 결과이며, 유럽 통합의 역사는 심화와 확대로 요약할 수 있다. 유럽 통합 과정에서 정치적·경제적 통합과 함께 제도적 정비 작업 및 제도의 개혁 작업이 계속 진행되었다(MacCormick, 2008; Rosamond, 2000).

유럽연합은 모두 다섯 차례 확대 과정을 거쳐 지금의 28개 회원국으로 이뤄진, 인구 5억 명이 넘는 거대한 공동체로 발전했다. 오늘날 유럽연합은 그동안 경제적 통합을 넘어 정치적 통합을 완수해나간 동시에 회원국 간의 보다 긴밀한 협력을 담보하기 위한 유럽 통합의 진전 과정에서 이루어낸 역사적 결과물이라 할 수 있었다.

반세기 유럽 통합의 역사는 정치적 상황 및 역학관계의 변화에도 불구하고 성공적이었다고 평가된다. 리스본조약(Lisbon Treaty) 체결로 기존 유럽연합의 제도적 근거가 된 유럽공동체설립조약은 유럽연합운영조약으로 변경되었다. 동시에 기존 3개의 지주구조는 공식적으로 폐기되고 단일구조로 변화했다. 그 결과 새로운 제도, 정책 과정, 정책의 신설과 폐지뿐만 아니라 기존 제도의 속성 또한 변화되어 새로운 하나의 유럽을 형성하려는 노력이 계속되고 있다(Boezel, 2005; Hix, 2005; Hooghe and Marks, 2001).

유럽연합은 인권과 성평등, 민주주의를 가장 근본적인 유럽적 가치로 규정한다. 또한 국제사회에서 민주주의의 발전과 인권 증진을 위한 적극적 참여와 국제적 협력을 제도화하는 일련의 행동들을 통해 시민적 권력(civilian power)으로서, 더 나아가 규범적 권력(normative power)으로서 자신의 정체성을 확보해가고 있다(Manners, 2002).

유럽연합은 유럽연합 차원의 젠더정책을 통해 성평등뿐만 아니라 모든 영역에서의 차별철폐를 추구하고 있다. 유럽연합은 여성의 경제적 자립, 일가족양립정책, 동일노동 동일임금 원칙, 정책 결정 과정에서의 여성의 참여 증진, 젠더에 기반한 폭력 및 인신매매 단절뿐 아니라 글로벌 차원에서의 성평등정책 등을 적극적으로 추진하고 있다(Hantrais and Campling, 2000; Hoskyns, 2008; Meenan, 2007; Pruegl, 2008; van der Vleuten, 2007).

유럽연합은 유럽 통합 과정에서 통합의 주체로서 여성에 대한 기회균등 및 성평등과 관련된 다양한 지침과 공동체의 젠더 관련 결정을 수행하는 주체이다. 이를 통해 유럽연합은 유럽연합뿐만 아니라 그 회원국의 젠더 관계를 규율하는 과정에서 유럽 내 젠더 관련 정책을 주도적으로 수행하고 있다. 이 과정에서 유럽연합 차원의 젠더정책은 유럽연합과 각 회원국 내 젠더 관계 및 평등을 규정하는 매우 중요한 축을 형성하고 있다.

또한 유럽 통합이 진전되는 과정에서 유럽연합은 유럽연합에 속한 국가들의 젠더정책의 유럽화를 통해 젠더화 과정을 추진하고 있다. 유럽연합의 젠더정책의 유럽화를 통해 유럽 내 노동시장에서 발생하는 다양한 차원에서의 남녀 간 불평등을 시정하고 균등한 기회와 처우를 보장하는 정책을 유럽 차원에서 공동으로 수행할 수 있는 기반이 마련되었다 (Bruno et al., 2006; Caporaso and Jupille, 2001; Kantola, 2010; Martinsen, 2007; Roth, 2008).

이 과정에서 유럽연합은 남녀의 기회균등정책을 넘어 모든 정책 영역에서 차별을 철폐하는 반차별정책 및 유럽연합의 모든 정책 영역을 성인지적 관점에서 추진하는 것을 목표로 성주류화정책을 적극적으로 추진하고 있다. 이를 통해 유럽 차원에서 남녀의 평등 실현을 목적으로 하는 젠더정책이 수행되고 있다.

유럽연합 내 다양한 정책 영역이 있지만, 그중에서 젠더정책은 사회정책 및 고용정책의 일환으로 유럽연합 차원에서 공동으로 추진되었다. 그 결과 유럽 공동체 차원에서의 젠더정책이 제도화될 수 있었다. 젠더정책이 제도화되면서 우선 유럽의 사회·고용 정책에서 제기되는 노동시장에서의 남녀의 불평등한 지위를 해소하는 문제가 일정 정도 성공을 거둘 수 있게 되었다.

더 나아가 노동시장에서 벌어지던 성차별이 어느 정도 해소되는 과정에서 유럽연합의 젠더정책의 방향과 성격의 변화가 야기되었다. 젠더정책을 공동체 차원에서 함께 결정하고 집행했던 초기의 유럽연합의 정책적 관심과 배려는 주로 여성을 노동자로 간주해 노동시장 진입에서의 남녀평등 문제, 동일노동과 동일임금 원칙의 병행, 일과 가족의 양립 문제 등에 초점을 맞췄다.

그러나 이러한 초기의 입장과 정책 방향과는 달리 유럽연합의 젠더정책에는 유럽 통합이 진행되는 과정에서 새로운 젠더이슈들이 등장함에 따라 문제에 대한 새로운 인식과 정책적 배려가 요구되었다. 젠더문제의 발생 원인과 배경의 변화에 따른 적극적인 대응과 함께 이에 대한 해결 방법도 달라지기 시작했다.

1. 유럽연합의 젠더정책 방향과 성격의 변화

유럽연합의 젠더정책이 제도화되는 과정에서 가장 두드러진 특징 중 하나는 전통적인 입장 및 접근과는 다른 차원에서 젠더이슈의 중요성이 강조되기 시작했다는 점이다. 특히 유럽 차원에서 젠더정책이 공동으로 논의되고 제도화되면서 점차적으로 정책 결정 과정에서의 여성의 참여가 증대했다.

여성의 대표성 확대를 위한 방안으로 여성의 공적·사적 영역에서의 대표성을 증진하기 위한 다양한 제도와 정책이 추진되었다. 또한 여성에 대한 폭력이나 제도적 불평등 문제, 개발과 여성 등 기존에 제기되었던 구조적인 문제뿐만 아니라 유럽 통합이 진행되는 과정에서 제기되는 새로운 여성 이슈들이 부각되기 시작했다(Hoskyns, 1999).

유럽연합의 젠더정책의 방향과 성격의 변화 과정 역시 주목할 필요가 있다. 유럽 차원에서 결정된 젠더 관련 정책 및 규칙들이 개별 회원국 수준에서 젠더정책의 변화에 어떻게 영향을 미치고 있는지에 대한 관심이 증대되고 있기 때문이다. 또한 개별 회원국에서 수용되고 적용된 유럽연합의 젠더정책이 다시 유럽 차원으로 확장되어 어떻게 유럽연합의 정책 결정 과정에 영향을 미치고 있는지에 대해 좀 더 구체적으로 분석해볼 필요성이 제기되었다. 다시 말해 유럽연합 차원에서 젠더정책이 어떻게 결정되고 집행되는지에 대한 관심이 증대되었다.

유럽연합의 젠더정책 결정 과정에 대한 분석의 필요성이 제기되면서 유럽 차원의 젠더정책이 회원국 젠더정책에 영향을 미치고, 또 회원국의 젠더정책이 다른 회원국의 젠더정책에 영향을 미쳐 유럽 차원의 젠더정책의 방향과 전개양식을 바꾸는 이른바 상호작용에 대한 관심이 급증한 것이다(Macrae, 2006; Mazur, 2009; Walby, 2004).

이러한 문제 제기에는 유럽연합이라는 다층적 거버넌스를 젠더적 관점에서 분석해야 한다는 문제의식이 반영되었다고 할 수 있다. 다시 말해 유럽연합의 정책 결정 과정에 대한 젠더적 분석은 유럽연합에 대한 체계적이고 폭넓은 이해를 가능하게 할 수 있다. 왜냐하면 유럽연합은 지역 통합의 가장 성공적인 사례를 제공하고 있으며, 국제적 차원의 젠더정책을 선도하는 글로벌 행위자로서 독보적인 역할을 수행하고 있는 국제적 행위자이기 때문이다. 젠더적 관점에서 유럽연합에 대한 분석은 기존 유럽 통합의 이론 틀과는 다른 인식론적·방법론적 틀을 제공한다는 점에서 새롭다.

또한 젠더적 관점에서 유럽연합에 대한 논의는 유럽 통합의 심화와 유럽 통합의 방향, 수준과 밀접한 관련을 갖는 중요한 논의의 시작이 될 수 있을 것이다. 더 나아가 젠더적 관점을 통한 유럽연합에 대한 분석은 유럽에서의 젠더 불평등 및 이에 대한 문제 해결 과정에서 유럽 통합 과정을 정당화하고 견인하는 역할을 함께 수행한다는 점에서 분명 의미 있는 일이다.

유럽연합 차원에서 젠더정책을 수립하고 집행하는 역할은 유럽집행위원회(European Commission)를 통해 이루어진다. 특히 유럽집행위원회는 2010년 '여성헌장(2010)'과 '남녀평등을 위한 전략(2010~2015)'을 채택하여 유럽연합 젠더정책의 방향과 성격을 포괄적으로 제시했다. 유럽 차원의 젠더정책의 과제로는 동등한 경제적 자립, 일가족양립정책, 동일노동 동일임금 원칙, 정책 결정 과정에서의 여성의 참여 증진, 여성 폭력 및 인신매매 근절, 유럽연합을 넘어서 글로벌 차원의 성평등정책 추진 등이 포함되었다(European Commission, 2010).

이를 통해 유럽연합은 남녀평등을 실현하고 이를 저해하는 근본적인 원인에 대한 해결책을 유럽 차원에서 마련하고자 노력하고 있다. 또한 유럽연합의 젠더정책의 추진과 함께 유럽 차원에서 성평등이 실현되기 위해서는 유럽에 존재하는 다양한 구조적 장애물을 극복하기 위한 기반이 마련되어야 한다. 무엇보다 공동체의 정책이 수용되고 집행되는 과정에서 각 회원국의 적극적인 협력은 더욱 중요하게 인식되고 있다.

유럽 통합을 성공적으로 수행하는 과정에서 유럽연합은 젠더정책을 통해 고용과 관련된 여성의 경제활동의 참여를 증대시키고 다양한 정책과 프로그램을 수행하고 있다. 또한 유럽연합은 공동체 내에 양성평등 원칙을 적극적으로 추진하는 동시에 다양한 법적·제도적 장치를 마련하는 데 주력하고 있다. 유럽연합은 젠더와 관련된 다양한 행위자들과의 국제적 협력을 중시하며, 국제적 규범을 준수하는 과정에 적극적으로 참여하여 젠더와 관련된 국제적 규범의 변화에 영향을 미치는 중요한 행위자로서 자신의 정체성을 확보하고 있다.

따라서 젠더문제는 유럽 통합 과정에서 유럽연합이 직면한 민주주의의 결여 문제와 그 극복의 어려움에 대한 논의라 할 수 있다. 더 나아가 젠더문제는 유럽적 가치와 정체성의 확립, 평등과 차별철폐, 다수결의 원칙과 소수의 권리 존중이라는 민주적 절차가 작동하는 과정에서 사회적 연대와 충성심을 창출하는 데 가장 근본이 되는 논의이기도 하다. 따라서 젠더문제에 대한 논의는 유럽연합의 지속가능한 민주주의를 확대하는 데 중요한 초석이 되는 기반을 제공할 수 있을 것이다.

이에 유럽연합을 젠더적 관점에서 분석하고, EU 젠더정책의 현주소를 진단해보는 일은 유럽연합의 젠더 현황에 대한 체계적인 분석을 가능하게 한다. 이 과정에서 유럽연합 내에서 존재하는 젠더 불균형 및 불평등 상황에 대한 분석과 처방이 가능해진다. 이를 통해 기존의 전통적인 국가 중심의 유럽연합에 대한 분석과 연구가 가지고 있는 문제점에 대한 보완작업이 이루어질 수 있을 것이다.

젠더적 관점에서 유럽연합에 대한 분석은 매우 중요하지만 상대적으로 기존의 제도나 정책연구에서는 관심을 갖지 않았던 유럽연합의 젠더문제에 대한 관심을 증대시키는 데 매우 유용한 틀로 인식될 수 있다. 유럽연합의 젠더정책이 개별 회원국 수준에서 젠더정책의 변화에 어떻게 영향을 미치고, 다시 유럽 차원으로 확장되어 어떻게 복합적으로 작동하고 있는지 구체적으로 알아보는 작업은 유럽연합이라는 다층적 거버넌스를 젠더적 관점에서 분석하는 데 관건이라 할 수 있다.

이러한 점에서 유럽연합과 젠더라는 키워드로 유럽연합을 분석하고 접근하는 것은 유럽연합에 대한 새로운 시도이다. 특히 유럽연합의 젠더 정책의 형성 및 결정 과정 그리고 다양한 젠더이슈에 대한 동태적인 분석은 유럽 차원의 젠더정책이 형성되는 메커니즘 및 역동성을 체계적으로 고찰할 수 있다는 점에서 매력적이다.

더 나아가 젠더정책 결정 과정에 참여하는 다양한 행위자들의 상호 작용과 연계 구조를 분석하여 새로운 거버넌스 방식의 유용성 및 적합성을 체계적으로 고찰해볼 수 있다는 점에서 유의미성을 내포한다. 많은 젠더이슈 중 젠더정책의 대표적인 사례는 유럽연합의 정책 결정 과정에서의 성주류화정책, 일가족양립정책, 정책 결정 과정에서 여성의 대표성 문제, 여성 폭력과 인신매매 문제 등을 꼽을 수 있다.

이처럼 젠더정책을 분석하는 과정에서, 유럽연합 차원에서 논의되는 젠더정책의 유럽화 및 제도화 과정, 다양한 행위자와 네트워크의 유형 등 다양한 젠더이슈에 대한 면밀한 분석을 통해 유럽연합에 대한 보다 총체적인 연구가 가능하게 될 것으로 기대된다.

2. 유럽연합의 젠더정책 연구 동향

그렇다면 유럽연합의 젠더정책에 대한 연구는 어떻게 진행되고 있는지 연구 동향에 대해 살펴볼 필요가 있다. 유럽연합과 그 회원국 차원에서 발생하는 다양한 젠더이슈들을 다루는 과정에서 그동안 관련 연구 성과가 많이 축적된 상황이다.

먼저 국가 차원에서의 연구가 진행되었다. 유럽 각국의 젠더 현황 및 이슈에 대한 분석 작업이 진행되었는데, 이 작업에서 다양한 이슈가 다뤄졌다. 유럽 국가별 여성의 경제활동 현황 및 노동시장에서 취업 구조의 변화, 성별화된 노동시장의 현실과 문제점, 노동의 유연성 문제, 노동시장에서 여성의 고용불안정 및 빈곤화 문제, 돌봄노동 문제, 일과 가족 양립 및 출산 지원정책 등 국가적 차원에서 진행되고 있는 다양한 논의들은 유럽 각국의 여성 문제에서 매우 중요한 위치를 차지한다(Elman, 1996, 2007; Haussman and Sauer, 2007; Holli and Kantola, 2007; Ossilli, 2008).

유럽 차원에서 진행된 연구를 보면, 국가라는 중요한 행위자의 역할과 여성의 지위 및 권익 증진의 상관관계를 밝히는 문제가 유럽연합의 젠더정책에 대한 연구에서 가장 두드러지는 부분이라 할 수 있다. 이 과정에서 국가와 여성의 관계, 국가의 젠더정책 등 국가 행위자를 중심으로 한 연구가 진행되었다.

다시 말해 국가와 페미니즘과의 관계 설정 및 국가의 적극적인 개입 과정에서 젠더 이슈가 사회적으로 어떻게 투영되고 있는지, 국가의 정책이 여성의 삶에 어떠한 영향을 미쳤는지에 대한 연구들이 활발하게 진행되었다. 이 과정에서 국가의 역사적 맥락 속에서 다른 지역의 여성 연구와는 다른 유럽 젠더 이슈의 특수성을 고찰하는 연구가 주를 이루었다(Guerrina, 2005; Hoskyns, 1999).

또한 유럽 지역 여성의 문제를 해결하는 과정에서 페미니즘적 접근을 시도하고, 젠더적 시각에서의 문제 해결뿐만 아니라 발전 방향을 모색하는 연구가 활발히 진행되었다. 이 밖에도 여성과 폭력(Aradau, 2008; Askola, 2007; Locher, 2007), 고용 및 경제적 참여 증진(Aybars, 2008; Sainsbury, 1999), 성주류화를 위한 제도적 메커니즘(Fodor, 2006; Hafner-Burton and Pollack, 2009; Mazey, 2002; Rees, 2005; Schmidt, 2005; Sterner and Biller, 2007), 그리고 의사결정 과정에 대한 여성의 참여 확대 등 다양한 여성 및 젠더 이슈를 중심으로 유럽 차원에서 지속적으로 진행되었던 젠더 정책 및 이슈에 대한 소개 및 문제점, 해결 방안이 집중적으로 논의되었다(Kantola, 2009a; Lewis, 2006; Ossilli, 2008; Pruegl, 2007; Roth, 2008).

여성 및 젠더 문제는 유럽 통합과 민주화 과정에서 발생할 수 있는 다양한 종류의 차별을 철폐하고 유럽 통합의 성공을 가늠하는 사회의 민주화와 변혁에 직결되는 중요한 이슈이기도 하다(Bell, 2002; Kantola, 2009b). 이에 유럽 통합의 심화와 확대 과정에서 유럽의 지속가능한 민주주의를 성취하기 위한 노력의 일환으로서 젠더정책의 유럽화 과정에 대한 연구(Bruno, Jacquot and Mandin, 2006; Caporaso and Jupille, 2001; Martinsen, 2007; Roth, 2008)가 진행되었다. 더 나아가 유럽연합의 확대 과정에서 발생하는 젠더적 특수성과 맥락을 파악하는 연구도 함께 진행되었다.

유럽 차원의 정책 결정 과정에서 여러 다양한 이해관계의 주체들이 서로 다른 이익을 조정하고 타협하는 일련의 과정과 새로운 거버넌스 논의는 새로운 젠더적 인식론의 틀을 형성하는 데 기여할 수 있는 실재적인 과정으로, 유럽연합의 젠더정책에 대한 연구에서 이에 대한 연구 역시 매우 중요한 부분을 차지한다(Beveridge and Velluti, 2008; Büchs, 2007; Scharpf, 2002).

국외 연구와는 달리 유럽연합의 젠더정책에 대한 국내 연구는 미진한 상태이다. 특히 유럽 개별 국가의 가족정책이나 젠더문제를 다룬 연구들 외에 유럽연합에 초점을 맞추고 유럽연합의 젠더 관계를 규명한 연구는 매우 적은 편이라 할 수 있다. 한편 유럽연합의 젠더 관계를 규명하고자 한 국내 연구들은 주로 젠더와 관련한 유럽연합의 결정이 어떻게 이루어지는지, 결정 주체는 누구인지, 국가 간 대응이 어떠한 형태를 띠고 전개되는지, 젠더문제 해결을 위한 중요한 이슈들이 어떻게 다루어져 왔는지에 초점을 맞추고 있다.

이러한 연구에서는 1957년 로마조약에 '동일노동 동일임금' 원칙이 명시된 이후 젠더와 관련한 여성정책이 어떻게 발전해왔는지에 대한 분석과 유럽연합의 심화 및 확대의 과정 속에서 유럽연합 차원의 젠더정책의 제도적 정착과 그 실재에 대한 분석이 이루어졌다(김민정, 2003, 2009; 박영란·최진우, 2007; 박채복, 2002).

또한 유럽연합에서 결정된 젠더정책이 어떤 형태로 회원국 정부에 수용되었는지, 사회적 조건의 변화와 제도적 요인에 대한 분석 작업에 초점을 맞추어 진행되었다. 유럽연합의 젠더평등정책이 어떠한 제도적 기반 위에서 어떠한 법적 장치를 통해 추진되는지 살펴보기 위해 유럽연합의 법체계 속에서 젠더정책이 어떤 양상으로 발전하고 있는지 살펴보고 있다(김선옥·장면선, 2003; 채형복, 2008).

그동안 유럽연합과 유럽연합의 정책을 대상으로 한 연구가 활발하게 진행되어온 것과는 달리 유럽연합과 젠더를 연계해 젠더적 관점에서 고찰하고 분석하려는 노력은 상대적으로 미비했다. 또한 기존 연구들은 대부분 유럽연합의 젠더정책에 참여하는 행위자들을 규명해내고, 행위자 간 상호작용을 통한 정책 과정을 서술하는 데 중점을 두고 있어 행위자들이 가진 자원이나 영향력의 동원 방식, 그리고 상호 연대 내지 경쟁 관계에 대한 동태적 분석이 미흡했다.

결국 행위자들 간의 권력관계에 대한 논의가 부족하다는 측면으로 해석할 수 있다. 따라서 그동안 연구들이 젠더정책의 결정 과정을 분석했지만, 실제 정책 행위자들이 어떻게 자원을 보유하며, 어떠한 자원을 필요로 하여 어떠한 경로를 통해 정책을 형성하는지에 대한 동태적 연구가 부족하다는 것이다.

다시 말해 정책행위자들 사이에 존재하는 상호작용을 분석하는 과정에서 누가 핵심적 행위자이고 누가 주변적 행위자인지, 행위자들 간의 관계의 속성은 어떠한지, 정책의 변화를 유발하는 요인은 무엇이며 변화에 이르는 동태적 과정은 어떠한지에 대해 보다 구체적인 분석이 필요하다.

유럽연합에 존재하는 다양한 젠더레짐(gender regime)의 특징과 다양한 젠더정책 관련 행위자를 분석해보는 것은 매우 의미 있는 일일 것이다. 다양한 행위자의 차별적 이해관계와 선호가 서로 조정되어가는 맥락을 이해하고, 정책 과정에서 각각의 선호가 취합되고 조정되는 조건과 과정을 분석하는 일은 의미 있는 일이라 할 수 있다.

또한 젠더정책은 공식적 행위자뿐만 아니라 비공식적 행위자들과의 사전 협의를 형성해 독특한 구조 속에서 이루어지는 경우가 많다. 따라서 다양한 행위자 간의 상호 협의 과정과 조정이 어떻게 이루어지는지의 문제는 갈등을 조정하고 협력을 극대화하는 과정에서 매우 중요하다.

따라서 다양한 정책 행위자의 상호작용에 대한 동태적 분석을 통해 젠더정책 과정에서 공식적·비공식적 의사소통의 구체적인 흐름을 파악해봄으로써 우리는 젠더정책을 둘러싸고 서로 다른 이해관계가 어떻게 조정되고 통합되는지를 보다 면밀하게 분석할 수 있을 것이다. 더 나아가 젠더정책 결정 과정에서 발생하는 갈등과 협력 관계의 메커니즘을 좀 더 심도 있게 분석할 수 있을 것이다.

3. 유럽연합의 젠더정책 형성의 메커니즘과 역동성

유럽연합은 젠더정책에 대해 다음과 같은 정책적 과제를 제시했다. 주요 정책 과제로는 남녀의 동등한 경제적 자립, 일가족양립정책, 동일노동 동일임금 원칙, 정책 결정 과정에서의 여성의 참여 증진, 여성폭력 및 인신매매 단절, 유럽연합을 넘어 글로벌 차원에서의 성평등정책 추진 등을 꼽을 수 있다. 유럽연합의 젠더정책이 어떻게 형성되고 결정되는지에 대한 메커니즘과 역동성을 살펴보기 위해서는 다섯 가지 정책 과제에 대한 분석과 함께 다음과 같은 내용을 중심으로 다뤄볼 필요가 있다.

첫째, 유럽화(Europeanization)와 젠더정책의 제도화 과정을 체계적으로 분석할 필요가 있다. 젠더정책의 제도화 과정에서 각 회원국은 젠더정책의 유럽화 과정을 경험하게 된다. 유럽연합의 젠더정책이 어떻게 유럽 차원으로 확장되고 복합적으로 작동하는지 구체적으로 알아보기 위해 유럽연합이라는 다층적 거버넌스 내에서 상호작용하는 다양한 젠더레짐과 젠더이슈들을 정확하게 분석해낼 필요가 있다.

유럽연합의 젠더정책은 개별 회원국 수준에서 젠더정책에 영향을 미치고, 또 회원국의 젠더정책이 다른 회원국의 젠더정책에 영향을 미쳐 유럽 차원의 젠더정책의 방향과 전개양식을 변화시키고 있다. 유럽연합에는 지역, 지방, 국가, 유럽연합 그리고 국제적 차원에서 다양한 젠더레짐이 존재한다. 따라서 이들 레짐의 상호작용을 이해하는 일은 유럽연합이라는 정치체(polity)가 공동체 차원에서 젠더정책을 수행한 결과 어떻게 실질적인 젠더 관계의 변화를 가져오게 했는지를 이해하는 데 중요한 단초를 제공한다(Kantola, 2010: 8).

왜냐하면 유럽연합의 젠더 관련 정책 결정은 지역, 지방, 국가 차원에 존재하는 다양한 젠더레짐에 영향을 미치기 때문이다. 따라서 다양한 젠더레짐 사이에 존재하는 상이성과 특수성에도 불구하고 유럽연합이 결정하는 젠더 관련 지침 및 규칙이 수용되는 과정을 면밀히 분석하고, 그 결과 유럽연합 차원의 결정이 어떻게 회원국의 젠더 관계를 변화시키는지 분석해보는 것은 젠더적 관점에서 유럽연합을 총체적으로 분석하는 데 중요한 일이다.

또한 최근 들어 유럽연합은 국가 차원에서 해결하기 어려운 젠더이슈들에 대해 유럽연합 차원에서 함께 해결책을 논의하고 결정하는 쌍방향 소통을 독려하기 때문에, 젠더정책의 형성 메커니즘과 역동성을 이해하는 것은 더욱 중요해졌다. 또한 동일노동 동일임금 원칙에서 시작된 유럽연합 젠더정책의 유럽화 과정에 대한 경로 추적을 시도해보는 것도 의미 있을 것이다.

무엇보다 유럽 통합의 심화와 확대 과정에서 젠더레짐의 다양성을 고찰해보고 현재 각 레짐의 성평등과 불평등 현황 및 방향에 대해 분석해보는 것은 유럽연합을 젠더적 관점에서 포괄적으로 이해하는 것을 가능하게 할 것이다.

이를 통해 유럽연합 젠더정책 결정 과정에서 그러한 다양한 젠더레짐이 어떻게 활동하고 무엇을 결정하며 어떻게 결정 과정에서 합의하게 되는지, 정책 결정 과정에 대한 동태적 분석이 가능해진다. 더 나아가 유럽연합 차원에서 젠더정책 형성의 메커니즘과 역동성을 좀 더 구체적으로 고찰해볼 수 있을 것이다.

둘째, 유럽연합의 젠더정책 결정 과정에 참여하는 다양한 행위자들의 상호작용과 연계 구조를 분석해야 한다. 유럽연합은 젠더와 관련한 다양한 규범과 제도를 형성하고 결정하는 과정에서 회원국뿐만 아니라 다양한 행위자와의 상호작용을 통해 유럽연합과 그 회원국의 젠더 관계를 변화시키고 있다. 물론 유럽연합과 같이 정책 결정 구조가 다층체제 속에서 이루어지는 상황에서 정책 조정 방식은 국가별 정치체제, 정책 영역, 참여 행위자의 특성 등에 따라 복잡한 양상을 띤다.

단순한 틀로 모든 과정을 설명하기란 쉽지 않다. 과거 제도를 조정함으로써 구체적인 정책 결과를 제시하거나 유럽정책의 영향으로 국내의 기회구조가 바뀌어 국내 행위자들 사이에 권력 배분과 자원 동원의 양식을 바꿈으로써 정책을 변화시키는 방식이 지배적이었다. 유럽 통합이 진전되는 과정에서 제도의 직접적인 영향력이나 강제력은 없다. 그러나 유럽연합의 정책 결정이 회원국 국내 행위자들의 신념 및 기대를 변화시키고 있다는 점이다.

변화된 신념과 기대는 다시금 국내 행위자들의 정책적 선호 및 전략적 선택에 영향을 미치고 궁극적으로 회원국의 정책을 변화시키는 경우가 증대하고 있다. 또한 기존의 전통적이고 강제적인 구속력을 가진 결정(hard law)보다는 권고나 결의안, 의견 같은 구속력이 없는 연성법안

(soft law)을 바탕으로 회원국 사이에 협력과 조정을 통해 성취되는 것이 바람직하다는 움직임이 더욱 활발하게 진행되고 있다.

유럽연합의 젠더정책 결정 과정에 참여하는 다양한 행위자의 상호 작용과 연계 구조를 분석하기 위해서 젠더정책의 조정 과정을 계층구조(hierarchies), 시장구조(markets), 네트워크(networks) 등을 통해 설명할 수 있다. 명령통제 및 규제지향적인 수직적 조정에서부터 자발적으로 성평등의 유인을 가지도록 하는 시장구조적 조정 형태에 이르기까지 다양한 행위자들은 젠더정책 결정 과정에 참여하고 있다.

젠더정책은 다른 공동체 정책과는 달리 엄격한 법률이나 규칙 또는 노동시장의 변화를 통해 정책 목표를 달성하기보다는 네트워크 거버넌스의 활용을 강조하는 수평적인 조정 방식에 의해 결정된다는 점이다. 두드러지는 것은, 유럽연합의 젠더정책이 기존의 명령 통제적 방식이 아니라 회원국 간 협력과 조정, 협상, 성공 사례 공유, 상호 학습 등 다양한 정책 조정 과정을 거쳐 유럽 차원에서 제도화되고 있다는 점이다.

셋째, 유럽연합 젠더정책의 대표적인 사례라고 할 수 있는 유럽연합 정책 결정 과정에서의 성주류화정책(gender mainstreaming policy), 유럽연합의 여성 정치적 대표성, 일가족양립정책(reconciling work and family), 유럽연합과 여성 폭력 및 인신매매 문제 등 중요한 젠더이슈에 대한 체계적인 분석 작업이 이루어져야 한다.

유럽연합 젠더정책의 대표적인 사례인 성주류화정책, 유럽연합의 여성 정치적 대표성 및 일과 가족의 양립 문제 그리고 여성 폭력 문제는 회원국의 서로 다른 젠더 환경과 이해관계에도 불구하고 유럽연합의 결정이 회원국에 수직적으로 수용되는 과정이 차별적일 수밖에 없는 정책 영역들이다. 동시에 젠더정책의 대표적인 사례들은 회원국들이 서로 다른 여건과 상황을 바탕으로 유럽 차원의 행위자들이 공동으로 협의하고 정책을 결정하는 수평적인 과정을 통해 이루어지는 정책 영역이기도 하다(Ellina, 2003; Stratigaki, 2005).

따라서 이와 같은 다양한 젠더정책 영역 및 관련 이슈를 유럽연합 젠더정책의 사례로 살펴봄으로써 정책 결정 과정과 입법화 과정에서 젠더정책과 관련한 다양한 행위자들의 네트워크가 어떻게 활동하는지 구체적으로 알아볼 수 있다. 또한 다양한 젠더 관련 정책 네트워크에 참여하는 다양한 행위자들의 선호와 이해관계가 상호 조정·협의 방식이라는 메커니즘에 의해 어떻게 하나의 유럽적 젠더정책의 근간을 형성하게 되는지 분석할 수 있다.

일가족양립정책을 비롯해 성주류화, 여성의 대표성, 여성 폭력 등에 관한 유럽연합 차원의 정책은 회원국 국내 젠더정책의 가이드라인 역할을 함으로써, 유럽연합의 젠더정책이 회원국의 젠더정책 방향과 기준 설정에 지대한 영향력을 행사하는 전형적인 예가 될 것이다.

생각해볼 문제

1 유럽연합 젠더정책의 성격과 변화 과정에 대해 기회균등 및 성평등을 넘어 차별철폐정책과 성주류화정책으로 정책의 우선순위가 전환되는 과정을 중심으로 설명해보자.

2 유럽연합은 젠더 관련 다양한 지침들과 공동체의 결정을 통해, 성주류화정책, 가족정책, 여성의 정치 참여 확대, 그리고 여성에 대한 폭력(가정폭력, 인신매매)과 같은 젠더 관련 정책을 주도적으로 수행하는 행위자이다. 유럽연합 차원의 젠더정책이 어떻게 유럽연합과 각 회원국 내 젠더 관계 및 평등을 규정하는 매우 중요한 축을 형성하는지 정책 결정 과정의 메커니즘과 역동성에 대해 논의해보자.

3 젠더적 관점에서 유럽연합을 분석하는 것의 학문적 의미에 대해 논의해보자.

더 읽을거리

1 안병억 외. 2015. 『유럽연합의 이해와 전망』. 서울: 높이깊이.

2 유럽정치연구회 엮음. 2018. 『유럽정치론』. 서울: 박영사.

3 송병준. 2013.『유럽연합 거버넌스와 공동정책』. 서울: 높이깊이.

4 김시홍 외. 2003. 『유럽연합의 이해』. 서울: 높이깊이.

5 Abels, G. and J. M. Mushaben(eds.). 2012. *Gendering the European Union: New Approaches to Old Democratic Deficits*. Basingstoke, New York: Palgrave Macmillan.

제2장

유럽연합 젠더정책의 역사적 형성 과정

유럽연합은 유럽 차원에서 다양한 젠더이슈 및 젠더정책을 주도하는 행위자이다. 1957년 로마조약에 '동일노동 동일임금 원칙'이 명시된 이래 유럽연합은 젠더 관계를 결정하는 데 중요한 행위자로 등장했다. 유럽연합은 공동체 차원에서 결정되는 젠더정책을 통해 유럽연합과 그 회원국의 성평등을 추구하고 있다. 유럽 차원의 젠더정책을 추진하는 과정에서 유럽연합은 유럽 내에 존재하는 다양한 젠더레짐의 근간이 되고 있다.

유럽연합은 모든 정책 영역에서의 성주류화정책(gender mainstreaming policy)을 적극적으로 실현하고 있다. 그 결과 유럽연합 젠더정책의 우선순위는 기존의 남녀의 기회균등 및 여성에 대한 적극적 조치(affirmative action)의 실행을 넘어 유럽 내에 존재하는 다양한 영역에서의 젠더 불평등 문제를 적극적으로 해소하고 모든 영역에서의 차별을 철폐하는 데 놓여 있다.

다층적 거버넌스로서 유럽연합의 경우, 젠더 관련 입법 및 정책 결정은 지방, 국가, 초국가적 차원에서의 다양한 기구와 행위자들의 협력과 합의 그리고 다양한 젠더 담론과 논쟁이 복합적으로 작용하여 매우 복잡한 과정의 상호작용을 통해 이루어진다. 이러한 복잡한 과정을 통해 결정된 유럽연합의 젠더 관련 결정 및 규범은 지역, 지방, 국가 차원에 존재하는 다양한 젠더레짐에 영향을 미친다. 그 결과 유럽연합 차원에서 젠더 관계의 변화를 가능하게 하는 것이다.

이러한 점을 고려해 이 장에서는 유럽연합의 젠더정책이 개별 회원국 수준에서 젠더정책의 변화에 어떻게 영향을 미치고, 그것이 다시 유럽 차원으로 어떻게 확장되고 있는지 구체적으로 알아보고자 한다. 이를 위해 유럽연합이라는 다층적 거버넌스 내에서 상호작용하는 다양한 젠더레짐을 분석하고자 한다. 유럽연합에 존재하는 다양한 젠더레짐을 분석하기 위해 동일노동 동일임금 원칙에서 시작된 유럽연합 젠더정책의 제도화 과정을 추적해보고자 한다.

또한 유럽 통합의 심화와 확대 과정에서 젠더정책의 변화와 다양성에 대한 고찰을 시도하고자 한다. 이를 통해 현재 각 레짐의 성평등과 불평등 현황 및 방향에 대해 체계적으로 분석하고자 한다.

1. 유럽연합의 젠더레짐에 대한 이해[1]

1) 유럽연합과 젠더레짐

국가는 젠더화된 권력관계를 제도화하며 노동(시장), 국가, 가족 관

1 이 절은 ≪정치정보연구≫, 제16권 1호(2013), 33~58쪽에 실린 「EU 젠더레짐의 형성 및 정책결정과정」을 수정 및 재구성한 것이다.

계에서 젠더 관계의 설정 및 변화에 지대한 영향을 미치는 행위자이다. 또한 국가는 그 사회의 젠더 질서와 연계되어 젠더 관계를 고려한 젠더 레짐을 갖는다.

젠더레짐은 젠더 관계, 남녀의 차별적인 업무와 권리 분담에 대한 형성된 기대를 만들어내는 가치, 규범 및 규칙의 총합으로 정의할 수 있으며(Sainsbury, 1999: 5), 젠더 관계의 형태나 상호 관계를 일정한 방향으로 결정하는 틀을 제공한다. 또한 젠더레짐은 젠더가 정의되고 배치되는 방식이자 젠더 관계의 구조를 의미하는 동시에 개인부터 국가 차원까지 다양한 규모의 공간에서 구현되는 젠더 구성의 방식과 배치, 젠더 질서의 형태를 의미한다(Connell, 2002).

유럽연합에는 지역, 지방, 국가, 유럽연합, 그리고 국제적 차원에서 다양한 젠더레짐이 존재한다. 유럽연합 내 젠더레짐의 상호작용을 이해하는 일은 유럽연합이라는 정치체(polity)가 공동체 차원에서 젠더정책을 수행한 결과 어떻게 실질적인 젠더 관계의 변화를 가져오게 했는지를 이해하는 데 중요한 단초를 제공한다.

젠더레짐은 남녀 간의 사회적 관계 및 역할규범, 정체성 등이 사회의 구체적인 현실과 맥락 속에서 특정하게 제도화된 방식으로 형성된다. 이들 유럽 내 젠더레짐은 지역, 지방, 국가, 그리고 유럽연합의 다층적인 측면에서 각각의 사회적 관계와 규범을 통한 젠더 관계 속에서 다른 구성을 가지고 있다. 따라서 유럽연합 각각의 성격과 레짐들 간의 특성을 이해하는 것은 필수적이다.

또한 유럽연합의 젠더레짐에 대한 이해는 유럽연합 젠더정책의 성격을 규명하는 데 중요하다. 이는 유럽연합의 젠더레짐이 유럽 통합 과정에서 유럽 사회의 구조와 역사성은 물론, 유럽연합 내에 존재하는 다양한 젠더 논리를 반영하고 있기 때문이다. 이와 더불어 젠더레짐을 살펴봄으로써 사회관계의 구성체로서 다양한 젠더 관계를 관통하는 공통된 제도화된 유형에 대해 전체적으로 조망해볼 수 있다.

요컨대, 유럽연합과 그 회원국의 젠더 관계를 분석하기 위해 젠더레짐에 대한 이해는 필수적이라 할 수 있다. 또한 각국의 다양한 젠더레짐 속에 존재하는 차별성과 공통성에 대한 규명과 그 원인에 대한 분석 작업은 특정 국가의 젠더 관계 및 젠더정책의 내용과 구조 속에서 공통으로 발견되는 총체적이고 전반적인 복합성, 즉 가치, 규범, 규칙을 포괄적으로 이해하는 것이라 할 수 있다.

더 나아가 유럽연합 내 젠더정책과 젠더레짐에 대한 분석 작업은 지역적인 다양성을 지적하는 데 유용하다. 각 젠더레짐 사이에 존재하는 차이와 다양성은 유럽 차원의 젠더 규범과 규칙, 결정들의 수용 과정에서 매우 중요한 도전을 내포하기 때문이다. 각 국가의 젠더 관계, 즉 여성의 지위와 역할에 따라 유럽연합에서 결정된 젠더 관련 정책들의 수용과 적용 과정이 차별적일 수밖에 없다.

유럽연합 내에 존재하는 다양한 젠더레짐에 대한 유형화 작업에서 각 국가의 젠더 관계와 젠더 관계에 미치는 사회경제적 영향이 가장 중요한 기준임에도 불구하고 기존의 연구들은 젠더 관계에 대해 제도적으로 협소한 이해를 바탕으로 하고 있다. 즉, 유럽연합의 젠더정책에 참여하는 행위자들을 규명해내고 그들 간 상호작용을 통한 정책 과정을 서술하는 데 중점을 둔 연구가 대부분이라는 한계가 있다.

따라서 유럽연합의 젠더정책에 대한 분석에서 과거에는 유럽연합이 어떻게, 왜 젠더정책을 수용하고 이를 적용하는지가 관건이었다면, 지금은 어떻게 그리고 왜 젠더 불평등이 구조화되고 유럽정책을 통해 어떻게 재생산되고 있는지, 그리고 유럽연합의 정책이 각국의 다양한 젠더정책에는 어떠한 효과를 발휘하는지에 대한 분석에 초점이 맞춰져 있다. 이처럼 젠더레짐에 대한 총체적인 이해를 기반으로 하는 분석은 과거와는 인식론적 출발점이 다르다는 점에서, 기존 연구 경향과는 다른 시도를 할 수 있다.

2) 유럽연합의 젠더레짐 현황

유럽연합은 지역 통합의 가장 성공적인 사례를 제공하고 있는 행위자이다. 또한 유럽연합은 국제적 차원의 젠더정책을 선도하는 글로벌 행위자로서 이 분야에서 독보적인 역할을 수행하고 있다(Boezel, 2005: 219). 그럼에도 불구하고 유럽 통합의 심화와 확대 과정에서 젠더 불균형과 다양성은 점차 확대되고 있다. 이러한 점에서 유럽연합에서의 성평등 역시 완성되었다고 보기는 어렵다.

유럽연합 회원국에서 젠더 불평등의 수준과 불평등이 발생하는 원인을 살펴보면, 어느 정도 동질성이 발견된다. 그러나 그러한 동질성에도 불구하고 각국의 젠더레짐 사이에는 차이점과 다양성이 존재한다. 노동시장에서 발생하는 남녀의 차별과 불평등이 일정 부분 해결되었지만, 여성은 남성에 비해 여전히 불평등한 구조 안에 놓여 있다.

유럽연합은 현재 28개 회원국으로 이루어진 정치체로, 유럽연합과 그 회원국들은 각기 다른 정치적 배경과 사회적 맥락을 속에서 서로 다른 젠더 관계 및 방식을 통해 젠더정책을 결정한다. 젠더정책은 사회정책의 일환으로 각 회원국 정부의 권한 및 통제 아래에 있기 때문에, 유럽연합 차원의 노력이 어디까지인지, 그리고 유럽연합에서 결정된 젠더 관련 정책 및 내용이 의미하는 것이 무엇인지를 해석하는 것은 쉽지 않은 일이다.

여성의 고용을 촉진하는 정책을 추진하는 방향도 회원국마다 제각기 다르다. 고용정책의 유무보다는 여성에 대한 고용평등정책이 어떠한 지향점을 가지고 추진되는지, 어떠한 방향에서 입안되고 실효성 있게 운영되는지 긴밀하게 관련성을 분석해야 한다. 국가의 복지정책의 방향이 여성의 고용시장에서의 지위에 지대한 영향을 주기 때문이다. 따라서 유럽 차원에서 성평등 확립을 위한 조약이나 규범을 제정하여 운영한다는 것은 유럽연합과 그 회원국의 여성 노동 및 고용정책에 지대한 영향을 미친다.

이에 유럽연합의 젠더정책을 논의하는 과정에서 이러한 다양성은 유럽 젠더정책과 제도 그리고 행위자와 담론이 어디서 형성되고 유래되는지에 대한 맥락을 제공한다는 점에서 강조되어야 한다. 또한 젠더 관계의 차이와 다양성 및 국가 행위자의 역할과 기능의 차이로 비롯되는 각 국가의 차이와 다양성은 유럽 통합의 심화와 확대 과정에서 통합의 방향 및 수준과 밀접한 관련을 갖고 있다는 점에서 중요하다.

이는 젠더정책의 유럽화(Europeanization)라는 과정을 통해 설명될 수 있다. 젠더정책과 관련 유럽연합 안에 존재하는 기구와 정책 결정 과정, 그리고 행위자 및 논쟁들 사이의 상호작용을 통해 유럽연합의 회원국들의 젠더정책이 젠더화되는 것이다. 이 과정에서 회원국 차원에서 일어나는 젠더정책의 변화는 유럽연합 차원으로 확대되어 유럽 전체의 젠더 관계에 대한 의제와 인식의 변화를 초래하게 되는 것이다(Ellina, 2003).

또한 국가 차원에서 해결하기 어려운 젠더이슈에 대해서는 유럽연합 차원에서 함께 해결책을 논의하고 결정하는 과정에서 더 쉽게 정책이 결정되기도 하고, 다양한 행위자 간 이해관계가 얽혀 쉽게 해결할 수 없었던 이슈 또한 유럽 차원에서는 국가 차원에서보다 수월하게 정책 방향이 설정될 수 있다. 그리고 실제로 이처럼 유럽연합과 회원국, 젠더정책을 둘러싼 다양한 행위자들이 서로 소통하는 과정에서 젠더정책의 제도화와 유럽화가 실현된다.

따라서 유럽 통합 과정에서 다양한 젠더이슈에 대한 유럽연합의 결정 사항이 어떻게 이루어졌는지 정확하게 분석하는 일은 매우 중요하다. 더 나아가 유럽연합의 젠더정책 결정 과정에 대한 역사적 경로 추적 과정은 유럽연합의 젠더정책 결정 과정과 유럽연합과 그 회원국에 존재하는 다양한 젠더레짐의 상호작용을 이해하는 데 매우 중요하다.

젠더레짐은 각 국가의 사회경제적 발전 정도 및 복지의 세 가지 기본 틀, 즉 노동(시장), 국가, 가족이라는 세 가지 기본 틀이 부여하는 서로 다른 역할과 비중에 따라 달라진다. 또한 여성의 노동시장 통합 정도와 노동시장 참여에서 기인하는 모든 부문에 따라 다르다. 특히 성평등정책을 추진하는 주체로서 국가의 역할과 개입 정도에 따라 젠더레짐의 차이가 발생한다.

3) 젠더레짐의 유형화

학자에 따라 다양한 방식으로 젠더레짐을 유형화했다. 올로프(Orloff, 2002)는 에스핑 안데르센(Gøsta Esping-Andersen)의 복지레짐과 연관해 젠더레짐을 이인소득자형(dual earner), 가족지원형(general family support), 시장지향형(market oriented)으로 구분했다.

또한 루이스(Lewis, 1997: 160~178)는 돌봄 레짐(care regime) 혹은 강한 생계부양자국가, 온건한 생계부양자국가, 약한 생계부양자국가로 구분했다. 세인스버리(Sainsbury, 1999: 78)와 오코너의 경우는 평등한 고용 레짐(an equal employment regime)이라는 개념을 통해 남성생계부양자 레짐, 젠더 역할 분리 레짐, 성역할 공유 레짐으로 유형화해 사용하기도 한다.

유럽연합의 젠더레짐은 영국식 자유주의적(시장주도형) 모델, 북유럽평등주의 모델, 보수적 유럽대륙 모델, 남유럽지중해 모델 등 크게 네 가지 유형으로 구분해서 논의할 수 있다(Kantola, 2010; Pruegl, 2008; Walby, 2004). 이러한 모델들은 기본적으로 각 국가의 차별적인 전통과 관습, 규범, 제도의 차이가 유럽연합 내 젠더 불평등의 유럽적 지형을 형성하는 과정에서 구분된다.

먼저 북유럽평등주의 모델은 스칸디나비아 국가들을 중심으로 채택된 것으로, 국가의 적극적인 개입에 의한 성평등정책을 추진한다. 이 과정에서 국가의 젠더정책은 사회적 성차별 해소를 내세워 남녀평등을 지향한다. 여성 친화적 젠더정책을 통해 젠더 관계를 변화시키고자 하는 이 모델은 젠더적 평등을 추구하는 과정에서 국가의 역할과 개입을 중시한다. 특히 국가의 적극적인 개입을 통한 여성의 경제적 독립을 성평등을 성취하는 데 가장 중요한 요소로 여긴다.

이 모델에서는 남녀가 모두 가계의 소득자로 구성된 이인소득자 가족을 핵심적 지원 대상으로 한다. 국가 개입을 통한 출산지원정책과 일 가족양립정책에 젠더정책의 우선순위가 놓인다. 국가 차원에서 여성의 노동력을 사회적으로 창출하고, 여성이 일과 가족의 균형과 양립을 통해 노동시장에서 자신의 지위를 향유할 수 있도록 국가의 적극적인 개입이 이루어진다. 여기서 국가는 국가적 차원에서 관대한 아동수당을 지원하며, 가족에 대한 소득 보장과 공적인 차원의 영유아 보육 서비스를 지원하는 중요한 행위자이자 조정자라 할 수 있다.

또한 북유럽평등주의 모델은 유연하고 관대한 부모휴직제도의 운영을 특징으로 한다. 이인소득자 모델을 근간으로 부모 모두가 육아휴직을 사용할 수 있게 함으로써 양육에 대한 남성의 공동 책임을 강조한다. 일 가족양립정책을 위한 유연한 노동시간, 재택근무, 시간제 노동 보장 등 다양한 젠더정책이 국가의 적극적인 개입을 통해 이루어진다.

일과 가족의 양립 문제에 대한 대응과 관련해 부모의 고용 유지와 자녀양육의 병행을 촉진하는 정책으로 북유럽평등주의 모델에서는 휴가, 휴직제도, 휴가 기간 동안의 소득 보전, 그리고 공적 차원의 보육 서비스 제공 등 주로 시간정책과 보육인프라정책의 활성화를 적극적으로 추진하고 있다. 이를 통해 남녀의 고용 기회의 평등을 넘어 일가족양립 정책을 통한 이인소득자 모델과 국가의 여성 친화적인 정책을 통한 평등한 젠더정책이 동반되어야 함을 정책 방향으로 인식하고 있다(Suemer, 2009: 43~44).

북유럽평등주의 모델과는 달리 개인의 자유를 우선시하는 자유주의적(시장주도형) 모델에서는 개인의 자유권의 갈등을 조정하는 것을 국가가 수행해야 할 역할로 인식한다. 또한 국가는 잔여주의적 공적 서비스와 사적 서비스를 확대하는 정책을 통해 시장이 온전하게 작동하도록 하고 시장을 보완하는 역할을 수행한다(Kantola, 2010). 따라서 국가는 시장경제의 공정한 경제 규칙이 지켜질 수 있도록 감독하는 역할을 수행함으로써 능력과 기여에 따른 평등한 분배가 이루어질 수 있게 한다.

자유주의적(시장주도형) 모델은 성별 분업 해체 혹은 유지에 대해 특별히 명시된 정책 목표가 없는 유형이다. 따라서 시장화 전략에 따라 가족에 대한 지원이 거의 전무하며, 계층적 구조에서 최소한의 소득 지원을 지향하는 시장 기반 모델이다. 국가에서 표방하는 특별한 출산정책, 가족지원정책 관련 정책도 명시적이지 않다. 출산과 가족과 관련한 문제는 각 개인의 사적 영역에 속하므로 국가의 개입을 최소화해야 한다고 보기 때문이다.

또한 자유주의적 모델에서 직접적 복지지출의 비중은 상대적으로 낮다. 개별 아동양육은 세금 감면과 같은 간접적인 수단을 통해 장려된다. 공적 지원이 부족함에도 불구하고 시장을 통한 서비스의 선택과 기업복지의 확대라는 측면을 통해 여성 고용 수준을 어느 정도 유지하고 있는 영국이 이에 해당한다.

보수적 유럽대륙 모델은 국가가 전면적인 성별 분업 해체나 성평등 정책을 지향하지는 않지만, 실질적인 양육지원 및 여성 고용 촉진정책을 추진하는 모델이다. 그리고 이와 동시에 동일노동 동일임금 정책을 병행한다. 유럽의 대표적인 보수주의 국가인 프랑스, 독일 등이 이에 속한다 (Kantola, 2010).

프랑스는 보수적 유럽 국가에 속하지만, 북유럽 국가 모델에 버금가는 아동양육지원 체계를 갖추고 있다. 프랑스는 최근 정부가 주도하는 출산지원정책과 관련해 성공적인 사례로 부각되고 있다. 국가가 적극적으로 개입한 결과, 제한적이나마 성별 분업 해체와 젠더 관계의 변화가 이루어지고 있다.

북유럽평등주의 모델과는 달리 프랑스에서는 성별 분업이 부분적으로 해체되어 가정에 머물고 있는 여성에게 다양한 수당을 지급하는 것을 통한 가족지원정책을 시행하고 있다. 이와 함께, 일하는 여성의 일과 가족의 양립과 출산을 지원하는 정책을 추진하고 있다. 일과 가족의 양립을 지원하는 정책에 대한 국가적 차원에서의 적극적인 개입을 통해 프랑스는 남성생계부양자 모델과 이인소득자 모델이 공존하는, 성별 분업 체계가 부분적으로 해체된 모델의 대표적인 사례로 볼 수 있다.

이 과정에서 국가의 여성 친화적 젠더정책은 출산전후휴가와 부모휴가를 국가적 차원에서 적극적으로 지원하고 있다. 더 나아가 공적 영역에서의 육아 및 보육 지원 및 개입을 통해 여성의 일과 가족의 양립을 적극적으로 지원하는 방향으로 진전되고 있다. 국가의 적극적인 개입을 통한 지원정책을 바탕으로 프랑스는 유럽 국가 가운데 비교적 높은 출산율을 보이고 있다.

한편 독일은 2007년에 부모휴직수당제도(Elterngeld)와 2015년 부모휴직수당플러스제도(Elterngeld Plus)를 도입해 취업한 부모가 아동이 만 3세가 될 때까지 아동의 돌봄에 전념할 수 있게 하는 정책을 추진하고 있다. 부모는 그들 중 누가 휴직을 신청할 것인지 자유로이 결정할 수 있다. 부모가 동시에 휴직을 하는 것도 가능하다. 개선된 부모휴직수당제도는 아버지의 양육 참여를 독려하기 위해 전체 14개월의 부모휴직 중 2개월은 아버지만 쓸 수 있도록 하고 있다. 양육과 보육에 대한 아버지의 책임을 강화하는 정책은 기존 모성의 역할을 강조하고 가족의 틀에서 여성을 지원하는 정책과는 분명 다른 지향점을 보인다.

이들 두 국가는 전통적인 남성부양자 모델을 훼손하지 않고 가족의 자율성을 유지하면서도 아동수당의 지급을 통한 양육지원과 일가족양립정책을 병행해 추진하고 있다는 특징이 있다. 이 모델에서는 가족 단위의 사회보장시스템이 작동하는데, 이에 따라 여성 자체보다는 가족 내에서의 여성을 지원하는 데 초점이 맞춰져 있다는 한계가 있다.

이러한 모델을 근간으로 하는 젠더레짐은 여성을 돌봄 영역에서의 제공자로 보고 가정에서의 여성의 역할을 강조하는 남성생계부양자 중심의 전통적인 가족을 국가가 법적·정책적으로 보호하고 지원한다는 의미가 강하다. 이는 가족이 매우 중요한 역할을 수행하는 남유럽 모델과는 매우 다른 성격을 띠는 부분이다.

남유럽 젠더레짐은 국가의 개입에 의한 성평등정책은 존재하지 않으며, 여성의 사회노동 참여지원정책 역시 미비한 모델로 분류할 수 있다(Macrae, 2006; Mazur, 2009; Walby, 2004). 남유럽 젠더레짐은 강한 '가족주의' 전통에 근거하기 때문에, 복지에서의 강력한 가족의존주의와 성별분업 이데올로기에 근거한 가족중심주의가 혼재된 특징을 보인다. '남성=생계부양자, 여성=전업주부'라는 전통적인 가족 형태가 여전히 유지되고 있다. 여성의 경제활동참가율도 다른 유럽 지역과 비교할 때 낮은 편이다. 또한 노동시장에서 여성의 차별과 배제 정도도 높은 상황이다.

2. 유럽연합의 젠더레짐 형성 및 제도화 과정

유럽 통합이 진전되면서 유럽연합의 젠더문제는 기존의 성평등 및 남녀기회균등정책에서 모든 영역에서의 남녀의 평등을 보장하기 위한 차별철폐정책과 성주류화정책을 강조하는 쪽으로 중심이 옮겨가고 있다(Kantola, 2010; Pruegl, 2007).

유럽 내에 존재하는 다양한 젠더레짐 사이의 차이에도 불구하고 공동체 차원의 젠더정책의 제도화는 유럽연합과 그 회원국의 젠더 관계에 지대한 영향을 미쳤다. 물론 젠더레짐의 형성 과정에서 유럽연합의 젠더정책은 노동시장에서 남녀의 기회균등을 증진하고 여성의 차별적 지위를 해소하는 정책에 집중되었다.

그러나 젠더정책의 유럽화 과정에서 일정 정도 유럽연합 내 남녀평등이 실현되고 진전되면서 기회균등과 평등에서 한 발짝 더 나아가 여성의 결과적 평등을 지향하는 적극적 조치(positive action)와 성주류화정책을 추진하게 되었다(Bell, 2002; Rees, 1998).

모든 영역에서 차별을 철폐하는 정책으로의 진전이 진행되면서 평등정책은 차별철폐정책을 통한 지속적인 평등과 다양성을 관리하기 위한 정책으로 변모했다. 이 과정에서 유럽연합 내에 존재하는 다양한 젠더 논리를 반영한 젠더레짐의 제도화가 진행될 수 있는 기반이 마련되었다. 다시 말해 젠더정책의 유럽화와 젠더레짐의 제도화 과정은 유럽 통합의 심화 및 확대 과정과 맞물려 진전될 수 있었다.

이러한 젠더레짐은 유럽 사회의 구조와 역사성, 맥락을 반영하면서 사회관계의 구성체로서 다양한 젠더 관계를 관통하는 공통의 제도화된 유형에 대한 전체적인 조망을 가능하게 했다. 그뿐 아니라 유럽연합의 젠더정책을 이해하는 데 매우 중요한 단초를 제공한다.

1) 공동체 조약 차원: 동일노동 동일임금 원칙에서 젠더정책의 제도화

유럽 통합 과정에서 이뤄낸 젠더정책의 근간으로는 우선 동일노동 동일임금 원칙의 제도화를 들 수 있다(van der Vleuten, 2007: 53~54). 로마조약은 유럽 통합의 시작을 의미하기도 하지만, 유럽공동체의 젠더정책의 시작을 의미하기도 한다. 로마조약에 동일노동 동일임금 규정이 포함되었다는 것은 젠더평등이 유럽 통합의 한 부분이 되었음을 의미한다. 이에 동일노동 동일임금 원칙을 비롯해 공동체 조약 차원에서 어떠한 젠더정책이 제도화되었는지 살펴보고자 한다.

유럽연합조약은 각 공동체 설립을 정하는 조약 등 회원국 간에 체결된 조약이다. 이들 조약은 헌법적 문서이고, 3개 공동체 설립조약, 즉 유럽석탄철강공동체, 유럽경제공동체, 유럽원자력공동체의 설립조약과 이에 부가된 부속조약, 즉 부속서와 의정서로 구성된다. 이 외에도 각 공동체 기구들의 통합을 규정한 통합조약(Merger Treaty), 예산조약(Budgetary Treaty), 유럽경제공동체(EEC)조약의 수정을 주된 내용으로 하는 단일유럽의정서(Single European Act), 마스트리히트조약(Maastricht Treaty), 암스테르담조약(Amsterdam Treaty), 니스조약(Nice Treaty), 리스본조약(Lisbon Treaty) 등이 있다.

앞서 살펴보았듯이 오늘날의 유럽연합은 유럽석탄철강공동체와 유럽원자력공동체, 유럽경제공동체의 설립을 목적으로 1952년과 1957년에 각각 체결된 로마조약을 그 효시로 한다.

유럽 통합의 실질적 기능을 수행하게 되는 유럽경제공동체는 1969년까지 제한적 기능만을 담당했고 또한 당시에는 자유시장경쟁 질서를 바탕으로 경제적 번영이 이루어지면 사회정책적 과제도 부수적으로 달성될 수 있다는 자유주의적 사고가 지배했다. 따라서 근로자의 역내 자유로운 이동과 남녀의 동일노동 동일임금 원칙이 조약상 유일한 규정이었을 뿐 관련 지침의 제정은 이루어지지 않았다(Meenan, 2007).

동일노동 동일임금 원칙은 1957년 로마조약 제119조에 근거한다. 로마조약 제119조는 "각 회원국은 남성과 여성이 동일한 근로에 대해 동일한 임금을 받아야 한다는 원칙의 적용을 확보하고 이를 일관성 있게 유지해야 한다"라고 명시하고 있다.

근로조건 중에서 핵심 요소가 되는 남녀 간 평등한 임금은 고용평등의 기본적이고도 가장 중요한 문제이다. 임금에서 동등대우를 구현하려는 법원칙은 동일한 노동에 종사하는 근로자들에게는 동일한 임금이 지급되어야 한다는 동일노동 동일임금 원칙을 바탕으로 한다(Kantola, 2010).

동일노동 동일임금 원칙이 만들어지던 당시 유럽에서 남녀의 임금격차는 40% 정도였다. 또한 경제의 많은 영역이 여성에게 낮은 임금을 지급하는 상황이었다. 여성의 일에 대한 사회적 인식이 낮아 여성의 노동가치는 남성보다 체계적으로 낮게 책정되었다. 여성의 임금은 동일노동에 종사하는 남성보다 25~30% 낮은 수준에 머물러 있었다.

동일가치 노동에 대한 동일임금 원칙은 국제기구와 세계의 많은 국가에서 보편적으로 채택되고 있는 노동법의 핵심 기본원칙이다. 그럼에도 불구하고 유럽공동체 차원에서 동일노동 동일임금 원칙이 사회정책의 한 부분으로서 인식되기까지 많은 시간과 논쟁을 필요로 했다(van der Vleuten, 2007). 성별에 따라 역할과 능력이 다르다고 보는 전통적 성별 분업관 등에 의해 직무와 직종, 직급이 성별로 분리되어 있어 남녀가 동일 노동에 종사하는 경우가 드문 노동 현실상 동일노동 동일임금 원칙은 남녀임금 차별 문제에 실제로 적용되기 어려웠다.

이러한 문제를 감안해볼 때 남녀가 동일한 노동뿐 아니라 거의 차이가 없는 유사한 노동, 즉 다르지만 동일한 가치가 있다고 평가되는 노동에 종사하면 동일임금을 지급하도록 함으로써 임금에서의 동등대우 원칙을 보다 넓은 범위로 확장하고 실효화하고자 동일노동 동일임금 원칙이 만들어지게 된 것이다.

여성의 지위와 역할의 차이는 개별 국가의 젠더 관계 속에서 젠더정책에 대한 상이한 입장으로 표명되었다. 물론 이에 대한 하나의 통일된 유럽 차원의 결정은 매우 어려운 것이 사실이다. 그러나 1970년대 들어 로마조약 제119조에 명시된 동일노동 동일임금 원칙과 관련된 유럽 차원의 다양한 지침들이 만들어지기 시작하면서, 동일노동 동일임금 원칙은 전체 유럽 차원에서 이를 적용하고 입법화하는 과정을 통해 제도화될 수 있었다.

유럽 차원에서의 이러한 동일노동 동일임금이라는 진전과 발전은 유럽 여성의 삶에 지대한 영향을 미치는 원칙 중 하나가 되었다. 당시 유럽의 사회적 맥락에서 유럽연합의 젠더정책은 노동시장에 국한된 고용정책을 근간으로 했다. 회원국의 고유 영역으로 간주되던 사회정책의 통합 수준이 낮았다는 점에서도 젠더정책을 유럽 차원에서 운영하는 것에는 일정 정도 한계가 있을 수밖에 없는 상황이었다.

그러나 유럽 통합이 진전되고 여성의 경제활동참가율이 증가하면서 노동 및 고용과 관련한 유럽 차원의 통일된 기준과 규칙에 대한 필요성이 증대되었다. 여성의 사회적·경제적 진출 증대는 공적 영역뿐만 아니라 사적 영역에서 젠더 관계에 영향을 미치는 분명하고 일반적인 경향으로 인식되었다. 이러한 인식 변화와 함께 사회보장, 연금, 과세 등의 문제를 국가적 차원보다 유럽적 차원에서 함께 공동으로 해결하는 것을 선호하는 분위기도 생겨났다. 이 과정에서 동일노동 동일임금 원칙을 수립하고 이를 확대하는 일은 유럽 차원에서 젠더정책을 제도화하는 과정에서 매우 중요한 이슈가 되었다.

유럽연합의 확대 과정을 통해 새로운 회원국을 받아들이게 되면서 젠더정책의 유럽화는 더욱 진전될 수 있었다. 유럽연합의 확대 과정에서 집행위원회의 개편이 이루어졌다. 당시 사회업무 관련 집행위원이 된 아일랜드 출신의 패트릭 힐러리(Patrick Hillery)는 전임자와 달리 사회정책의 변화에 매우 능동적으로 대응했다(Kantola, 2010).

또한 기존의 보수적이었던 고위관료들이 집행위원회의 사회적 임무를 적극적으로 하기를 원하는 고위관료들로 바뀌면서 유럽 차원에서 여성의 대표성에 대한 새로운 인식과 접근을 가능하게 했다. 이러한 변화는 젠더정책에 대한 결정 권한이 회원국에 있어 지지부진하게 진행되었던 동일노동 동일임금과 관련 제도화 과정에 중요한 역할을 했다고 평가할 수 있다.

2) 1970년대 젠더정책의 진전과 후퇴

1970년대는 유럽연합의 고용정책의 초석이 세워진 시기이다. 특히 1972년 10월 프랑스 파리에서 개최된 정부 간 회담을 계기로 유럽공동체의 고용·사회 정책의 진전이 이루어지게 된다. 이와 더불어 이 시기에는 무제한적인 시장의 자유에 기초한 경제적 번영이 자동적으로 사회복지 수준을 높이는 것은 아니라는 인식이 높아졌다.

이에 따라 각 회원국들은 유럽 통합보다는 개별 국가의 경제 상황에 맞는 독자적인 고용·사회 정책을 필요로 했다. 특히 두 차례에 걸친 오일쇼크로 유럽 차원의 경제 위기가 고조되면서 대규모 구조조정이 발생했고, 이러한 경제적 상황 변화에 따라 이에 대한 정책적 대응이 본격적으로 논의되기 시작했다.

그 결과 1975년 2월 10일의 동일임금 원칙에 관한 지침(75/117/EEC)이 제정되었다. 이는 여성과 남성의 평등에 관한 유럽연합의 여러 지침 중 첫 번째로 제정된 지침이다. 다시 말해 이 지침의 제정은 유럽 차원에서 처음으로 남녀평등을 규정하는 지침이 만들어졌다는 의미가 있다. 그뿐 아니라 각 회원국은 유럽연합의 남녀평등 지침에 따라 동일노동 동일임금 원칙을 적극적으로 수용해야 한다는 것을 의미하는 것이기도 하다.

해당 지침 제1조에서는 "동일임금 원칙이란 동일노동 및 동일가치노동에 관해 고용에 관련된 일체의 원칙 및 조건에 있어서 성별에 근거한 모든 차별을 철폐하는 것을 의미한다"라고 규정하고 있다. 이는 로마조약 제119조에 명시된 동일노동 동일임금의 원칙을 한 단계 발전시켜 동일근로뿐만 아니라 동일가치근로까지 동일임금 원칙의 틀을 확대한 것이라고 볼 수 있다.

더 나아가 "특히 직무 분류가 임금 결정에 영향을 줄 수 있는 경우(job classification system: 직무분류제 또는 직무급 임금체계) 남녀 사이에 동일한 기준에 따르지 않으면 안 된다"라고 규정하고 있다. 이는 로마조약의 동일노동 동일임금 원칙에서 동일가치노동 동일임금 원칙으로 한 걸음 더 나아가고 있다는 점에서 유럽 차원의 젠더 지침 중 남녀의 평등 및 기회균등을 위한 가장 기본적인 토대를 제공하는 지침으로 평가된다.

한편 이 지침의 주된 목적은 동일가치노동에 대한 동일임금 원칙을 각 회원국의 국내법에 도입하는 것이다. 다시 말해 회원국들은 이 지침에 따라 동일가치노동에 대한 동일임금 원칙을 수용하고 이를 국내법의 체계 안에서 준수해야 함을 의미한다. 차별을 당했을 경우 모든 노동자들이 이 지침에 의거하여 법원에 제소하는 것이 가능하도록, 이에 대한 법적 근거를 마련할 의무를 부과한 것이다(제2조).

더 나아가 동일가치노동 동일임금 원칙에 위배되는 법률과 규칙, 행정조례들에 근거하여 남녀차별을 철폐할 의무가 부과되었다(제3조). 또한 회원국들은 위 원칙에 반하는 단체협약, 임금협정, 개별근로계약에 대한 개정을 추진해야 한다(제4조). 소송을 제기한 근로자가 불이익을 당하지 않도록 필요한 조치를 취해야 한다(제5조).

유럽연합 차원에서 동일노동에 대한 동일임금 원칙과 함께 1970년대 젠더와 관련한 또 다른 의미 있는 두 개의 지침이 채택되었다. 1976년에 채택된 '고용, 직업 훈련 그리고 승진 그리고 근로조건의 접근에 관해 남성과 여성을 위한 동등대우 원칙의 이행에 관한 지침'과 1978년에 채택된 '사회보장 문제에서 남성과 여성에 대한 동등대우 원칙의 진보적 이행에 관한 지침'이 그것이다.

이처럼 1970년대 유럽 통합 과정에서 공동체 차원의 젠더정책의 진전이 이루어진 것은 동일노동 동일임금 원칙을 규정한 지침과 균등한 대우를 규정하는 지침을 통해 유럽연합과 그 회원국의 젠더정책 및 젠더관계의 진전된 변화가 초래되었기 때문이다. 또한 1970년대 유럽 내에서 활발하게 전개되었던 2기 여성운동의 활동은 유럽 차원에서 젠더이슈를 함께 다루고 해결하기 위한 방안을 모색하는 데 긍정적인 역할을 수행했다는 점 역시 간과해서는 안 되는 중요한 부분이다.

여성 문제와 젠더이슈를 다루는 여성 정치인들과 관료들, 그리고 여성운동 및 시민단체들을 위시한 다양한 행위자들은 유럽연합의 의사결정 과정에 여성들의 이해관계가 반영되고 수용될 수 있도록 압력을 행사했다. 이들 젠더 관련 행위자들은 국가적 차원에서뿐만 아니라 유럽 차원에서 여성운동, 정당 내 여성들, 노조가 서로 협력하여 동일노동 동일임금 원칙을 관철시킬 것을 적극적으로 요구했다.

유럽연합 내에 여성전담기구를 창설한 것은 젠더정책의 유럽화에 중요하게 작용했다고 할 수 있다. 1976년에 유럽 차원에서 다양한 젠더 관련 지침들이 결정됨에 따라 이를 적용하고 감독할 여성전담기구의 창설이 요구되었다. 이에 따라 기회균등부서(Equal Opportunities Unit)와 여성정보서비스(Women's Information Service)가 설립되었다.

유럽 차원에서 여성전담기구가 설립되고, 이를 통해 유럽연합의 젠더 관련 결정 및 지침이 회원국 차원에서 수용되고 적용되는 과정을 제도화하려는 일련의 진전된 움직임들이 체계화되었다. 이로써 회원국의 젠더 관계뿐만 아니라 실질적으로 유럽 차원에서 젠더 관계의 변화에 긍정적으로 작용했다는 점은 분명하다.

3) 1980년대 후반 젠더정책의 급격한 발전

1980년대는 유럽연합 젠더정책의 급격한 발전이 도모되는 시기였다. 그러나 1980년대 초반에는 유럽의 사회경제적 상황이 좋지 않아 젠더정책이 진전되기는 어려웠다. 따라서 1980년대 들어와 유럽연합의 젠더정책은 대부분 합의가 가능한 고용 문제에 국한되어 진행되었다.

1986년 단일의정서가 채택되기 이전 시기에는 젠더와 관련해 많은 지침이 상정되었다. 하지만 1980년대 집행위원회가 발의한 여러 기회균등 지침 중 시간제노동(1983), 부모의 육아휴직(1984), 사회보장(1989), 미망인 연금(1989), 입증책임(1989), 노동시간의 유연성(1991), 비전형적인 근로(1993) 등은 각료이사회의 거부로 채택되지 못했다.

이렇듯 젠더정책이 개별 회원국의 사회정책과 연계되어 있는 특성상 회원국 간의 이해관계 및 인식, 접근 방법 등의 차이로 유럽 차원에서의 합의에 이르기는 쉽지 않았다. 또한 당시 유럽 국가들의 사회경제적 상황, 여성노동의 성격, 정치적 조건의 차이에 따라 회원국 내 여성이 차지하는 위치와 지위는 매우 상이할 수밖에 없었다.

이러한 시대적 상황과 정치적 맥락이 반영되어 1986년 유럽단일의정서에서는 젠더와 관련한 두 개의 지침만이 도입되었다. 그중 하나는 '고용 체계와 관련된 사회보장제도에서의 남성과 여성에 대한 동등대우의 원칙의 이행에 관한 지침(Directive 86/378/ EEC on Equal Treatment in Occupational Social Security Schemes)'이다. 이 지침은 1978년 채택된 '사회보장문제에서 남성과 여성에 대한 동등대우 원칙의 진보적 이행에 관한 지침'과는 달리 특정 분야에서 법으로 규정된 사회보장을 보완하거나 대체하려는 단체협약에 의해 형성된 직업적 사회보장에 적용하는 것을 목적으로 한다.

또 다른 지침은 '농업을 포함한 자영업에 종사하는 남성과 여성 사이의 동등대우의 원칙의 이행 및 임신과 육아 중인 여성의 보호에 대한 지침'이다. 이 지침은 여성 농업 종사자 및 기타 자영업에 종사하는 노동자뿐만 아니라 남성 자영업자나 농업 종사자를 보조하는 여성 배우자까지 동등한 대우의 원칙이 적용되는 것을 골자로 하고 있다.

유럽연합 젠더정책의 유럽화 과정에서 1986년 이래 단일시장 및 경제 정책적 결정 사항들이 가중다수결원칙에 의해 결정되었던 반면, 젠더정책과 관련한 사항은 만장일치로 결정되어야만 했다. 그런데 사회정책에 대해 고유한 권한을 가진 국가들이 반대함으로써 유럽 차원에서의 결정이 방해를 받는 경향이 두드러졌다.

단일의정서 채택 이후 사회정책에서 기존과는 달리 가중다수결 방식이 도입되어 정책 결정 방식이 변화되었다. 더 나아가 마스트리히트조약에 의해 유럽 차원에서의 공동의 사회정책을 추진할 수 있는 제도적 장치가 마련되었다. 특히 마스트리히트조약에 첨부된 사회정책에 대한 의정서는 그동안 각료이사회에서 만장일치로 결정되는 방식에 의해 지연되었던 유럽 차원의 젠더정책에 대한 결정을 용이하게 했다.

4) 1990년대 성주류화정책과 차별철폐 원칙

1999년 발효된 암스테르담조약은 공동체 차원의 사회정책의 방향성을 제시하고 공동체법에 남녀의 동등한 대우 및 성평등 문제를 유럽 통합 과정에서 유럽연합과 그 회원국이 달성해야 하는 공통 과제임과 동시에 목표로 제시했다. 또한 성주류화정책을 유럽연합의 모든 정책 영역에서 고려해야 하는 기본 원칙으로 규정하여 성주류화는 유럽연합의 공식적인 성평등정책으로 자리를 잡게 되었다(Stratigaki, 2005).

특히 암스테르담조약 제13조는 공동체 내에 존재하는 젠더 불평등의 해결을 넘어 모든 영역에서의 차별철폐라는 젠더정책 패러다임의 전환을 가능하게 했다. 이를 통해 유럽연합 젠더정책의 목표와 개념이 강화될 수 있었다. 이에 따라 유럽연합은 성평등과 성주류화정책을 함께 추진하는 이중정책을 펼쳤다. 기존에 고용·사회 정책의 일환으로 논의되었던 젠더정책은 남녀의 기회균등과 평등을 넘어 적극적 조치에 대한 제도화와 성주류화정책으로 확대되었으며, 성주류화정책과 차별철폐정책은 유럽연합 젠더정책에서 가장 중요한 영역으로 자리 잡게 되었다.

특히 유럽집행위원회의 역할이 강화되었다. 유럽연합은 성평등과 성주류화를 진전시킬 수 있는 법과 제도를 개선하여 인프라를 구축하는 데 만전을 다했으며, 성 인지적 관점에서 다양한 정책을 추진했다. 성별로 분리된 젠더 통계를 통해 고용 통계의 정비 작업이 진행되었으며, 유럽 차원에서 젠더 예산이 시행되었다. 다양한 영역에서의 정책 또한 성 주류화 관점에서 개선될 수 있도록 제도를 정비·보완하는 작업이 진행되었다.

유럽연합의 젠더레짐 형성 과정에서 유럽연합의 조약만큼 법적인 구속력을 가지고 있지는 않지만, 유럽사법재판소(Court of Justice of the European Union)의 판결은 젠더정책의 근간인 여성에 대한 기회균등정책이 유럽 차원에서 공동체의 과제로 등장하는 데 지대한 역할을 수행했다. 특히 동일노동 동일임금 원칙은 유럽사법재판소의 판결에 의해 지속적인 법적 근거를 산출해내고 있다. 그뿐 아니라 공동체법의 구속력과 통일적 적용에도 유럽사법재판소의 판결은 큰 영향을 미치고 있다.

유럽사법재판소 판결의 대표적인 사례는 1970년대 임금 및 퇴직, 연금에 대한 불평등 문제를 제기하여 동일노동 동일임금 원칙에 대한 유럽 차원에서의 관심을 불러일으킨 드프렌느(Defrenne) 사건이다. 이 밖에도 1976년 동등대우 원칙에 근거하여 카란케(Kalanke) 사건, 마셜(Marshall) 사건, 크라엘(Kreil) 사건 등에 대해 유럽사법재판소에서 내린 판결은 각 시기 유럽 차원의 젠더정책의 수행에 영향을 미쳤다.

노동과 고용 관계에서의 남녀의 불평등을 시정하고 해소하려는 과정에서 이와 관련한 유럽사법재판소의 판결은 유럽연합 차원에서 한층 강화된 차별금지를 위한 반차별 지침이 마련되는 데 일조했다. 젠더 관련 개별적인 이슈에 대한 유럽사법재판소의 판결들은 유럽연합 차원에서 일정한 기준으로 작용하여 입법에 못지않은 규범성을 갖는다. 왜냐하면 유럽사법재판소의 결정은 법적 기초를 마련할 뿐만 아니라 유럽 차원의 젠더정책을 수행하는 데 정당성과 당위성을 제공하고 있기 때문이다.

유럽 시민은 유럽연합의 젠더 관련 지침에 근거하여 유럽사법재판소에 제소를 할 수 있기 때문에 유럽사법재판소의 판결은 법적 구속력을 가진다. 유럽연합이 젠더 관련 지침들을 구체적으로 제시함에 따라 유럽 여성들은 동일노동 동일임금 및 다양한 젠더이슈를 구체적으로 다루는 소송을 유럽사법재판소에 제기할 수 있게 되었다. 유럽사법재판소의 결정은 유럽 내에서의 여성의 지위 개선과 회원국의 젠더정책의 변화에 지대한 영향을 미치는 데 기여했다고 평가할 수 있다.

3. 유럽 통합의 심화와 확대 과정에서 젠더정책의 다양성

유럽 통합의 심화와 확대의 과정 속에서 다른 정책 이슈 영역과 마찬가지로 젠더정책 역시 공동체 차원에서 젠더레짐의 형성과 젠더정책의 제도화를 통해 유럽연합의 권한의 확대를 가져왔다. 그뿐만 아니라 유럽 통합 과정에서 범유럽 차원에서 일관된 젠더정책을 수행할 수 있는 법적·제도적 근간을 갖추게 되었다.

유럽연합은 성평등정책을 적극적으로 추진함으로써 법적·제도적 평등뿐만 아니라 여성의 지위 향상 및 실질적인 평등을 구현하기 위한 노력을 기울이고 있다. 이 과정에서 유럽연합은 공동체 정책 영역에서 남녀의 동등한 대표성을 보장하고 노동시장으로의 동등한 남녀 참여와 모든 영역에서 차별을 철폐하는 정책을 추진하고 있다.

그러나 개별 회원국 차원이 아닌 유럽연합이라는 공동체의 정책적 고려 속에서 젠더정책이 수행되고 발전되기 위해서는 전체 유럽 차원의 젠더 관계의 변화가 수반되어야 한다. 회원국마다 다른 젠더정책의 특성과 역사적·상황적 맥락의 차이에 따른 젠더레짐의 다양성은 젠더문제에 대한 새로운 대안적 인식을 필요로 한다.

우선 유럽 통합의 진전 과정에서 유럽 통합의 주역으로서 여성의 상황에 대한 보다 객관적인 접근이 필요하다. 유럽공동체 정책의 모든 영역에서 성주류화 및 차별철폐정책이 추진되어 고용과 노동의 측면에서 보자면 남녀의 기회균등이 관철되고 있다. 그럼에도 유럽 차원에서의 성평등은 그 근원적인 문제가 아직 완전히 해결된 것은 아니다.

무엇보다 젠더에 기반한 노동시장의 수직적·수평적 분리 상황은 지속되고 있다. 여전히 여성의 일과 남성의 일은 구분되어 있으며, 여성이 하는 일에 대한 가치는 남성이 하는 일에 대한 가치보다 낮게 평가된다. 노동시장에서 여성의 참여는 남성과 비교해볼 때 대부분 낮은 수준의 업무와 시간제(또는 비정규직) 노동에 집중됨으로써 남성 노동의 가치보다 여전히 낮게 평가되고 있다.

특히 여성은 노동시장에 참여한다 하더라도 남성에 비해 낮은 수준의 혜택을 받는다. 보수 면에서는 여성이 남성보다 평균적으로 15~25% 적다. 여성 노동자 중 3분의 1은 파트타임 노동에 종사하고 있어 아직도 많은 여성은 사회보장 울타리 바깥에 놓여 있다. 또한 자녀양육 문제는 여성의 노동시장 참여에 중대한 영향을 미치는 중요한 요소 중 하나이다. 많은 여성은 가사와 돌봄 영역 등 재생산 영역에 종사함으로써 노동시장에서 불평등한 지위에 위치하고 있다.

이러한 영역별·직업별 젠더 분리 현상, 성별 역할 분리에 의한 젠더적 고용 패턴, 교육과 직업훈련에서 구조적인 불평등과 같은 문제들은 아직도 해결되지 않고 존재한다. 이와 같은 직접 차별 문제가 구조적 문제로 남아 있는 상황이기 때문에 유럽연합과 그 회원국은 젠더 관계의 차이와 정책적 차별성을 해결해야 한다.

따라서 유럽 차원의 법적·제도적 개선에도 불구하고 고용과 노동정책을 통한 출산과 양육 문제뿐만 아니라 가사노동에서 여성의 고유성에 대해 강조하는 정책은 막대한 양의 돌봄노동 제공과 수당 지원을 필요하므로 젠더 질서의 재구조화를 필요로 한다.

기존의 노동시장의 전통적인 성별 분업 관계가 그대로 지속되는 한, 남성에게 유리한 노동시장, 남성 중심의 사회보장수급권, 돌봄노동에 대한 사적 책임 및 무급 돌봄노동과 같은 특성은 변하지 않은 상황이다. 이는 여성의 경제적 의존성을 심화시켜 젠더-계층화를 강화한다.

유럽 차원에서 '사회보장시스템에서 남녀의 평등과 동등한 대우를 보장하기 위한 지침'과 '상품과 서비스의 공급에 대한 접근에서 동등한 대우를 위한 지침'이 존재한다. 그러나 유럽 차원의 정책이 제도화되는 것만으로 모든 문제가 해결되는 것은 아니다. 많은 국가에서 아직도 세금, 수당, 연금 등이 개별화되지 않고 있으며, 여성은 남성에 종속되어 주체화되지 못하고 있는 점은 문제로 지적될 수 있다.

또한 여성에 대한 보다 객관적인 접근과 함께 가족의 형태와 역할의 변화가 유럽 차원에서 각 국가의 젠더정책에 따라 차별성을 가지며 젠더관계에 영향을 미치고 있다는 점을 지적할 수 있다. 유럽 전체에 일인가구가 증가하고 있다. 이는 개개인의 삶의 개인화와 다세대가구의 감소와 연결되어 있다. 또한 결혼율의 감소와 이혼율의 증가로 동거나 한 부모가족 등 새로운 가족의 형태가 증가하고 있다.

유럽연합에서 가족의 상황이 비슷한 경로를 보임에도 불구하고 남유럽 국가들과 북유럽 국가들 사이에 가족정책과 출산율과 관련해 일정 정도의 차이가 감지되는데, 회원국마다 자신의 필요와 속도에 따라 움직이고 있다. 다시 말해, 유럽연합 회원국 사이에 중요한 차이점들이 존재한다는 점이다. 따라서 가족 형태의 변화로 야기되는 새로운 변화에 차별적인 대응책을 제시하고 있다는 점은 주목해야 할 부분이다.

유럽연합의 경우 리스본 전략(Lisbon Strategy)에서 지속적인 성장을 위한 기본적인 전략으로서 여성의 경제활동참가율이 늘어나야 한다고 강조하고 있다. 또한 노동시장의 탈규제화와 가족에서의 여성의 역할 변화 등으로 일과 가족의 양립을 가능하게 하는 국가의 정책적 지원과 여성 친화적인 정책이 제시되어야 한다는 점을 분명하게 지적하고 있다. 단순한 노동시장에서의 변화뿐만 아니라 포괄적인 사회적 구조의 변화는 국가의 적극적인 개입과 여성 친화적인 젠더정책을 통해 실질적인 젠더 관계의 변화를 일으킬 수 있다.

그러나 유럽연합 회원국의 개별 상황에 따라 문제의식과 대응 방식이 다르기 때문에 유럽연합 차원에서 하나의 공통된 정책을 도입하고 발전시키는 데 많은 어려움이 있는 것도 사실이다. 가족정책과 같이 분배적 성격이 강한 정책 영역의 경우, 유럽적 기준을 충족하기 위해서는 공공 보육시설의 확충, 적절한 기간과 급여를 지급하는 모성휴가 및 육아휴직의 제도화가 요구된다. 아동양육을 지원하는 수당 지급 등과 가족과 일을 병행하는 문제도 유럽 차원에서 일정 정도 합리적인 결정이 이루어져 각 회원국 사이에 존재하는 차이를 좁히는 데 기여해야 한다.

이를 위해서는 단순히 유럽연합 차원의 정책을 수용하는 것만이 아니라 국가의 적극적인 개입과 여성 친화적인 성평등정책을 수행하는 것이 뒷받침되어야 한다. 그러나 국가마다 가족의 형태와 여성의 역할 변화에 따른 일가족양립정책의 수준, 이에 대한 국가의 개입 정도와 역할이 다르다는 점을 고려할 때, 유럽 차원에서의 보다 구체적인 조정과 포괄적인 합의가 요구된다.

다른 한편으로 유럽연합 내에 존재하는 젠더레짐의 다양성과 젠더문제 및 젠더이슈에 대한 새로운 대안적 인식으로 국가, 시장, 가족관계를 구성하는 사회정책 및 정책 논리가 여성과 남성에게 차별적으로 작동하고 있다. 그럼에도 불구하고 남녀의 젠더 관계에 부정적인 영향력을 미칠 수 있다는 인식은 결여됨으로써 오히려 젠더 불평등을 초래하고 있다는 점을 지적할 수 있다.

이에 국가, 시장, 가족관계에서 여성의 관점과 젠더 관계를 고려해야 한다. 유럽연합과 회원국의 젠더레짐의 다양성 및 차이의 해결은 중요한 유럽적 의제로 부각되고 있다(Daly, 2007; Lewis, 1997; Sainsbury, 1999; Suemer, 2009). 즉, 정치적·사회적·제도적 측면에서 여성의 지위가 확고해지고 있지만, 회원국의 젠더 상황은 동일하지 않다.

유럽연합 내에 존재하는 젠더레짐의 차이는 국가의 젠더 상황을 반영한 결과이다. 즉, 국가의 적극적인 개입정책을 통해 일과 가정의 양립을 위한 보육 및 양육정책이 시행되고 있는 북유럽 국가, 유럽연합으로의 가입 이후 유럽적 기준을 수용하는 데 많은 어려움에 직면해 있는 동유럽 국가, 국가의 복지 지원 수준이 낮고 개인 복지에서의 강력한 가족의존주의와 강력한 성별 분업 이데올로기에 근거한 가족중심주의를 특징으로 하는 남유럽 국가 등 국가마다 젠더레짐에 많은 차이를 보인다.

따라서 여러 유럽 국가에서 여성이 처한 상황을 보다 구체적으로 살펴보기 위해서는 새로운 접근이 이루어져야 한다는 점은 설득력을 갖는다. 유럽 차원의 통합의 심화와 확대 과정에서 완전고용과 같은 평생직장의 보장이라는 기반으로 성립되었던 남성 가장 중심의 남성생계부양자 모델은 더 이상 적합하지 않다고 지적된다(Lewis, 2006).

글로벌 경제위기 상황에서 기존의 사회적 위험과는 달리 노동시장의 유연화, 불평등의 확대라는 새로운 사회적 위험이 등장했다. 이와 함께 점차 확대되고 있는 고용 불안정성, 불완전 고용의 증가 문제를 해결할 수 없다는 점이 분명해졌다.

따라서 남성생계부양자 모델에서 이인소득자 모델로의 전환 과정에서 젠더적 시각은 여성의 유급노동에 대한 접근성을 강화한다. 또한 국가의 복지 서비스와 여성이 독자적 가구를 구성하고 유지할 수 있는 능력을 중심으로 한 소위 '탈가족화'가 진행되면서 여성들은 이전과는 달리 더 많은 자율성을 보장받으며 경제적·정치적 권력을 획득하게 된다는 점은 새로운 변화로 강조될 필요가 있다.

더욱이 유럽연합이 추진하는 성주류화정책 및 일가족양립정책에서 국가와 시장이 어떻게 역할 분담을 할 것인지의 문제가 젠더 관계의 변화에 지대한 영향을 미친다는 점에 주목해야 한다. 즉, 유럽 국가들 사이에 여성의 지위가 차별적이라는 점에서 국가가 적극적으로 개입해 여성 친화적 정책을 선택할 것인지, 국가의 책임보다는 가족을 중심으로 한 사적 책임을 극대화하는 방향으로 나갈 것인지에 따라 남녀의 젠더 관계 변화에 미치는 영향력은 서로 다를 것이다.

이상에서 살펴본 바와 같이 유럽연합 차원에서 결정되는 젠더 관련 이슈는 회원국의 젠더 관계 및 젠더정책 결정 과정에 지대한 영향을 끼치고 있다. 유럽 통합이 심화와 확대되는 과정에서 새로운 젠더이슈들이 형성되기도 했다. 유럽 차원에서 새롭게 접근하고 해결하는 과정에서 각 회원국의 젠더정책과 젠더 관계의 실질적인 변화가 만들어졌다. 더 나아가 유럽연합의 젠더레짐 사이에 존재하는 다양성과 실질적인 젠더 불평등을 해결하는 데 많은 시사점을 제공하고 있다.

생각해볼 문제

1 유럽연합에 존재하는 다양한 젠더레짐에 대해 이야기해보고, 각국의 젠더정책이 유럽화되고 제도화되는 과정에서 회원국의 젠더정책의 성격과 그 변화 과정이 유럽연합의 젠더정책 형성에 어떠한 영향을 미치는지 논의해보자.

2 유럽연합의 젠더정책이 기회균등 및 성평등을 넘어 차별철폐정책과 성주류화정책으로 정책의 우선순위가 전환되는 과정과 젠더레짐의 제도화 과정의 상관관계를 설명해보자.

3 동일노동 동일임금 원칙이 유럽연합에서 제도화되고 각 회원국의 젠더정책의 입법화 과정에 영향을 미치는 과정에서 유럽연합은 어떠한 역할을 수행하고 있는지 구체적인 예를 들어 논의해보자.

4 유럽연합의 젠더레짐 사이에 존재하는 다양성과 실질적인 젠더 불평등을 해결하기 위해서는 어떠한 정책과 제도가 보완되어야 하는지 논의해보자.

더 읽을거리

1 김민정. 2003.「글로벌 가버넌스의 여성정책: 유럽연합을 중심으로」. ≪유럽연구≫, 제18호.

2 박채복. 2002.「유럽연합의 여성정책: 심화와 확대의 프로세스 속에서 기회균등의 추구」. ≪유럽연구≫, 제16호.

3 Sainsbury, Diane. 1999. *Gender and Welfare State Regimes*. Oxford: Oxford University Press.

4 Suemer, Sevil. 2009. *European Gender Regimes and Policies: Comparative Perspectives*. Farnham, UK; Burlington, VT: Ashgate.

제3장

유럽연합의 젠더정책 결정 과정
: 젠더정책 행위자의 상호작용과 연계 구조

유럽연합 젠더정책 결정 과정에서 다양한 젠더 관련 행위자들이 어떤 활동을 하며, 무엇을 결정하고, 어떻게 결정 과정에 합의하게 되는지 정책결정 과정에 대한 동태적인 분석을 시도하고자 한다. 이를 통해 유럽연합 차원에서 이루어지는 젠더정책 형성의 메커니즘 및 역동성에 대한 체계적인 이해를 가능하게 하고자 한다.

이 장에서는 유럽연합 젠더레짐의 제도화 및 유럽연합 젠더정책의 유럽화 과정을 공동체의 젠더정책 결정에 있어서 다양한 행위자들의 상호작용 및 연계 구조를 분석함으로써 살펴보고자 한다. 또한 유럽연합의 결정 사항들에 대한 역사적 경로 추적 과정에서 제기되는 다양한 젠더이슈들이 유럽 차원에서 유럽연합의 젠더정책으로 제도화되고 수용되는 과정을 좀 더 구체적으로 설명해보고자 한다.

이를 위해 이 장에서는 먼저 유럽연합의 정책 결정 방식인 공동체 방식(community method), 정부 간 조정 방식(intergovernmental coordination method), 개방형 조정 방식(open method of coordination) 등을 살펴봄으로써 유럽연합의 일반적인 정책 결정 과정에 대한 분석을 시도하고자 한다.

이와 함께 유럽연합의 초국가적 기구들과 회원국들뿐만 아니라 여성단체들과 유럽 내의 페미니스트, 전문가 등 다양한 행위자들의 유럽 차원에서의 수직적·수평적인 정책 결정 과정에 대해 심층적으로 논의해 보고자 한다.

더 나아가 유럽연합이 결정한 젠더 관련 지침의 구체적인 내용 및 결정 과정에 대한 동태적인 분석, 그리고 젠더 관련 지침의 국내 입법화 과정을 살펴봄으로써 유럽 차원의 젠더 관련 결정 사항이 어떻게 각 회원국에 수용되어 제도화되고 있는지 유럽연합의 젠더화 과정을 구체적으로 분석해보고자 한다.

또한 유럽연합에 존재하는 다양한 여성정책전담기구(women's policy agencies)들에 대해서도 분석해보고자 한다. 이 과정에서 사회적 파트너 및 시민단체들도 분석해봄으로써 유럽연합 젠더정책의 제도화된 정책 조정과 정책 선택의 구조적 상관성 및 정책 결정 과정의 역동성을 보다 면밀하게 살펴보고자 한다.

1. 유럽연합의 정책 결정 과정과 젠더

1) 유럽연합의 정책 결정 과정

유럽연합의 정책 결정 과정은 매우 복잡하다. 유럽연합의 정책 결정 과정은 다양한 행위자들의 상호작용의 결과이며 타협의 산물이기 때문이다. 유럽 통합의 심화와 확대 과정에서 공동으로 결정하고 집행해야 하는 정책의 수와 범위가 점차 확대되고 있다. 젠더정책도 예외는 아니다.

다른 정책 영역과는 달리 젠더정책의 경우, 유럽연합 회원국들이 성평등과 관련한 주요 도전을 공유하고 있음에도 불구하고 국가마다 성평등에 대한 개념이 다르고 젠더레짐이 다양하기 때문에 정책 결정 과정은 매우 복잡하다. 또한 유럽연합 차원에서 결정된 정책이 여성의 지위와 역할 및 상황에 따라, 즉 각 국가의 젠더 관계에 따라 차별적으로 규정되는 문제도 존재한다.

이에 젠더정책을 결정하는 과정에서 유럽연합의 기구들과 회원국 정부는 매우 중요한 역할을 수행한다. 유럽 차원에서 결정된 사항을 각 회원국 차원에서 수용하고 이를 집행하는 과정에서 법적 조화 문제는 더욱 중요해지고 있다. 왜냐하면 유럽연합 회원국은 고유한 젠더정책을 시행하고 있지만, 젠더문제의 해결을 위해 회원국 정부 간 협상 및 조정이 가능하게 하는 주요한 행위자이기 때문이다.

유럽연합이라는 다층제제 속에는 공식적·비공식적으로 다양한 행위자들이 존재한다. 이들은 유럽연합의 정책 결정에 공식적으로 참여하고 있다. 이들의 수직적·수평적 상호작용의 결과 행위자들의 서로 다른 선호도와 이해관계에도 불구하고 합의를 통해 공동체 차원의 젠더정책이 결정될 수 있는 것이다. 따라서 상호 조정과 합의 작업은 정부 간 수준임에도 젠더와 관련된 다양한 행위자를 포함하는 개방성을 통해 실제 문제 해결은 유럽적 수준으로 확장하고 있다.

유럽연합의 정책 결정 방식으로는 공동체 방식(community method), 정부 간 조정 방식(intergovernmental coordination method), 개방형 조정 방식(open method of coordination) 등이 있다(Stubb, Wallace and Peterson, 2003; Wallace, 2005).

공동체 방식은 가장 널리 적용되는 일상적인 정책 결정 방식이라 할 수 있다(Hix, 2005; Wallace, 2005). 공동체 방식은 유럽연합에서 유일하게 정책 결정 절차가 엄격하게 제도화된 틀 속에서 각료이사회, 집행위원회, 유럽의회(European Parliament)가 동등한 권한을 통해 정책을 결정하는 방식이다. 공동체 방식은 가장 널리 적용되는 정책 결정 방식으로 일반입법 절차(ordinary legislative procedure)와 특별입법 절차(special legislative procedure)로 나누어진다(안병억, 2014).

1992년 마스트리히트조약에 따른 공동결정 절차(co-decision procedure) 및 2007년 리스본조약으로 변경된 일반입법 절차는 유럽집행위원회, 유럽의회, 유럽이사회가 권력 균형을 통해 결정을 할 수 있는 공동체 방식으로 이해될 수 있으며, 다수결 원칙이 지배하는 고도로 제도화된 합의 방식이다.

일반입법 절차에서는 입법 제안에 독점권을 가진 집행위원회뿐만 아니라 다른 행위자에 의한 입법 발의가 가능해졌다. 일반입법 절차는 공동결정절차와는 달리 첫 번째 독해, 두 번째 독해, 세 번째 독해를 단계별로 나누고 있으며, 각 단계에서 유럽의회와 각료이사회의 관계를 규정하고 있다.

특별입법 절차는 협의(consultation) 절차, 동의(consent) 절차, 그리고 유럽의회가 발의권을 갖는 특정 분야의 입법 절차를 말한다. 각료이사회의 참여와 함께 유럽의회에 의해 또는 유럽의회의 참여와 함께 각료이사회에 의해 규정, 지침 또는 결정을 채택하는 절차이다.

한편 정부 간 조정 방식은 회원국 간 협상을 통해 정책을 결정하는 방식으로, 공동체 방식의 엄격한 규정에 따른 방식보다는 회원국 정부 간의 합의가 지배적인 결정 방식이다. 주로 각료이사회와 유럽이사회에서 이루어지는 정책 결정 방식이다(Wallace, wallace and Pollack, 2005).

정부 간 조정 방식은 공동체 방식과는 달리 회원국들의 이해관계가 상충되고 민감한 정책 영역에서 회원국 정부들이 조정과 협상을 통해 이루어지는 결정 방식을 말한다. 정부 간 조정 방식의 대표적인 사례로는 니스조약에 도입된 강화된 협력(enhanced cooperation)으로, 특정 정책 영역에 한해 회원국 간 보다 긴밀한 결정을 가능하게 하는 방식이라 할 수 있다.

개방형 조정 방식은 집행위원회와 여러 다양한 행위자가 자발적 합의를 도모하는 정책 결정 방식이다. 집행위원회는 핵심적인 역할을 수행하는 행위자이다. 유럽연합의 가이드라인이 설정되면, 유럽연합 차원에서 목표 달성을 위한 적절한 지표를 설정하고, 회원국과 정부 차원에서 세부 목표 및 집행 방법을 결정한다. 정책이 집행되는 상황 및 결과에 관한 보고서를 집행위원회에 제출하는 과정에서 개방형 조정 방식은 회원국과 사회적 행위자가 수평적 관계를 바탕으로 함께 정책을 결정하고 조정하며, 회원국의 다양성에도 불구하고 유럽 차원에서 정책의 일관성을 확보하기 위한 결정 방식이다.

유럽연합은 집행위원회를 중심으로 회원국과 사회적 행위자가 수평적 관계에서 함께 정책을 결정하고 집행하는 개방형 조정 방식을 수립했다. 다시 말해 개방형 조정 방식은 회원국의 수준 및 조건의 격차를 고려해 유럽연합 내에서 상호 공유할 수 있는 최저 기준들을 실천할 수 있도록 조정하는 정책 결정 방식이다(안병억 외, 2014).

개방형 조정 방식은 유럽연합의 보조성(subsidiarity)의 원칙하에 통합의 장애 요인을 극복하기 위해 제시된 새로운 형태의 거버넌스 방식이다. 2000년 유럽연합은 리스본 전략을 수립하여, 공동체의 다양성을 인정하면서도 정책적 융통성(flexibility)과 정당성(legitimacy)을 기반으로 공동체정책을 실행하기 위한 정책 조정 기제로서 개방형 조정 방식을 적용·확대하고 있다(Büchs, 2007).

유럽연합의 기구들과 회원국들의 정책 결정 과정을 통해 만들어진 것이 2차 입법이라고 할 수 있다. 2차 입법으로는 법적 구속력을 가진 규정(regulation), 지침(directive), 결정(decision)이 있고, 법적 구속력이 없는 권고(recommendation)와 의견(opinion)이 있다.

먼저 규정은 모든 회원국과 더불어 모든 개인과 법인에 일반적으로 적용되고 구속력을 가진다. 규정은 유럽연합의 결정 사항이 그대로 적용되어 자동적으로 회원국의 국내법의 일부가 된다.

지침 역시 모든 회원국에 적용되고 구속력을 가진다. 그러나 직접적으로 적용되는 규정과는 달리 지침의 경우 정책 목표 달성 및 방법에 있어서 회원국의 재량권이 인정된다. 회원국들은 예외 없이 준수의 의무를 가지며, 지침의 실질적인 적용을 보장하기 위해서는 가장 적합한 형식과 수단이 강구되어야 한다. 유럽연합이 지침을 제정하면 회원국에서 이를 입법화해야 한다.

다시 말해 유럽연합에서 결정된 지침은 회원국 정부가 자신의 국가 상황에 따라 정책 목표를 세우고 적절한 방법으로 재입법해야 한다. 따라서 지침은 회원국 나름의 정책 실행 방법과 진행 과정에 유연성을 두면서 입법이 의도한 결과에 대해 구속력을 갖는 특징을 가지고 있다.

결정은 원칙적으로 입법에 명시된 특정 회원국, 개인 및 법인을 한정하여 발휘하는 입법으로 특정 정책의 대상에게만 적용된다. 일반적으로 결정은 포괄적인 구속력을 갖는 입법의 성격보다는 절차 변경과 특정 대상에 대한 의무 부과 등 일종의 세부적인 행정 조치의 성격을 지닌다. 한편 권고와 의견은 집행위원회, 유럽의회 및 자문기구의 구속력 없는 자문 제기 등의 형태로 이루어진다.

2) 유럽연합의 젠더정책 결정 과정: 젠더정책, 제도, 그리고 행위자들

젠더정책의 정책 결정 과정에서 볼 때 유럽 차원의 정책 결정 과정에서 유럽연합의 초국가적 기구 및 회원국뿐 아니라 여성단체와 유럽 내의 페미니스트, 전문가 등과 같은 국내 수준의 다양한 선호와 압력을 행사하는 행위자들이 유럽연합의 공식적·비공식적 제도와 기구를 통해 상호 개방적이고 수평적인 관계를 맺고 있다(Woodward and Hubert, 2007).

이와 같은 다양한 행위자들이 젠더정책 결정 과정에 참여하여 유럽 차원의 젠더이슈를 논의하고 합의하는 과정에서 유럽 차원에서 젠더정책과 관련된 정책 결정이 이루어진다(Hoskyns, 1996). 젠더와 관련된 다양한 규범과 제도를 형성하고 결정하는 과정에서 회원국뿐만 아니라 다양한 행위자들과의 상호작용을 통해 유럽연합과 그 회원국의 젠더 관계를 변화시키고 있다는 점에서, 유럽연합과 회원국 정부 및 젠더 관련 여러 다양한 행위자들과의 수직적·수평적 협력은 매우 중요한 문제이다.

유럽 차원의 젠더정책 결정 과정에서 주요 행위자로는 각 회원국과 국가 내 젠더 관련 정책 담당자들, 유럽집행위원회, 유럽의회, 유럽각료이사회, 유럽사법재판소를 비롯한 유럽연합의 기구들, 회원국에서 활동하거나 유럽 차원에서 사회적 파트너로 활동하는 여성 관련 단체 및 페미니스트들, 노동조합, 기업, 전문가들이라 할 수 있다(Stratigaki, 2000).

이들 다양한 행위자들은 유럽연합의 정책 결정 과정에서 제도의 합리성을 담보하기 위한 조정을 시도하고 구체적인 정책 결정 과정을 제시하는 방법을 통해 공동체 정책에 영향을 행사하여 국내의 기회 구조를 바꾸는 데 지대한 영향을 미친다. 국내의 기회 구조뿐만 아니라 국내 행위자들 사이에 권력의 배분과 자원의 동원 양식을 바꾸는 수단도 동원되었다. 그러나 유럽연합의 젠더정책을 통해 공동의 문제 해결이 가능해지면서 정책 행위자 간의 권력관계 및 상호의존관계에 대한 체계적인 분석이 요구되었다. 그뿐만 아니라 이들 행위자 사이의 관계성에 대한 조명을 통해 각각의 정책행위자들의 행동 논리를 설명하는 분석 및 상호 침투적인 관계를 형성하는 과정에 대한 관심이 증대되었다.

또한 정책 결정 과정에서 발생하는 갈등과 협력 관계의 메커니즘을 보다 적절하게 설명할 수 있는 공식적·비공식적 의사소통의 흐름에 대한 관심도 커졌다. 가장 중요한 행위자는 물론 회원국 정부라 할 수 있지만, 젠더정책의 특성상 젠더정책에 관련된 다양한 행위자들의 공동체정책의 결정 과정에서의 역할은 다른 정책 영역과 비교해볼 때 매우 크다 할 것이다(Kantola, 2010).

특히 유럽 차원의 젠더정책의 제도화 과정에서 의제 설정 권한을 가진 유럽집행위원회의 권한 역시 강화되었다. 집행위원회는 유럽 차원의 다양한 젠더 관련 행위자들을 규합하여 의사결정 과정에 참여할 수 있도록 조정하는 역할을 담당한다. 젠더정책과 관련하여 유럽연합의 결정 및 수용 과정에서 초국가 행위자들의 주도로 정부 간 협상 방식이 변하게 되는 것이다.

젠더정책은 유럽연합 차원에서 일괄적으로 정책을 제시하고 이를 수용하게 하는 방식으로는 성과를 거두기 어려운 영역이라 할 수 있다. 이에 유럽연합의 젠더정책은 공동의 사회정책을 추진할 수 있는 제도적 기반이 마련되면서 점차적으로 발전할 수 있었다. 특히 가중다수결원칙에 의한 의사결정 방식의 변화는 정부 간 협상 방식으로 이루어졌던 젠더정책을 초국가적으로 결정할 수 있게 하는 데 기여했다.

유럽연합의 의사결정 방식의 변화는 젠더정책의 결정 과정에 매우 많은 영향을 미치게 되었다. 기존의 만장일치 방식에서 가중다수결 방식으로 변화됨에 따라 젠더문제를 둘러싸고 유럽 차원에서의 초국가적 네트워크의 형성이 용이해졌다. 또한 젠더정책에 참여하는 다양한 행위자들 사이에 존재하는 네트워크 사이의 상호작용이 더욱 활발하게 이루어질 수 있게 되었다.

이 과정에서 젠더정책과 관련하여 유럽연합의 결정 및 회원국을 수용하는 과정에서 집행위원회가 주도하는 방식이 더욱 확대되고 강화되었다. 따라서 회원국의 상이한 젠더정책을 둘러싼 이해관계의 차이 및 젠더 관련 정책의 불균등한 발전으로 인한 차이를 더 구체적으로 설명할 수 있는 분석틀을 필요로 하게 되었다.

유럽연합의 젠더정책을 결정하는 방식에는 전통적인 공동체 방식과 새로운 거버넌스적 논의로 구분해 살펴볼 수 있다.

앞서 살펴본 바와 같이 유럽연합의 전통적인 공동체 결정 방식은 결의안, 지침, 결정과 같은 유럽연합의 정책 결정이 이루어지는 방식으로, 대부분 유럽각료이사회에서 만장일치 혹은 가중다수결 원칙에 따라 결정된다. 이러한 전통적인 방식과는 달리 유럽연합의 젠더 관련 정책 결정은 회원국 국내 행위자들의 신념 및 기대를 변화시키고 변화된 신념과 기대가 국내 행위자들의 정책 선호 및 전략을 변화시켜 궁극적으로 회원국의 젠더정책을 변화시킨다(Stubb, Wallace and Peterson, 2003).

따라서 국가적 차원에서 젠더 관련 이해관계나 정책적 차이가 존재하지만, 그럼에도 불구하고 유럽연합 차원에서 행위자들 간의 합의와 조정이 가능하게 되는 과정에 대한 관심이 커졌다. 특히 젠더정책과 관련하여 유럽연합의 결정에 대해 개별 회원국들이 자발적으로 실천하고 상호 평가·학습하는 연성법의 운영 시스템이 실제 젠더정책을 운영하는 과정에서 도입되었다.

역내 다양한 젠더문제를 공동으로 해결하기 위해 초국가적 차원에서부터 지방정부 차원에 이르기까지 다양한 행위자들이 참여할 수 있는 통로를 마련하는 데 주력했다. 다층으로 분화된 이들 권위체 사이에 존재하는 다양한 네트워크 간의 수직적·수평적 상호작용이 확대되었다. 이로써 서로 다른 선호도와 젠더 불평등 관계에도 불구하고 조정과 협력이라는 방식을 통해 공동체 차원의 합의를 이끌어낼 수 있는 길이 넓어졌다.

이러한 유럽 수준의 정책 조정 방식의 하나로 도입되어 여러 정책 분야에서 활용되고 있는 정책 조정 기제가 개방형 조정 방식이라 할 수 있다(Büchs, 2007; Scharf, 2002; Trubek and Trubek, 2005). 리스본 전략은 공동체의 다양성을 침해하지 않으면서도 공동체정책의 실현을 가능하게 하는 개방형 조정 방식을 정책 결정 과정의 조정뿐만 아니라 정책적 융통성과 정당성을 창출하는 데 중요한 기제로 인식하고 있다.

개방형 조정 방식은 회원국의 다양성에도 불구하고 유럽 차원의 정책의 일관성을 확보하기 위해 정책 실행 과정에서 균형을 모색하기 위한 메커니즘으로, 유럽연합의 보조성의 원칙하에 통합의 장애 요인을 극복하기 위해 제시된 새로운 형태의 거버넌스 방식이라 할 수 있다. 개방형 조정 방식은 젠더정책이 초국가 수준, 국가 수준, 지역 수준, 로컬 수준 등 다양한 수준의 행위자들이 서로의 이해관계에 따라 정책 결정 과정에 참여하고 합의하고 조정하는 상호작용 과정에서 정책이 최종적으로 결정된다는 점에 주목하고 있다.

또한 젠더정책 결정 과정에서 쌍방향적 혹은 다방향적 조정, 즉 행위자 간의 수평적 조정과 정책 영역 간의 수평적 조정, 그리고 개별회원국과 유럽연합 간의 수직적 조정이 기존의 명령 통제적인 전통적인 공동체 방식과는 달리 회원국 상호 간 협력과 조정, 협상, 성공 사례의 공유, 상호 학습 등을 통해 정책 조정 과정을 거쳐 유럽 차원에서 제도화되고 있다는 점을 강조한다.

공동체의 젠더정책 결정 과정에서 지침과 같은 회원국의 합의 및 입법화 과정을 요구하는 법적 구속력이 강한 강성법안(hard law)보다는 가이드라인, 추천, 행동 계획 등 여러 다양한 연성법안(soft law)들이 부각되고 강조되고 있다. 이러한 연성법안들은 조약이나 지침과는 달리 젠더와 관련 회원국의 광범위한 합의를 도출해낸 합의 문구나 차별적인 정책 문서와 같이 유럽 차원의 젠더 규범을 실현하는 데 강제적 수단이라기보다는 비구속적 문서(non-binding instrument)를 의미한다.

따라서 유럽 차원의 젠더문제에 대한 공동입장, 공동성명 등은 광범위한 합의 과정을 근간으로 하지만 강제적이지 않으며 비구속적인 도구라 할 수 있다. 그러나 회원국에 대한 권고 및 추천과 같은 법안들은 개별 회원국들의 자발적인 협상과 설득, 좋은 실행(good practice)을 근간으로 하고 있기 때문에 구체적인 달성 목표, 이행 수단, 성과 기준, 운영 규정 등을 체계적으로 포함하고 있다.

이러한 연성법안은 집행위원회가 젠더정책과 관련하여 더 많은 이니셔티브를 가지고 추진하는 과정에서 회원국들의 광범위한 합의 과정을 도출해내는 데 용이하다. 그뿐 아니라 결정 과정에 참여하는 행위자들 간 서로 다른 이해관계에도 불구하고 유럽적 수준과 기대를 충족할 수 있도록 회원국 국내정책의 가이드라인 역할을 수행한다.

또한 젠더 관련 연성법안은 목적 지향성을 가지고 있어 유럽 차원에서 젠더정책의 필요성과 실질적인 실현 과정을 중요시한다. 젠더정책에 참여하는 다양한 행위자의 상호작용을 전제로 한다는 점에서 유럽연합의 젠더레짐에 대한 포괄적인 이해를 가능하게 해준다. 이는 여성의 지위와 권한의 실질적인 변화를 가져올 정책에 대한 다양한 젠더레짐의 상호작용의 결과라 할 수 있다.

이러한 공동체의 정책들이 각 개별 회원국 차원에서 어떻게 수행되는지, 더 나아가 이를 통해 유럽연합 차원에서 여성에 대한 차별과 불평등을 어떻게 하면 줄여나갈 수 있는지, 공동으로 노력해야 하는 정책 영역은 어딘지와 같은 문제에 대한 폭넓은 이해를 가능하게 한다. 유럽공동체가 직면한 사회적·경제적·정치적 문제들을 완전히 해결하고 진정한 유럽 통합과 민주주의를 성취하기 위해 남녀의 평등 및 젠더 문제는 계속적으로 중요한 이슈라는 점을 분명하게 한다.

유럽연합에 존재하는 다양한 젠더레짐은 서로 다른 젠더 관계에서 규범, 규칙, 제도들에 의해 복합적으로 결정되며, 성평등을 실현하는 과정에서 서로 다른 젠더 관계와 행위자에 의해 규정된다. 유럽연합의 결정은 지역, 지방, 국가 차원에 존재하는 다양한 젠더레짐에 영향을 미친다. 이 과정에서 유럽연합은 개별 회원국 차원에서 해결이 어려운 젠더 이슈들을 유럽연합 차원에서 함께 논의할 수 있는 장을 마련하고 해결할 수 있는 다양한 방안을 제시함으로써 전체 유럽연합 회원국의 성평등에 기여할 수 있게 된다.

또한 유럽연합의 결정을 수용하는 과정을 통해 유럽 차원에서 젠더 정책의 제도화가 이루어지고, 그 결과 정책 조정과 합의가 가능해졌으며, 유럽연합 각 회원국이 국가적 차원에서 유럽연합의 젠더정책을 수용하고 집행하는 과정에서 이들 회원국의 젠더 관계를 변화시키게 되는 것이다. 그리고 유럽연합 회원국의 젠더 관계의 변화는 다시금 유럽 차원의 젠더 관계의 변화를 가져오게 하는 동력이 되는 상호작용이 복합적으로 이루어지게 된다.

유럽연합의 젠더정책에 대한 포괄적인 이해 작업을 통해 유럽 통합 과정에서 발생하는 젠더 불평등을 해소하고 유럽 차원에서 젠더정책을 지속적으로 추진하기 위해서는 무엇보다 균형적인 젠더 발전이 관건이다. 특히 젠더정책은 조정과 협력이라는 새로운 거버넌스 방식과 소통 과정을 통해 유럽 차원에서 발생하는 젠더 불균형 문제를 해소하고 새로운 젠더 관계를 구성하는 데 초점을 맞춰야 한다.

2. 유럽연합의 젠더 관련 지침 및 법안 제정

유럽 차원의 젠더정책의 정책 결정 과정에서 유럽연합은 규범 형성 및 규범 조화에서 중요한 행위자이다. 유럽연합의 젠더 관련 입법은 일반적으로 규정과 지침의 두 가지 형태로 존재한다. 대부분의 젠더정책은 규정보다는 지침이 주된 부분을 차지하고 있다. 따라서 다양한 유럽연합의 젠더 관련 지침은 회원국 정책에 잠재적으로 명시적으로 적용됨에 따라 법적 구속력을 가진다.

앞서 설명한 바와 같이 다른 정책과 마찬가지로 유럽연합 젠더 관련 지침을 수용하는 과정에서 회원국들은 국내법과 상충되는 부분을 조정하고 관련 법안을 입법화함으로써 회원국 내에서 규범적인 적용이 이루어지게 된다. 또한 유럽연합 젠더 관련 지침은 유럽법이 국내법보다 우위에 있기 때문에 법적으로 구속력을 가진다. 젠더 관련 지침이 수용되는 과정에서 일률적이고 동일한 법적 상태를 유지할 수 있게 되어 회원국 어디에서나 동일한 측면과 법적 효력을 갖게 되는 것이다.

그러나 유럽연합의 젠더 지침을 적용하는 과정의 수단과 절차는 회원국의 상황 및 이해관계에 적합하게 전환되어 적용된다. 이 과정을 거침으로써 유럽연합 회원국 간 상이한 젠더정책과 젠더 관계의 차별성에도 불구하고 유럽 차원에서의 규범과 규칙들이 일률적으로 적용될 수 있게 되는 것이다.

유럽 차원에서 젠더 관련 지침은 1970년대 중반 들어 로마조약 제

119조에 명시된 동일노동 동일임금 원칙을 유럽 차원에 적용함과 동시에 성평등 실현을 위한 새로운 규범과 규칙들을 만들어나가는 과정에서 확대되었다. 대표적인 예로는 동일임금 동일노동 지침이라 할 수 있는 '남녀 간 임금의 평등 원칙의 적용 관련 회원국의 입법의 접근에 관한 지침(Directive 75/117/EEC on Equal Pay)', '고용에의 접근, 직업교육, 승진, 그리고 노동 조건과 관련 남녀 간 동등처우에 관한 지침(Directive 76/207/EEC on Equal Treatment)', '사회보장에 있어 남녀 간 동등처우 원칙의 점진적인 이행에 관한 지침(Directive 79/7/EEC on Equal Treatment in Matters of Social Security)' 등을 들 수 있다.

이러한 지침들은 동일노동 동일임금 원칙의 적용뿐만 아니라 유럽 차원에서 노동시장에서의 임금의 차별 및 노동 조건에서의 균등한 처우를 제도적으로 가능하게 하는 중요한 제도적 틀로서 중요한 의미를 갖는다. 또한 유럽 차원에서 젠더 관계를 규정하는 지침은 젠더를 규율하는 규범을 형성하여 제도화하고, 유럽연합 전체의 젠더 관계를 변화·발전시키는 데 긍정적인 역할을 수행한다.

1980년대에 들어와 젠더정책은 대부분은 단일의정서가 채택될 때까지 합의가 가능한 고용 문제에 국한되어 진행되었다. 이러한 상황은 공동체 차원의 젠더정책과 관련된 결정을 어렵게 할 뿐만 아니라 공동체 차원의 젠더정책으로까지 발전을 이끌어내지 못했다. 이 시기 유럽 차원의 젠더정책의 유럽화가 적극적으로 진행되지 못했던 원인으로는 유럽통합과 연동되어 결국 회원국 정부가 이에 대해 적극적으로 대응하지 않은 점을 먼저 들 수 있다.

그러나 구조적인 차원에서 볼 때 젠더정책과 관련된 정책 결정 과정이 만장일치의 원칙에 의해 결정되었기 때문에 모든 회원국의 합의가 가능한 틀을 만들어내는 데 역부족이었다는 점을 근본적인 원인으로 꼽을 수 있을 것이다. 당시 유럽의 경기 침체, 실업 증가, 탈규제, 정부 예산 절감, 유연한 노동력에 대한 수사적인 강조 등 유럽연합 모든 회원국들의 경제적 상황은 젠더 관련 유럽연합의 결정에 부정적 영향을 끼쳤다.

이 때문에 다른 공동체정책과 마찬가지로 합의할 수 있는 최소한의 부분만 통합이 진행되었다. 그 결과 유럽 차원에서는 젠더 관련 두 개의 지침만이 채택되었다. '고용 체계와 관련된 사회보장제도에서의 남성과 여성에 대한 동등대우의 원칙의 이행에 관한 지침(Directive 86/378/ EEC on Equal Treatment in Occupational Social Security Schemes)'과 '농업을 포함한 자영업에 종사하는 남녀 사이의 동등대우의 원칙의 이행에 관한 지침(Directive 86/613/EEC on Equal Treatment of the Self-Employed)'이 그것이다.

1990년대 들어와서 유럽 차원에서 젠더 관련 결정은 사회정책에서의 가중다수결원칙이 도입되어 일정 정도 진전되는 모습을 보이기 시작했다. 즉, 가중다수결원칙에 의한 의사결정 과정이 젠더정책에서 가능해짐에 따라 개별회원국이 거부권을 행사할 수 없게 된 것이다. 이에 따라 동일임금 원칙과 균등처우를 넘어 모성보호, 양육휴가, 시간제 근로와 같은 유럽연합 내에 존재하는 다양한 젠더이슈들을 다룰 수 있게 되었다.

그 결과 1992년 모성보호와 관련된 '임신 근로자들과 출산을 하거나 수유를 하는 여성 근로자들의 직장에서의 안전과 건강 보호를 증진하기 위한 조치의 도입과 관련된 지침(Directive 92/85/EEC on Health and Safety of Pregnant Workers)'이 통과되었다. 이 지침은 유럽 차원에서 모성보호의 중요성을 인식하고, 이에 대해 구체적인 보호 장치를 마련했다는 점에서 중요한 의미가 있다.

이 지침은 여성을 노동자로 인식하고 여성노동에 대한 가치를 인정한 조치라 할 수 있다. 또한 이 지침은 노동권에 대한 적극적인 보호 조치라는 측면에서 여성의 임신과 산전후 기간에 필요한 조치를 취할 것을 명시하고 있다. 이에 모성보호 지침은 임신과 출산에 대한 구체적인 개입을 의미하며, 여성의 노동관계와 삶에 직접적으로 영향을 미치는 정책을 가능하게 한다는 측면에서 매우 중요하다 할 수 있다.

유럽 차원에서 모성보호에 대한 지침이 마련됨에 따라 회원국마다 다른 규정을 가지고 있는 임신 및 산전후에 대한 휴가 규정을 조정해야 했다. 이 지침은 출산전후휴가에 대해 14주까지 유급 휴가를 받을 수 있도록 규정하고 있어, 이를 수용하고 집행하는 과정에서 모성보호를 위한 유럽적 차원의 진전된 합의가 이루어질 수 있는 기반을 마련했다는 점에서 의미가 있다.

1996년에는 '부모의 양육휴가에 대한 지침(Directive 96/34/EC on Parental Leave)'이 채택되었다. 이에 최소 3개월까지 부모 양쪽에게 양육휴가를 보장하도록 했으며, 양육에 대한 부모의 책임을 공유하도록 했다. 부모에 대한 휴가제도를 유럽 차원에서 제도화하고, 아버지의 육아에 대한 책임 강화를 목적으로 하는 이 지침은 이인소득자 모델로의 전환을 뒷받침할 일가족양립정책의 근간을 마련하는 데 기여했다는 긍정적인 평가를 가능하게 한다.

더 나아가 1997년에는 '성을 이유로 한 차별에서 입증 책임에 대한 지침(Directive 97/80/EC on the Burden of Proof in Cases of Sex Discrimination)'과 '시간제 근로에 대한 지침' 등이 채택되었다.

이러한 지침들을 통해 유럽연합의 젠더정책 이슈가 노동시장에 국한한 고용과 노동 조건의 개선 등 남녀의 차별을 넘어 여성 폭력, 빈곤, 건강, 정치적·경제적 참여, 성주류화 전략 등 다양한 영역으로 확대될 수 있었다. 이 과정에서 2000년 유럽연합 차원의 두 개의 차별금지 지침은 괄목할 만한 성과라 할 수 있다.

소위 반인종주의 지침(Anti-racism Directive)이라 할 수 있는 '인종평등 지침(Directive 2000/43/EC on Racial Equality)'과 '고용과 직업훈련에서 동등한 대우를 위한 일반적인 틀을 제공하는 고용평등 지침(Directive 2000/78/EC on Employment Equality)'이 그것이다.

젠더고용평등 지침이 통과되면서 2004년에는 1976년에 채택된 고용, 직업훈련 및 승진, 근로조건에서 동등한 대우를 위한 지침(Directive 2004/113/EC on Equal Treatment in Employment, Vocational Training and Promotion, and Working Conditions)이 수정되었다. 또한 상품과 서비스의 공급에 대한 접근에서 동등한 대우를 위한 지침(Directive 2004/113/EC on Equal Treatment in Access to Supply of Goods and Services)이 채택되었다.

이를 통해 고용과 노동시장에 국한되었던 젠더 관련 법안은 주택, 은행, 보험, 다른 금융 등 다양한 상품과 서비스로의 접근 과정에서 남녀의 동등한 대우를 보장하도록 확대되었다. 더 나아가 2006년에는 '고용과 직업 문제에서 남성과 여성의 평등한 기회와 동등한 처우 원칙의 적용에 관한 지침(Directive 2006/54/EC on Implementation of the Principle of Equal Opportunity and Equal Treatment of Men and Women in Matters of Employment and Occupation)'이 채택되었다.

3. 유럽연합 젠더정책의 제도적 정착과 그 실재

유럽연합에 존재하는 다양한 기구에서 여성의 정치적 대표성을 보장하는 일은 매우 중요하다. 그러나 단지 여성의 대표성이 증진된다고 해서 유럽연합의 정책 결정 과정에서 여성의 참여와 대표성이 보장되는 것은 아니다. 유럽연합의 정책 결정 과정에서 여성의 입장이 고려되고 성인지적·성주류적인 정책 결정이 이루어지기 위해서는 보다 효과적인 수단이 강구되어야 한다.

유럽연합에는 다양한 여성정책전담기구(women's policy agencies)가 있다. 이들은 각 회원국의 여성운동가 및 여성단체들과 협력하여 유럽연합의 정책 결정 과정에서 여성의 입장과 다양성이 포함되게 하는 데 중요한 영향력을 행사하는 행위자들이다. 국가에서 여성정책전담기관이 설치되어 다양한 여성 이슈들을 다루고 있는 것과 같이 유럽연합에서도 이러한 여성정책기구들은 매우 다양한 성격과 특성을 띠고 있다.

여성정책전담기구와 여성운동에 대한 연구가 국가 차원에서 광범위하게 이루어지면서 유럽 차원에서 여성정책네트워크(women's policy network)가 등장했다. 불과 몇십 년 전만 해도 여성 문제에 헌신적인 개인들로 구성되었던 이 네트워크는 최근 들어 매우 제도화되고 공식 기구와 기관들을 포함하는 경향이 늘고 있다.

유럽연합의 정책 결정 과정에 젠더와 관련된 다양한 제도적·공식적 차원의 행위자들 외에 비제도적·비공식적 차원의 행위자들의 참여가 증대되고 있다. 특히 유럽연합 기구에 각 회원국의 페미니스트들이 진입하여 주요 정책 결정 과정에 참여함에 따라 이들 페모크라트들이 서로 연대하고 협력하여 유럽연합의 정책 결정에 대해 강력한 목소리를 내거나 압력을 행사하기 시작하면서 유럽연합 차원의 젠더정책의 입안부터 집행에까지 지대한 영향을 미치고 있다.

1) 유럽집행위원회

우선 유럽연합 내에 존재하는 다양한 여성정책전담기구들을 살펴보자. 유럽연합에서 젠더정책의 결정과 관련된 유럽집행위원회는 중요한 역할을 담당하고 있는 행위자이다. 유럽집행위원회는 유럽연합조약에 근거하여 유럽 법안의 제안권을 갖고 있다. 또한 유럽연합 차원에서 결정된 젠더 관련 법안이나 조치들이 올바로 준수되도록 감시 및 감독하는 역할을 수행하고 있다.

집행위원회에서 대부분의 젠더 관련 제안이 이루어진다. 집행위원회는 조약에서 주어진 법적 틀 속에서 가능한 활동 공간을 이용하여 노동시장의 고용 문제를 넘어 다양한 젠더이슈를 아우르는 여성정책이 유럽 차원에서 이루어질 수 있도록 지원하고 있다. 젠더정책은 집행위원회의 총국 중 사회정책 및 고용정책을 담당하는 고용사회총국(Directorate General)의 남녀평등부서(the Unit Equality between Women and Men)에 의해 집행된다.

남녀평등부서는 직업 활동에서 여성의 지위 향상을 중점적인 과제로 삼고 있다. 이를 위해 남녀평등부서는 젠더정책과 관련된 가이드라인을 확정하고 법률을 보완하는 등 새로운 법규와 관련된 제반 업무를 담당한다. 또한 젠더정책과 관련된 유럽연합의 결정 사항이 회원국 차원에서 어떻게 수용되고 운영되고 있는지 감독하는 업무를 수행한다.

이 외에 남녀평등부서는 유럽 차원의 이익집단, 고용자와 피고용자 단체들, 사회적 파트너들과의 긴밀한 관계를 통한 유대를 공고히 하는 역할을 수행한다. 이에 집행위원회는 젠더정책의 입안 과정에서 다양한 이익집단들을 대변하고 있는 유럽연합의 경제사회위원회와 남녀평등부서의 커미톨로지위원회(comitology committee)로부터 정책적 자문을 구해야 한다.

커미톨로지위원회는 1982년 설립된 자문위원회로, 일반적으로 회원국의 이해가 큰 정책 분야의 입법 및 정책 집행 과정에서 유럽집행위원회의 월권적 기능을 제어하고 각 회원국의 이해관계를 반영한다. 이 위원회는 각 회원국의 남녀평등을 다루는 정부부처의 대표 1명, 남녀평등을 다루는 상설위원회의 대표 1명, 유럽 차원에서 노동조합기구를 대표하는 5명의 대표, 사용자 단체의 대표 5명 등 40명으로 구성되어 있다.

유럽 차원의 젠더문제 해결을 위한 다층화된 정책 결정 과정에서 커미톨로지위원회는 회원국의 젠더정책 담당자와 전문가, 이익집단의 대표들 사이의 정책 자문 및 조정을 도움으로써 유럽연합 차원에서 젠더정책의 결정을 용이하게 한다.

또한 다양한 기회균등의 실현을 위한 지침들이 제안되었다. 집행위원회는 행동프로그램(action programme)을 제시했다. 이를 통해 집행위원회는 여성정책에 대한 재정적인 지원과 여성들의 경험을 교환하고 연대할 수 있는 다양한 네트워크 형성을 지원했다.

남녀평등부서 외에 집행위원회에는 정보·통신·문화 및 시청각 매체를 담당하는 총국에 여성정보담당 업무부서가 존재한다. 이 부서는 젠더문제에 관한 언론과 여론을 담당한다. 여성정책과 관련해 유럽연합 내부에서 일어나는 업무와 현황에 대한 정보를 회원국과 유럽의회 의원들, 유럽연합 내에 존재하는 다양한 연구기관 및 언론매체에 제공하는 일을 담당하고 있다.

또한 집행위원회에는 유럽연합과 개별 회원국 사이의 원활한 협력을 위해 '남녀의 평등을 위한 자문위원회'가 설치되어 있다. 이 위원회에는 각 회원국 대표 두 명이 참여하여 유럽연합 차원에서 젠더정책이 구체화되고 실행될 수 있도록 지원하고 자문하는 역할을 수행한다. 자문위원회는 각 회원국들이 젠더정책의 현황에 대한 의견을 주고받을 수 있도록 창구 역할을 할 뿐만 아니라 회원국과 유럽연합의 협력을 담보하는 과정에서 유럽 차원의 젠더정책 결정의 가부를 담당한다.

집행위원회는 여성의 역할과 지위의 확대를 도모하고 유럽연합의 의사결정 과정에 적극적으로 참여할 수 있는 기반을 마련했다. 더 나아가 집행위원회는 공동체의 모든 정책 분야를 발전시켰을 뿐만 아니라 국가적·지역적·지방적 차원 그리고 유럽연합 차원의 정책에서 기회균등의 목표 설정을 가장 중요한 고려 사항 중 하나로 자리 잡게 하는 데 지대한 영향력을 행사했다.

집행위원회의 노력에도 불구하고 공동체 차원에서 정해진 결정은 회원국에 앞으로 달성해야 할 목표와 최종 시한만을 정해줄 뿐 보편적이고 직접적인 효력을 발생하는 조치가 아니기 때문에 강제적 구속력이 없다. 그렇기 때문에 그 구체적인 시행 방법과 절차에 대해서는 각 회원국이 자국의 상황에 따라 선택하고 결정하게 된다. 회원국들은 정해진 목표를 달성하기 위한 정책을 수립하고 시행할 의무를 가진다.

2) 유럽의회

유럽집행위원회의 젠더정책을 실현시키는 데 주요한 역할을 담당하는 기관 중 하나는 유럽의회이다. 유럽의회는 유럽연합에서 여성들의 이해를 대변하는 데 중요한 기구이다. 유럽의회는 유럽각료이사회와 공동결정권을 행사할 수 있다. 유럽연합 차원에서 여성정책과 다양한 젠더이슈와 관련해 선두적인 역할을 수행하고 있는 기구가 유럽의회이다.

유럽의회는 유럽연합 모든 기구 및 정책 영역에서 남녀의 기회균등 및 성주류화가 반영될 수 있도록 다양한 정책적 지원을 하고 있다. 유럽의회는 성주류화를 유럽의회의 중심 의제 중 하나로 만들었으며, 집행위원회와 각료이사회의 많은 정책 영역에 여성의 입장과 경험이 반영되도록 하는 데 지대한 영향을 미쳤다.

예를 들면, 유럽구조기금의 가이드라인에 기회균등의 원칙을 제도화하게 한 것이다. 구조기금은 유럽 내에 존재하는 사회적 불평등을 해소하고 구조적인 문제를 해결하기 위한 유럽연합 기금 중 하나로, 남녀평등 및 기회균등을 위해 마련된 기금은 아니다. 그러나 유럽연합의 공식문서를 보면 구조기금의 사용에 남녀평등 및 기회균등 원칙을 구조기금의 목표로 제시하고 있는 경우가 많다.

이는 유럽 통합이 진행되는 과정에서 구조기금이 사회적인 문제를 해결하는 공식적인 제도적 차원에서뿐만 아니라 고용 및 노동시장과 관련되어 사용되고 있기 때문이다. 또한 노동시장에서의 불평등을 해결하지 않고서는 구조기금의 효율성과 합리성을 보장할 수 없다는 문제의식이 반영되었기 때문이다.

여성의 권리위원회는 기회균등 원칙이 유럽 사회기금에서뿐만 아니라 지역기금과 농업기금에 이르기까지 확대 적용될 수 있도록 했다. 또한 여성을 위한 새로운 기회(NOW) 기금은 유럽구조기금의 영역에서 남녀의 기회균등을 촉진하는 데 많은 성과를 거두었다.

1979년 유럽의회 직선 이후 설립된 여성의 권리와 성평등위원회(Women's Rights and Gender Equality)는 유럽의회의 상임이사회의 하나로, 유럽의회 내에서 여성정책을 담당한다. 유럽의회에서 결정되는 많은 의제와 안건이 이 위원회에서 논의된다. 이 위원회는 유럽의회의 다양한 정치그룹의 대표로 구성되며, 젠더정책 결정 과정에서 매우 중요한 행위자이다.

여성의 권리와 성평등위원회는 유럽연합 내 여성의 상황에 대해 분석하고, 다양한 영역의 전문가로부터 초국가적 지식을 얻기 위해 청문회나 포럼을 기획하는 활동을 수행하고 있다. 더 나아가 여성과 관련된 정책이나 평가를 시도하여 유럽연합 내 여성의 권리 증진에 기여하고 있다. 이 과정에서 이 위원회는 유럽 차원의 젠더이슈를 공론화하고, 필요하다면 관련 보고서를 작성하도록 지원하고 있다.

또한 유럽의회는 유럽 차원에서 특정 젠더이슈가 논의되고 합의되는 과정에서 발생할 수 있는 경제적·사회적 비용을 조사하기도 하며, 이를 근간으로 관련 법안을 마련하도록 압력을 행사할 수 있다.

유럽의회는 유럽 차원에서 제기되는 다양한 젠더이슈와 관련된 결의안을 채택하여 유럽집행위원회, 유럽이사회 그리고 회원국들에 이를 해결하기 위해 적극적인 조치를 취해줄 것을 요구하는 과정에서 현재 유럽의 젠더 상황의 변화에 지대한 영향을 미치고 있다. 유럽의회가 결의안을 채택하면, 집행위원회에게 유럽 차원의 포괄적인 전략을 다양화할 것을 강력하게 권고하게 된다.

3) 유럽각료이사회

유럽각료이사회는 집행위원회의 발의안을 심의·결정하는 유럽연합의 최고결정기관이다. 각료이사회에는 회원국의 젠더정책 담당 장관들이 참여하며, 회원국 정부의 이해관계에 입각해 정부 간 기구의 성격을 갖는다. 각료이사회는 실무자 간 합의 및 결정된 사안을 진행한다.

또한 각료이사회는 유럽집행위원회와 유럽의회와의 협력을 위해 국내 관료들로 구성된 상주대표부(COREPER)를 두고 있으며, 집행위원회의 위원회와 같은 기능을 갖는 실무그룹(working group)과 회원국의 고유한 영역에 속하는 정책들을 조정하기 위한 이사회위원회(Council Committees)가 있다.

유럽집행위원회의 남녀평등부서가 젠더 관련 정책을 발의하면, 각료이사회의 승인을 얻어 정책으로 결정된다. 각료이사회는 유럽의회의 의견을 구하고, 유럽연합의 의견에 따라 필요하다면 집행위원회의 수정 작업이 이루어진다. 이후 상주대표부에서 회원국의 이견이 조정된다. 상주대표부의 동의를 구하고 회원국이 합의한 발의안은 다시 각료이사회로 이관되고 최종 결정된다.

동일노동 동일임금 원칙이 제도화되는 과정에서 동일노동 동일임금 원칙과 고용에서의 접근, 직업교육, 승진 그리고 노동 조건과 관련된 남녀 간의 균등처우 원칙의 이행에 관한 집행위원회 지침이 유럽각료이사회에서 받아들여지면서 유럽연합의 성평등정책이 발전하게 되었다. 유럽 차원의 젠더 지침이 회원국에서 입법화되는 과정에서 남녀의 불평등과 성차별이 시정될 수 있었으며, 이 과정에서 공동체 차원에서 성평등 정책이 제도화될 수 있었다.

1986년 단일유럽의정서가 채택되어 각료이사회의 의사결정 방식이 만장일치제도에서 가중다수결제도로 전환되었다. 이에 일부 회원국의 반대에도 불구하고 젠더 관련 조치들을 결정할 수 있게 됨에 따라 모성휴가, 시간제 및 임시고용계약직 노동자 보호를 위한 유럽연합의 지침들이 결정될 수 있었다.

각료이사회는 유럽연합의 최고 의결기구로서 상주대표부와 실무 그룹에서 논의된 젠더 관련 의제에 대해 회원국 사이의 의견을 조정하여 합의할 수 있는 시스템을 갖추고 있다. 젠더 관련 각 회원국의 각료 및 실무자들이 정례적 화합을 통해 상주대표부에서 의견 조정을 거친 후 합의를 한다는 점에서 회원국 사이에 상이한 젠더 관계와 정책적 차이에도 불구하고 정책 결정 과정에서 유럽연합과 회원국의 정책 조정과 합의가 가능하다는 점은 주목할 부분이다.

4) 유럽 차원의 새로운 여성정책전담기구

유럽연합은 유럽 차원에서 다양한 젠더문제에 대한 접근을 용이하게 하기 위해 무엇보다 젠더문제에 대한 포괄적인 자료의 필요성을 인식했다. 객관적이고 통용 가능한 데이터의 수집과 분석 작업이 요구되었다.

이러한 문제를 해결하기 위해 유럽연합은 2007년 EU 기본권기구(European Union Agency for Fundamental Rights: FRA)와 유럽성평등연구소(European Institute for Gender Equality: EIGE)를 설립했다.

유럽 차원의 두 여성정책전담기구는 유럽연합과 그 회원국에서 여성의 인권을 강화하고 유럽연합의 모든 기구에서 여성의 기본권과 젠더평등이 관철될 수 있도록 다양한 전문적 조언과 기술적 지원을 제공하는 기능을 수행했다.

새로운 여성정책전담기구를 통해 유럽연합 차원에서 논의되는 젠더정책 및 젠더이슈에 대한 신뢰할 수 있는 자료의 제공하고 공동체 차원에서 일관된 조치가 취해질 수 있는 적합한 방법을 마련하고자 했다는 점에서 고무적이다.

문제 해결을 위한 적절한 방법을 모색하는 과정에서 유럽연합 차원에서 다양한 방법이 구축되었다. 더 나아가 젠더문제에 관련된 다양한 행위자들의 참여와 협력을 적극적으로 추진하는 데 이들 여성정책전담기구의 역할은 긍정적으로 작용했다.

4. 사회적 파트너와 시민단체

젠더 관련 사회적 파트너와 시민단체들은 유럽연합의 젠더문제를 개별 회원국 차원에서뿐만 아니라 유럽연합 차원에서 공론화하고, 공동의 결정을 가능하게 하는 데 지대한 역할을 수행한다. 이들은 유럽연합의 의사결정 과정에 참여해 다양한 영역에서 제기되는 젠더이슈를 유럽연합에서 함께 논의될 수 있는 의제로 설정되도록 압력을 넣는 과정에서 유럽연합의 관료들과 실무자들의 지지를 얻어내는 역할을 수행하고 있다.

유럽연합 차원에서 시민단체 혹은 NGO는 세 가지 방식으로 구분해 볼 수 있다. 첫 번째 방식은 국가적 혹은 국제적 NGO들로, 브뤼셀에 사무실을 가지고 있는 이들은 1950년에서 1980년 사이에 조직되었으며 노동조합을 가지고 있다. 이들은 여성 이슈에 크게 관여하고 있지 않다(Cichowski, 2007: 177). 예를 들어 유럽노조연합(European Trade Union Confederation: ETUC)이 여기에 속한다. 유럽노조연합은 1973년 조직되었으며, 오랜 기간 여성 문제나 기회균등 문제에 크게 기여하지 못해왔다(Cockburn, 1995).

1953년 조직된 보수주의자들로 구성된 유럽여성연합(European Union of Women: EUW)은 예외적이다. 유럽여성연합은 1953년 잘츠부르크에서 조직된 유럽 차원의 범여성기구이다. 유럽 통합 과정과 더불어 유럽연합 차원에서 여성의 지위와 역할을 확대하기 위한 다양한 노력들이 경주되었던바, 유럽여성연합은 유럽의회, 연방의회, 주의회, 지방의회의 여성 의원을 총망라하고 있는 기구이다. 이 기구는 유럽 내 18개국, 즉 덴마크, 독일, 에스토니아, 프랑스, 그리스, 영국, 리투아니아, 룩셈부르크, 몰타, 노르웨이, 오스트리아, 폴란드, 스웨덴, 스위스, 슬로베니아, 스페인, 사이프러스, 체코 등의 여성 정치인을 통해 조직화되었다.

유럽여성연합은 유럽국민정당(EVP)의 여성 의원들과 공동으로 유럽여성협의회(European Women Association)를 결성하기도 했다. 유럽여성연합은 기독교적인 민주주의 이념을 유럽 내에 깊이 뿌리 내리고 문화적·경제적으로 자유와 인간의 존엄성의 가치를 여성의 정치 참여를 통해서 유럽 사회에 널리 보편화하는 데 주력하고 있다.

이 그룹의 멤버는 보수주의적 성향을 띤 정당이나 기독교 민주적 정당으로 구성되었으며, 중요한 직책은 선거를 통해 구성된다. 이들의 중요한 목표는 보다 많은 여성의 정치 참여를 도모하는 것이며, 기독교 정신과 윤리 정신을 통해 이러한 목표를 추진하고 있다(Cichowski, 2007: 177). 이 밖에도 유럽연합의 농업기구위원회(the Committee of Agricultural Organization in the EU: COPA)와 공공서비스위원회(Public Service International: IPS)는 여성위원회를 가지고 있다(Cichowski, 2007: 177~178).

두 번째 방식은 유럽연합의 증대되는 중요성을 인식하고 유럽 및 여성 이슈에 영향력을 행사할 수 있는 방법을 모색하는 과정에서 새롭게 창설되었거나 브뤼셀로 옮겨온 네트워크들이다. 유럽의 발전에서 여성(Women in Development Europe: WIDE)은 1993년 더블린에서 발족하여 브뤼셀로 근거지를 옮겨 유럽의 여성 이슈에 보다 효과적인 로비와 자문 활동을 벌이고 있다(Maghadam, 2000). 또한 유럽법조인여성협회(the European Lawyers Association)는 남성 중심의 유럽 사법체계에 대한 대응으로 2000년 창설되어 지속적으로 영향력이 증대되고 있다.

마지막으로 많은 수의 시민단체들로 1990년 유럽집행위원회의 도움으로 만들어진 단체 및 그룹이다. 유럽여성로비(European Women's Lobby: EWL), 인종주의에 반대하는 유럽네트워크(European Network Against Racism: ENAR), 유럽 사회적비정부기구의 플랫폼(Platform of European Social NGO's) 등을 예로 들 수 있다.

1990년대 초 유럽집행위원회는 단일시장의 완성 과정에서 발생할 수 있는 다양한 문제들을 최소화하고 사회정책의 실행을 위해 공동체 내에 존재하는 다양한 이행 관계를 규합할 목적으로 노동, 여성, 고용과 관련된 규정과 지침을 마련했다. 이 과정에서 집행위원회는 유럽 내 여러 이익집단 및 시민단체들과 조합주의(corporatism) 형식의 합의 및 정책 집행 시스템을 구축하고자 했다.

이는 유럽연합의 정책이 그동안 전통적으로 브뤼셀의 관료를 통해 사회정책이 실행되는 과정에서 사회정책 실행과 관련된 다양한 문제점과 한계가 발생했기 때문이다. 집행위원회는 다양한 이익집단과 정책 네트워크를 구성해 의견을 수렴하고 상호 정보를 제공해 정책의 집행 과정을 위임하고 여러 단계에서 실행 과정을 관리하고자 하는 전략을 수립했다.

이익집단의 정책 결정 과정의 참여는 1989년 노동자의 사회적 권리에 관한 기본권 헌장(The Community Charter id Fundamental Social Right for Works)에 첨부된 사회정책의정서(Protocol on Social Policy)에서 유래되었다. 사회정책의정서는 사회정책 관련 입법 과정이 사회정책을 수행하는 다양한 행위자의 합의를 통해 진행된다고 규정하고 있다.

유럽집행위원회는 1993년 '유럽집행위원회와 이익집단 간 개방적이며 구조화된 대화'라는 커뮤니케이션(Communication)을 통해 유럽 차원의 사용자 그룹과 노조, 시민단체 등과 사회적 동반자(social partnership) 관계를 맺었다. 사회적 동반자는 유럽집행위원회가 다양한 정책 영역에 존재하는 이익집단과 공식적인 관계를 설정해 정책 결정 과정에서 이들 사회적 세력의 의견을 다각도로 반영하기 위한 노력의 일환이라 할 수 있다.

젠더문제와 관련해 사회적 동반자 관계가 실행되면서 회원국의 정부 젠더 담당자뿐만 아니라, 지방정부, 사용자그룹, 노조, 시민단체, 사회 각계의 전문가집단 등과 공식화된 관계에 기반하여 의견 수렴 및 합의 과정을 통해 이들 사회적 동반자들의 입장과 의견을 반영하는 것이 일반화되고 있다.

정책 입안 과정뿐만 아니라 정책 형성 과정에서도 젠더와 관련된 사회적 파트너와 시민단체들은 집행위원회의 자문위원회에 참여해 정책 결정 과정에서 자문 역할을 수행하고 있다. 더 나아가 이들은 공동체의 다양한 정책 영역에 참여해 자신의 입장을 표명하여 여성의 입장과 경험이 유럽연합의 정책 결정에 반영될 수 있도록 적극적으로 참여하고 있다.

가장 대표적인 예로는 유럽여성로비(European Women's Lobby)가 있다. 유럽집행위원회의 외곽 단체인 유럽여성로비는 집행위원회의 '남녀의 평등을 위한 자문위원회'에서 참관인으로 참여하고 있는 비제도적 행위자이다.

유럽여성로비는 여성의 이해를 대변하기 위해 유럽연합의 재정적 지원하에 1990년 9월, 12개 유럽연합 회원국의 여성정책담당기관들과 17개의 유럽 내 여성단체들에 의해 창설되었다. 유럽여성로비는 유럽연합 차원에서 젠더정책의 결정이나 발의안을 준비할 때 여성의 입장과 이해가 반영될 수 있도록 정책 결정자들에게 다양한 정보를 제공한다.

또한 이들은 정책에 대한 자문도 실시하고 있다. 유럽여성로비는 다양한 로비 활동을 통해 유럽연합의 정책 결정 과정에 압력을 행사하고 있다. 특히 젠더 관련 다양한 시민단체들과 유럽연합 정책 결정자 및 실무자들 간의 정책네트워크 형성에 관여하여 대화와 의견 교환을 용이하게 하는 역할을 수행한다.

궁극적으로 유럽여성로비는 유럽연합의 정책 결정 과정에서 다양한 젠더정책에 대한 이익단체들의 의견을 대변한다. 유럽여성로비와 같은 비정부기구뿐만 아니라 유럽 차원에서 젠더 관련 정책이 이슈화되고 정책화하는 과정에서 각 국가의 젠더 현황을 분석하고 정책적 대안을 강구하는 데 중요한 역할을 수행하는 행위자는 각 회원국에서 활동하고 있는 페미니스트들과 여성단체들, 그리고 젠더 전문가들이라 할 수 있다.

젠더 관련 다양한 전문가와 행위자들은 유럽연합 차원에서 이루어지는 젠더정책 결정 과정에 참여하여 입안 과정부터 결정 과정까지 영향을 미친다. 그리고 이들은 상이한 국가적·젠더적 상황과 문화적·사회적 맥락의 차이에도 불구하고 개별 회원국의 여성정책의 유럽화와 제도화에 지대한 영향을 미치고 있다.

이에 유럽연합 차원에 존재하는 다양한 행위자들은 공동의 정책을 수립하는 데 압력을 행사하고, 필요하다면 연대해 통일된 입장을 관철시키는 데 주력했다. 유럽 차원에서 젠더 관련 정책이나 지침이 마련되기 위해서는 집행위원회의 역할이 매우 크다. 이들 사회적 파트너와 시민단체들은 젠더정책의 결정 과정에서 견해와 권고를 통해 여러 사회계층과 지역적 이해를 관철시키고자 노력하고 있다.

유럽연합 차원에서 여성조직의 등장과 형성에 대한 궤적은 국가 차원과는 다르다. 회원국의 여성운동조직 및 시민사회는 1960년대와 1970년대 국가로부터 독립적으로 성장한 반면에, 유럽연합에서는 유럽시민사회 구성에 집행위원회가 중심적인 역할을 수행한다(Greenwood, 1997, 2004). 유럽의회와 유럽집행위원회는 지속적이고 제도화된 확실한 행위자를 산출해내는 역할을 수행하고 있다.

5. 젠더정책의 제도화된 정책 조정과 정책 선택의 구조적 상관성

유럽연합과 젠더는 어떤 연관이 있으며, 유럽연합의 젠더와 관련된 다양한 지침들과 공동체의 결정이 무엇인지, 이러한 공동체의 정책들이 개별 회원국 차원에서 어떻게 수행되고 있는지, 더 나아가 이를 통해 유럽연합 차원에서 여성에 대한 차별과 배제를 어떻게 줄여나가기 위해 공동으로 노력하고 있는지 살펴보았다.

유럽연합과 젠더문제에 대한 폭넓은 이해는 유럽공동체가 직면한 사회적·경제적·정치적 문제들을 완전히 해결하는 과정에서 진정한 유럽 통합과 민주주의를 성취하기 위해 남녀의 평등 및 젠더문제는 계속적으로 중요한 이슈라는 점을 분명하게 한다. 유럽연합 젠더정책의 제도적 형성 과정 및 다양한 젠더정책 결정 과정을 보면, 유럽연합의 젠더레짐의 차별성과 다양성에도 불구하고 젠더와 관련된 여러 행위자들의 다양한 상호작용을 통해 공동체 차원의 젠더정책이 결정된다는 것을 알 수 있다.

서로 다른 젠더 관계에서 규범, 규칙, 제도들에 의해 복합적으로 결정되는 유럽연합의 젠더정책은 성평등을 실현하는 과정에서 서로 다른 젠더 관계와 다양한 행위자에 의해 규정된다. 이 과정에서 유럽연합 차원에서 결정된 법과 제도는 제도화 과정을 통해 유럽연합과 회원국의 젠더정책의 변화를 가져오고 유럽 차원에서 통합적인 해결을 도모할 수 있는 동력을 확보하게 된다.

생각해볼 문제

1 유럽연합이 결정한 유럽 차원의 젠더 관련 지침에는 어떤 것들이 있는지 제시해보고, 각 회원국에서 유럽연합의 지침이 입법화되는 과정에 대해 논의해보자. 이 과정에서 유럽연합의 젠더정책이 유럽 차원에서 어떻게 제도화되는지 그 메커니즘에 대해서도 설명해보자.

2 유럽연합의 젠더정책 결정 과정에 참여하는 다양한 행위자들의 특성과 역할에 대해 논의해보자. 그중 유럽 차원에서의 젠더 관련 정책을 주도적으로 수행하고 있는 행위자는 누구이며, 유럽연합과 각 회원국의 이해관계가 다름에도 불구하고 어떻게 통일된 젠더정책을 결정하고 집행할 수 있는지 구체적인 예를 들어 설명해보자.

3 유럽 차원에 존재하는 다양한 여성정책전담기구들에 대해 설명해보고, 이들이 유럽연합의 젠더정책 결정에 어떠한 영향을 행사하고 있는지 논의해보자.

4 젠더정책의 제도화된 정책 조정과 정책 선택의 구조적 상관성이라는 측면에서 유

럽연합의 젠더정책 결정 과정에서의 사회적 파트너와 시민단체의 독특한 역할에 대해 설명해보자.

더 읽을거리

1 송병준. 2013. 『유럽연합 거버넌스와 공동정책』. 서울: 높이깊이

2 Kantola, Johanna. 2010. *Gender and the European Union*. Basingstoke: Palgrave Macmillan.

3 Hantrais, L. and Jo Campling(eds.). 2000. *Gendered Policies in Europe: Reconciling Employment and Family Life*. London: Macmillan.

제4장

유럽연합 내 성평등 및 반차별정책

유럽연합의 젠더정책은 유럽연합의 모든 정책과 관련되어 있고, 기회균등의 실현을 위한 유럽연합의 모든 정책에 여성의 지위 문제는 내재되어 반영되고 있다. 유럽연합의 젠더정책은 사회정책 영역의 한 부분으로 각 회원국의 사회정책과 연계되어 있다.

유럽연합은 기회균등정책과 동등한 대우정책을 통해 유럽연합과 그 회원국의 성평등정책을 추진하고 있다. 이 과정에서 유럽연합은 교육, 직업교육, 취업을 위한 재교육 등 고용의 측면에서 일정 정도 남녀의 기회균등이 관철되고 있는 것으로 보인다. 유럽연합의 젠더정책은 성평등을 추구하는 과정에서 법적·제도적 측면에서뿐만 아니라 공동체 전체에 걸쳐서 조화롭고 균형 있는 젠더정책 추진을 통해 남녀의 불평등을 제거하고 유럽연합의 모든 정책에 성평등과 여성의 관점을 반영해 평등성을 촉진하는 것을 목표로 하고 있다.

유럽연합과 회원국은 남녀의 평등을 실현하기 위한 조치로 반차별 지침을 제정하여 성에 근거한 차별뿐만 아니라 성 이외의 영역에서 발생하는 차별을 철폐하기 위한 제도적 장치를 마련하고 있다. 이러한 제도적 장치를 통해 유럽 통합이 진전되는 과정에서 유럽연합과 그 회원국은 각 회원국의 법과 제도뿐만 아니라 유럽법과 유럽사법재판소의 판결을 근간으로 평등 및 차별 문제를 해결하는 데 주력하고 있다.

이번 장에서는 유럽연합의 성평등정책이 시기에 따라 남녀의 기회균등정책을 넘어 모든 영역에서의 차별을 철폐하는 반차별정책으로 변화되는 과정을 추적하여 유럽연합의 성평등정책의 변화와 차별철폐정책의 내용과 특징을 반차별 지침을 중심으로 논의해보고자 한다.

1. 유럽연합 성평등 정책 변화: 기회균등정책에서 차별철폐정책으로

로마조약의 동일노동 동일임금 정책을 근간으로 시작된 유럽연합의 젠더정책은 공동체의 남녀 불평등을 해소하기 위해 수립되었다기보다는 당시 유럽공동체의 경제적 통합을 추진하는 과정에서 발생하는 경제적 이해관계와 관련해 여성 고용을 확대하기 위한 정책적인 고려가 존재한다. 고용 및 노동시장과 관련된 문제에만 국한된 젠더정책의 한계에도 불구하고 이는 유럽연합의 시작이 보여주듯이 회원국 간의 경제공동체적인 이해관계의 타협의 산물로 이해할 수 있다.

유럽 통합이 진전되는 과정에서 동일노동 동일임금 정책을 근간으로 남녀의 기회균등정책이 자리를 잡게 되고, 유럽 차원에서 지속적으로 법적 근거를 생산해냄에 따라 유럽연합의 남녀의 성평등을 추진할 수 있는 기반이 마련되었다.

이와 함께 유럽연합 내 여성의 지위 개선 및 권리를 담보해낼 수 있는 토대를 마련할 수 있게 되었다. 남녀의 형식적인 평등이 아닌 유럽 공동체 내 여성들의 실질적인 삶과 긴밀하게 연관되어 있는 젠더이슈들이나 여성들의 삶에 직접적으로 영향을 미치는 환경 및 상황에 정책적 고려를 하기 시작했던 것이다.

유럽연합의 남녀의 기회균등정책을 근간으로 하는 성평등정책은 시간이 경과함에 따라 정책 변화를 거쳤다. 초기에는 남녀의 기회균등을 위한 법적·제도적 측면이 전면에 부각되었다. 유럽 차원에서 하나의 공통된 기준과 규범을 정립하는 일이 우선시될 수밖에 없었다.

유럽연합은 남녀의 기회균등을 보장하기 위해 젠더와 관련한 다양한 지침을 마련하여 유럽 차원에서의 통일된 기준과 규범을 만드는 데 중요한 역할을 수행했다. 이와 함께 기회균등과 평등 그리고 직접적 차별뿐만 아니라 간접적 차별을 철폐하기 위한 조치를 유럽 차원에서 제도화했다. 이 과정에서 유럽사법재판소의 판결이나 법적 조치들은 유럽연합과 그 회원국의 젠더 상황 및 젠더 관계의 변화에 중요한 역할을 수행했다.

그러나 유럽 통합이 진전되면서 법과 제도만으로는 현실적으로 유럽연합과 그 회원국의 성평등을 실현하는 데 충분하지 않음이 명백해졌다. 이에 따라 여성의 지위와 권리를 본질적으로 향상시키기 위해서는 다른 조치가 필요하다는 인식을 함께 공유하게 되었다. 법적·제도적 평등을 실현하기 위한 제도적 차원에서의 보완 작업이 더욱더 다양하게 진행되었다. 더불어 실제적으로 여성의 평등을 구현하기 위한 다양한 문제제기와 분석, 행동 프로그램들이 유럽의 통합 과정에서 전개되었다.

범유럽 차원에서 유럽연합의 젠더정책을 수행하는 과정은 유럽연합의 권한 확대와 역할의 확장을 가져왔다. 그럼에도 젠더정책은 각 회원국의 고유한 사회 영역의 한 부분이므로 유럽연합 차원에서 일괄적으로 정책을 제시하고 집행하는 데는 한계가 있다. 그러므로 각 회원국들은 유럽연합 차원에서 내려진 결정을 따르고 이를 실행하는 데 협력해야 한다.

회원국 차원에서도 독자적인 혹은 고립적인 젠더정책이 아닌 유럽연합의 모든 정치적·정책적 고려 속에서 남녀의 기회균등의 원칙을 정착시켜야 하는 문제점이 있었다. 유럽 통합 초기부터 남녀의 기회균등 및 동등한 대우에 대한 규정을 발전시켜 남녀평등에 중요한 영향을 끼치는 지침들이 제정되고 운용되었다. 이 과정에서 유럽연합이라는 초국가기구와 회원국에서 젠더이슈에 연계되어 있는 다양한 수준의 행위자들의 상호작용이 활발하게 진행되었다.

1950년 유럽인권협약, 1961년 유럽 사회헌장, 1996년 유럽 사회헌장에 규정된 시민적·정치적 권리를 보장하려는 조치들이 제도화되기 시작했다. 더 나아가 유럽연합으로의 정치적 통합 과정에서 공동체 차원에서 기존의 남녀평등을 넘어 일반적인 평등의 영역에서도 실질적인 평등의 실현을 구현하기 위한 다양한 움직임들이 전개되었다.

이러한 움직임을 통해 유럽연합은 반차별 지침을 제정하기에 이른다. 반차별 지침을 제정하는 과정에서 각 회원국마다 반차별 지침에 대한 인식과 제반 조치를 마련하는 절차상 문제들에 대한 조정과 합의 작업이 진행되었으며, 이 과정에서 반차별 지침이 가지는 의미들이 강화되기 시작했다.

또한 반차별 지침의 실효성 확보를 위해 유럽연합은 회원국들에 이 지침들을 실행하는 과정에서 모든 제반 조치를 적극적으로 취할 것을 요구하고 있다. 또한 이를 준수하지 않았을 경우, 유럽연합은 제재 조치를 취할 수 있다는 점을 분명히 했다. 또한 제재는 효과적·비례적·위협적이어야 한다고 명시하고 있다.

반차별 지침의 적용과 관련하여 각 회원국들은 정치적으로 유럽집행위원회에 국가의 상황에 대한 보고서를 제출해야 한다. 이에 유럽 차원에서 감독과 통제 수단을 통해 회원국의 상황들에 대한 전체적인 조망이 가능해졌다. 이와 같이 유럽 차원의 평등 실현을 위한 유럽연합의 개입은 불합리한 차별을 금지하는 법과 제도를 통해 평등한 대우를 보장하는 일부터 시작되었다. 그러나 유럽 차원에서 사회적인 약자에 대한 동등성을 보장하는 일은 단순한 법적 조치만으로 가능하지 않다. 왜냐하면 현재의 차별적 상황은 과거의 차별이 누적된 결과이기 때문이다.

그 결과 아무리 공정한 기회의 평등이 주어진다고 해도 사실상의 평등한 지위를 확보하는 것은 어렵다. 따라서 차별적 구조의 악순환을 개선하고 모든 영역에서 발생할 수 있는 차별로부터 사회적 약자를 실질적으로 보호할 수 있는 장치가 필요한데, 이것이 바로 적극적 조치라 할 수 있다.

적극적 조치는 1935년 미국의 '국가노동관계법'에서 처음 사용된 용어로, 유럽연합에서는 적극적 조치에 대해 그 개념을 명확하게 정의하고 있지는 않다. 그럼에도 불구하고 적극적 조치는 단일한 정책이나 프로그램을 의미하는 것이라기보다는 "현존하고 계속되는 차별을 제거하고 차별을 금지하기 위한 법과 제도를 만들기 위한 조치"로 이해되고 있는 경향이 강하다.

특히 적극적 조치는 주로 노동시장과 고용 관계에서 발생하는 남녀의 불평등을 해소하여 여성에게 행해진 과거의 부당한 대우를 보상하기 위해 취해진 많은 다양한 조치와 정책을 의미하는 용어라 할 수 있다. 유럽연합은 적극적 조치에 대해 유럽연합운영조약(Treaty on the Functioning of the European Union) 제19조 제1항에서 다음과 같이 정의한다.

조약의 다른 조항을 손상시키지 않고, 조약에 의해 유럽연합에 부여된 권한의 한계 내에서, 유럽의회의 동의를 얻은 후 특별입법 절차에 따라 만장일치로 행동하는 이사회는, 성별, 인종적·민족적 기원, 종교 또는 신념, 장애, 연령 또는 성적 지향에 근거한 차별을 타파하기 위해 적절한 조치를 취할 수 있다.

이 조항은 성별에 한정되지 않는 새로운 사유에 근거한 차별 문제를 다룰 권한을 유럽연합에 부여했다는 점에서 매우 중요한 의미가 있다. 제19조는 차별철폐를 위한 일관되고 통합된 접근법을 발전시킬 필요성이 있다는 인식이 점점 증가하고 있음을 보여준다. 차별을 근절하고 철폐하기 위해 유럽 차원에서 공동으로 노력하고, 각 회원국의 경험과 실천을 함께 공유하여 최대한 활용하고자 하는 과정에서 차별철폐법의 제도화는 유럽 차원에서 반차별정책을 운용하는 데 매우 중요한 측면을 제공한다.

특히 여성이 겪는 차별의 경우 하나의 원인만을 가진 것이 아니라 다양한 사회 영역에서 중첩적 차별(multiple discrimination)의 경우가 많기 때문에 고정관념이나 차별의 구조적 악순환을 깨고 사회적 약자를 적극적으로 보호해서 실질적인 평등을 실현해야 한다는 점에서 적극적 조치가 필요하다는 인식을 공유하게 되는 것이다.

이 과정에서 중첩적 차별에 대해 보다 효율적으로 접근할 수 있으며, 효과적인 근거를 제공한다는 측면을 이야기할 수 있다. 국가마다 다른 차별 사유 및 조치를 뛰어넘어 공통적인 차별 개념을 정의하고 있다. 따라서 차별을 이해할 때 국가적 차이뿐만 아니라 여성이 처한 다양한 사회적 맥락과 환경을 고려해야 하며, 하나의 차별이 아닌 다양한 중첩적 차별이 문제가 된다는 인식을 함께했다.

따라서 유럽 차원에서 적극적 조치에 지침을 규정하고 반차별 지침을 통해 실질적으로 충분한 평등을 보장할 수 있는 조치를 취하고자 하는 움직임은 공통의 법적·제도적 접근법을 가능케 하는 발판을 제공했다는 측면에서 남녀의 실질적인 평등을 보장하기 위한 조치라 할 수 있다. 또한 공동체 차원의 유럽연합 회원국 모두에게 적용되는 반차별정책을 가능하게 할 수 있는 기반이 마련되었다는 의미를 가진다는 점에서 매우 중요하다.

유럽연합운용조약 제157조 제4항은 적극적 조치에 대해 다음과 같이 정의하고 있다.

> 노동 생활에서의 남녀 간의 실질적으로 충분한 평등을 보장하기 위해 동등대우 원칙은 회원국이 과소 대표된 성이 직업 활동을 추구하는 것을 용이하게 하거나 직업 경력에서의 불이익을 금지 또는 보상하기 위해 특별한 혜택을 제공하는 조치를 유지하거나 채택하는 것을 방해해서는 안 된다.

이는 유럽연합과 그 회원국의 노동시장에서 과소 대표된 성을 위해 적극적 조치를 할 수 있도록 규정한 것이다. 이를 통해 유럽연합은 성에 근거한 어떠한 차별도 없어야 한다는 점에서 여성의 기회에 영향을 미치는 기존의 불평등을 제거함으로써 남녀의 동등한 기회 및 평등을 적극적으로 실현할 수 있도록 하는 조치를 유지하거나 채택할 수 있게 되었다.

노동관계와 시민법 관계에서 차별의 경우 적극적 조치로 인해 반사적으로 불이익을 받게 되는 경우가 발생할 수 있기 때문에 적극적 조치에 대한 비판과 불만을 극복할 수 있는 방안과 저항을 극복할 수 있는 방안도 강구되어야 한다.

이 밖에도 유럽연합기본권헌장(the Charter of Fundamental Rights of the European Union)에도 적극적 조치를 통한 차별금지가 규정되어 있다. 기본권헌장 제23조는 "남녀평등은 고용, 노동, 임금을 비롯한 모든 분야에서 보장되어야 한다. 평등 원칙은 과소 대표된 성을 위해 특별한 혜택을 제공하는 조치의 유지나 채택을 방해해서는 안 된다"라고 규정한다.

또한 유럽집행위원회에 의하면, "적극적 조치는 과거의 차별의 효과를 무효화하고, 존재하는 차별을 해소하며, 특히 직업의 형태와 수준의 상관성을 가지는 개념으로 남녀의 기회평등을 증진시킬 목적으로 가지는 모든 조치"를 의미한다.

유럽연합 젠더정책의 근간이 기회균등 및 남녀의 평등을 넘어 공동체의 모든 영역에서의 차별을 금지하고 적극적인 평등을 실현하기 위한 차별철폐정책으로 변화되고 있다. 이 과정에서 유럽연합과 회원국은 인종적 또는 민족적 기원에 관련된 불이익을 금지하고 또는 보상하기 위해 특별한 조치를 취하거나 이러한 조치를 채택하는 것을 방해해서는 안 된다고 명시하고 있다.

다시 말해 유럽연합은 남녀의 성적 불평등에서 비롯된 차별뿐만 아니라 인종, 종교나 신념, 장애, 연령 또는 성적 지향과 관련한 그 어떠한 불이익이나 차별을 금지하고 실질적이고도 적극적인 평등을 실현하기 위한 조치를 취할 수 있는 것이다.

2. 유럽연합 반차별정책의 내용 및 특징

1) 유럽연합 반차별 지침의 입법화

유럽연합은 성, 인종, 민족, 종교 또는 신념, 장애, 연령 또는 성적 지향에 근거한 차별에 맞서기 위한 적절한 조치를 취할 수 있으며, 이에 대한 지침을 입법화했다. 남녀의 기회균등 및 동등처우뿐만 아니라 남녀의 차별철폐를 위한 유럽연합의 반차별 지침의 입법 배경은 유럽 시민의 기본권과 연관하여 논의할 수 있다.

다양한 영역에서 발생하는 차별을 철폐하고 평등하고 민주적인 유럽연합을 건설하는 과정에서 유럽 시민의 기본권을 보장하는 문제가 더욱 중요해졌기 때문이다. 더 나아가 차별철폐와 평등은 사회적·경제적·시민적 권리를 근간으로 유럽연합이 가장 중요하게 다루는 가치라 할 수 있다.

유럽 차원에서 여성의 경제활동참가율이 증가하고 사회적 참여가 늘어나면서 여성의 인식의 변화 및 사회적 변화가 초래되었다. 이에 가족과 직장에서의 남녀의 차별과 불평등을 해소하는 문제가 더욱 중요해졌다. 성장과 고용 및 사회적 결속을 위한 유럽연합의 목표들을 달성하기 위해 유럽연합이 기본적으로 추구해야 하는 전제조건으로 차별철폐를 입법화하는 과정이 필요하다는 인식이 확산되기 시작했기 때문이다.

이와 함께 사회적 위협 및 불확실성의 증가는 국가적 차원에서 해결해야 하는 과제로 등장했다. 유럽연합은 인구 고령화 및 낮은 출산율, 청년 실업의 증가, 일과 가족의 양립 문제 등 인구통계학적 상황의 변화에 따른 다양한 어려움에 직면해 있다. 가족의 역할 및 형태의 변화는 모든 유럽연합 회원국들이 안고 있는 공통된 문제라 할 수 있다.

이에 유럽연합은 다양한 영역에서 동등대우 및 반차별 지침을 마련하여 구조적인 차별과 직간접 차별철폐에 주력하고자 한 것이다. 물론 유럽 통합이 진전되는 과정에서 다양한 영역에 존재하는 차별과 불평등을 해소하고자 하는 노력이 진행되었고 이는 큰 진보를 이루었다. 그럼에도 불평등은 여전히 남아 있는 상황이다.

또한 현실에서 성별 격차를 해소하고 남녀 간의 고용 평등을 확보하는 것은 쉽지 않다. 글로벌 경제위기로 심화되는 무한 경쟁 체제에서는 더욱 유연하고 유동적인 노동력을 필요로 하기 때문에 이러한 불평등과 차별을 해결하기 위한 공동체 차원의 적극적인 개입이 요구된다.

평등을 단순히 모든 개인에게 동등한 기회를 제공하고 대우하는 것으로 이해한다면 현실에서의 남녀 사이에 존재하는 불평등을 해소하는 것은 어려운 일이다. 평등 개념은 크게 기회의 평등, 조건의 평등, 결과의 평등으로 구분해서 논의해볼 수 있다.

기회의 평등은 남성과 여성에게 동등한 기회와 법적·사회적 대우를 제공하는 가장 일반적인 평등을 의미한다. 조건의 평등은 남녀가 동일한 여건을 가지고 같이 출발할 수 있도록 보장하는 평등 개념이다. 여성이 경제활동을 할 수 있도록 일과 가족을 양립할 수 있는 조건을 마련해 기회의 평등이 갖는 문제점을 인식하고, 동일한 경쟁 조건 속에서 차별을 겪을 수밖에 없는 여성의 조건을 개선하여 실질적인 평등을 담보해내고자 하는 개념이라 할 수 있다.

반면에 결과의 평등은 과거부터 차별받아온 불평등한 상태에 놓여 있는 사람들을 실질적으로 평등한 결과에 도달할 수 있도록 대우하려는 개념이다. 흑인, 여성, 사회적 약자에 대한 누적적인 차별을 해소하고 불평등을 완화할 수 있도록 잠정적인 조치를 활용해 적극적으로 차별을 시정하고 평등을 달성하려는 것이다.

이처럼 성평등을 위해서는 평등 개념에 대한 보다 심화된 이해를 필요로 한다. 또한 단순한 기회의 평등이나 조건의 평등은 형식적인 평등을 유지하기 위한 기본적인 원칙으로 이미 존재하거나 누적되어온 남녀의 차별과 관행을 개선하고 해결하는 데 많은 한계가 있다.

차별을 철폐하기 위한 유럽연합의 입법화 과정을 보다 자세히 살펴보면, 먼저 다양한 영역에서 차별을 금지하는 법제를 정비했다. 1997년 10월 2일에 체결된 암스테르담조약에서는 동일노동 동일임금 원칙 및 남녀차별의 철폐를 위한 유럽연합의 노력을 규정하고 있다. 또한 2000년대에 들어와서 인종, 성, 종교, 세계관, 출신, 연령 등을 이유로 하는 모든 영역에서의 차별을 금지하기 위해 4개의 반차별 지침을 제정했다.

유럽연합의 반차별 지침은 회원국에서 입법 과정을 거쳐 실행하는 것을 의무화하고 있으며, 이를 이행하지 않을 경우 회원국에 제재를 가할 수 있다. 반차별 지침은 회원국에 수용되는 과정에서 남녀평등법규의 제·개정 작업에 큰 영향을 미치고 있다. 왜냐하면 각 회원국은 유럽연합의 규정을 입법화하는 과정에서 자국의 법과 문화에 알맞게 전환 적용하여 다양한 영역의 차별을 철폐하는 등 실질적인 평등을 확립하는 데 실제적인 노력을 기울여야 하기 때문이다.

차별철폐법이 유럽연합 회원국에서 제정되는 과정도 많은 차이를 보인다. 영국은 각 부문별 단독 법률을 제·개정을 함으로써 전환 적용을 했다. 프랑스는 민법, 형법, 노동법 등에 차별금지 사유를 명시하고 처벌하는 규정을 삽입했다. 오스트리아는 남녀평등법을 제정하여 성을 이유로 하는 차별금지 지침을 전환 적용했고, 기타 차별금지 사유는 기존의 관련법 안에서 수용하고 있다. 스위스는 회원국은 아니지만 유럽연합의 차별금지에 관한 법규범을 모범으로 삼아 차별금지에 관한 법제를 정비하고 있다.

이처럼 유럽연합 국가 대부분에는 성평등, 특히 노동시장과 작업장에서의 남녀평등 및 동등한 대우를 실현하기 위한 시민적 권리를 제도화한 법이 존재한다. 그러한 국가에는 유럽연합의 반차별 지침에서 규정한 차별철폐정책을 제도화하기 위한 법 개정이 요구되었다. 이와는 달리, 차별을 철폐하고 금지하는 법의 제정이 늦게 이루어진 국가도 있다.

또한 남녀평등 및 기회 균등을 실현하기 위한 국가적 차원에서의 전담기구를 설치하고 불평등 및 차별을 해결하기 위한 다양한 적극적 조치가 시행되는 국가가 있는 반면, 차별철폐 전담기구나 적극적 조치를 시행하고 있는 국가도 존재한다.

이와는 달리, 독일에서는 남녀의 동동한 대우 및 동일노동 동일임금, 소수 민족과 여성의 교육 기회와 고용에 대해서 적극적 조치와 같은 차별금지 제도가 부재했다. 이에 차별철폐법을 제·개정하는 과정에서 유럽연합 차원에서 시민적 권리에 대한 논쟁이 불거졌다. 유럽 시민의 기본권에 대한 관심 증대와 함께 국가별로 차이를 보이는 유럽 시민의 권리에 대한 통합적인 인식이 필요하다는 견해들이 제기되었다.

이에 유럽연합은 반차별법제의 실질적인 시행 및 평등 실현을 위해 확고한 '차별금지, 실질적 평등 실현'의 목표를 수립하고 다양한 행동 프로그램을 마련했다. '리스본 어젠다(Lisbon Agenda)'는 그 예라 할 수 있다.

유럽연합은 2000년 3월에 리스본에서 개최된 유럽이사회에서 포괄적인 내용을 가진 10개년 전략인 '리스본 어젠다'를 제시했다. 이는 유럽연합의 장기적인 경제 성장, 완전고용, 사회적 결속, 지속가능한 발전을 목표로 하는 것이었다. 이는 노동시장에서 저대표되어 있는 그룹의 고용수준을 높이는 것이고, 장애를 가진 사람, 소수자 및 이민자 등과 같이 차별받는 그룹들을 지원하는 것을 내용으로 하고 있다.

2) 유럽연합 반차별 지침의 내용

유럽연합의 4개의 반차별 지침은, 첫째, 재화와 서비스에의 접근 및 공급에서 남녀동등대우 원칙을 이행하기 위한 2004년 12월 13일 자 이사회 지침(2004/113/EC), 둘째, 고용과 직업에서의 남녀의 기회균등 및 동등대우 원칙의 이행에 관한 2006년 7월 5일 자 유럽의회 및 이사회의 지침(2006/54/EC), 셋째, 인종적 또는 민족적 기원에 관계없이 사람 간에 동등대우 원칙 이행을 위한 2000년 6월 29일 자 이사회지침(2000/43/EC), 넷째, 고용 및 직업에서의 동등대우에 관한 일반 원칙의 설립에 관한 2000년 11월 27일 자 이사회 지침(2000/78/EC) 등이다.

유럽연합의 반차별 지침은 먼저 성에 근거한 차별을 금지하는 지침과 성 이외의 사항을 근거로 하는 차별을 금지하는 지침으로 나눠 살펴볼 수 있다. 먼저 성에 근거한 반차별 지침은 남녀평등을 위한 적극적 조치를 규정한 지침이라 할 수 있는 재화와 서비스에의 접근 및 공급 등 직장 이외 영역에서의 남녀동등대우 지침과 고용과 직업에서의 남녀동등대우 원칙 이행을 위한 지침이 포함된다.

관련된 주요 지침은 아래와 같다.

① 1975년: 남성과 여성에 대한 동일임금 적용에 관한 지침

② 1976년: 고용, 직업 훈련 그리고 승진 그리고 근로조건의 접근에 관해 남성과 여성을 위한 동등대우 원칙의 이행에 관한 지침

③ 2000년: 고용과 직업에 있어서 동등대우를 위한 일반적인 틀의 수립에 대한 지침

④ 2000년: 인종 또는 민족 출신에 관계없는 사람 사이에서의 동등대우 원칙 이행에 대한 지침

그 밖에 동등대우 지침을 보완하는 것으로는 다음의 지침들을 들 수 있다.

① 1970년: 자영근로자 지침

② 1978년: 사회보장 문제에서 남성과 여성에 대한 동등대우 원칙의 진보적 이행에 관한 지침

③ 1986년: 직업의 사회보장 계획에서 남성과 여성의 동등대우 원칙의 이행에 관한 지침

④ 1992년: 임신출산근로자 지침

⑤ 1996년: 육아휴직 지침

⑥ 1997년: 성에 근거한 차별의 경우 입증 책임

⑦ 1997년: 시간제 근로 지침

⑧ 1999년: 기간제 근로 지침

다음으로 성 이외의 사항에 근거한 차별금지 지침은 기타 적극적 평등 실현 조치의 근거 지침으로 인종차별금지 지침과 종교 등에서 동등대우 실현을 위한 범주 지침이 속한다.

유럽연합은 남녀평등을 위한 적극적 조치를 규정한 지침을 통해 남녀 사이에 실질적으로 충분한 평등을 보장하기 위한 조치를 유지하거나 채택할 수 있다. 특히 고용, 직업 훈련, 승진 등 노동 조건에 관련 남녀의 기회균등 및 동등대우 원칙은 대표적인 예이다. 동등대우 원칙은 성별과 관련된 불이익을 금지 또는 보상하기 위한 특별한 조치를 유지하거나 채택하는 것을 방해해서는 안 된다고 규정하고 있다.

남녀 모두가 가족을 책임질 수 있는 노동 조건을 마련함으로써 기회의 평등을 만들어내고, 이제까지 무상으로 사회적 책임을 수행해온 노동자 가족의 사적 노동에 대해 사회 전체가 사회 서비스나 사회 시설, 공적

부조 등으로 보상하는 것은 매우 당연한 조치라고 할 수 있다.

이에 배우자의 유무나 가족의 유무에 의해 직접 또는 간접적으로 성에 근거한 어떠한 차별도 이루어져서는 안 되며, 여성의 기회 균등에 영향을 미치는 기존의 불평등을 해소하여 남녀의 동등한 기회를 제공하고, 이를 증진시키는 조치를 취하도록 하고 있다.

기타 적극적 평등 실현을 위한 조치의 근거가 되는 인종 혹은 출신 민족의 차이 없는 동등대우 이행을 위한 지침 및 고용과 직업에서 동등한 대우의 실현을 위한 지침 중 종교 관련 동등대우 지침은 남녀평등 실현을 위한 적극적 조치와 마찬가지로 인종적·민족적·종교적 차이로 인한 차별이나 불이익을 금지하고 보상하기 위해 특별한 조치를 유지하거나 채택할 수 있도록 하고 있다.

그렇다면 반차별 지침을 이행하지 않거나 제대로 이행하지 않은 국가의 국민은 유럽연합의 시민으로서 어떻게 권리를 보장받을 수 있을까? 차별 행위의 주체가 국가나 공공기관이라면 지침이 국내 법원의 판단 근거로 직접적으로 인정될 수 있다. 이러한 지침의 '수직적인 직접 효과'는 차별 행위 주체가 사인일 경우에는 적용되지 않는다는 것이 유럽사법재판소 판례의 입장이다.

이런 경우 국내 법원은 지침이 간접적인 효력을 발휘하는 것으로 봐야 하고 국내법이 지침과 양립 가능할 수 있도록 국내법을 해석해야 한다. 지침이 실현하고자 하는 목적을 고려하면서 국내법을 해석해야 한다는 것이다. 또 다른 방법은 국가 책임 이론에 근거하는 것이다.

지침에 상응하는 국내법이 없거나 국내법이 상충하는 경우에는 지침의 불이행을 직접적인 원인으로 해서 실제로 손해를 입은 개인에 대해 국가가 배상해야 하는 것이다. 국가 책임을 인정받으려면, 관련된 유럽연합 법 규정이 개인에게 권리를 부여해야 하고 침해 정도가 충분히 심각해야 한다. 또한 지침 불이행과 개인의 손해 사이에 인과관계가 성립해야 한다. 국내 법원에서 회원국이 지침을 제대로 이행하지 않았다고 판단하고 위 세 가지 조건을 충족하면 국가는 개인에게 손해를 배상해야 한다.

3. 유럽연합 반차별정책의 한계 및 문제점

인간의 기본적인 권리를 보장하는 것을 목적으로 유럽연합과 그 회원국은 반차별 지침을 제정하고 이를 적극적으로 운용하고 있다. 유럽연합의 반차별정책은 평등의 이념을 최고 원리 내지는 기본권으로 수용하고 있다. 이에 따라 유럽 시민은 누구든지 성별, 종교 또는 사회적 신분에 의하여 정치적·사회적·시민적 권리에 있어 직간접적 차별을 금지하고 있는 유럽법의 적용을 받는다.

유럽연합의 반차별정책은 모든 영역에서 차별을 금지하는 적극적인 평등 실현 조치 그 자체의 정당성을 인정하고 있다는 점에서 긍정적으로 평가할 수 있다. 또한 차별받지 않을 권리 대한 예외에 대해 엄격한 해석을 적용하고 있다. 그 결과 절대적이고 무조건적인 우선권을 제공하지 않으며, 결과의 평등이 아닌 기회의 평등을 추구하고 있는 측면이 있다.

이러한 유럽연합의 반차별정책은 모든 개인의 특별한 개별적 상황을 고려하는 객관적인 평가를 제공하는 것과 비례성 원칙을 준수하는 것을 조건으로 요구하고 있으며, 대상 및 영역에 따라 기준의 다원화 가능성이 존재한다. 여성에 대한 차별을 금지하는 적극적 조치는 목표를 달성하기 위해 적절하고 필요한 것을 요구하는 필요성, 적합성, 협의의 비례성을 전제로 한다.

유럽 차원에서 젠더정책을 제도화함으로써 유럽 내의 사회적 관계에서 발생하는 차별이 일정 정도 완화된 것도 사실이다. 평등 실현을 위한 유럽연합의 적극적인 개입은 유럽연합의 조약과 지침 등 관련 규정에서 제시되는 것처럼 불합리한 차별을 금지하고 평등한 기회를 보장함으로써 실질적인 평등을 실현하는 것이라 할 수 있다.

그러나 보편적인 평등과 인권 개념의 보편화에도 불구하고 유럽에서 평등 이념의 실현은 아직 완전한 것은 아니다. 유럽연합의 평등 원칙에 아직도 여성들의 특별한 필요가 반영되지 않고 있으며, 이와 관련된 적극적 조치에 대해서는 미비한 점이 존재한다. 특히 노동시장에서의 남녀의 평등이 확대되었다고 해도 아직도 많은 여성은 임금, 노동시장에서의 지위, 사회보장 등 다양한 면에서 남성과는 다른 대우를 받고 있다.

자녀의 출산과 양육 문제는 여전히 여성의 모성 역할을 강조하고 있는 가운데 많은 여성들은 가사와 돌봄 영역 등 재생산 영역에 종사함으로써 노동시장에서 불평등한 지위에 위치하고 있다. 직접적인 차별이 해소되었다 하더라도 남성과는 다른 지위와 역할 속에서 많은 여성에 대해 여전히 남성과는 달리 간접적인 차별이 존재한다.

이러한 영역별·직업별 젠더 분리 현상, 성별 역할 분리에 의한 젠더적 고용 패턴, 교육과 직업훈련에서 구조적인 불평등과 같은 문제들은 아직도 해결되지 않았다는 점에서 유럽연합과 그 회원국의 젠더 관계의 차이와 정책적 차별성을 해결해야 하는 차별 문제가 구조적인 문제로 남아 있다. 단순한 제도의 개선만으로는 유럽 내에 존재하는 남성 중심적인 가부장적인 구조의 변화는 초래되지 않는다.

유럽 차원의 법적·제도적 개선에도 불구하고 고용과 노동정책을 통한 출산과 양육 문제뿐만 아니라 가사노동에서 여성의 고유성에 대해 강조하는 정책은 막대한 양의 돌봄노동 제공과 수당 지원을 필요하므로 젠더 질서의 재구조화를 필요로 한다. 젠더 질서의 재구조화 과정은 유럽연합과 회원국의 이해관계의 차이와 젠더 관계의 다름 속에서 합의할 수 있는 영역과 부분에서만 소극적이고 한계적인 합의가 이루어지고 있는 상황이다.

이 과정에서 유럽연합의 젠더정책은 기본적으로 전통적인 성별 분리 현상과 남녀불평등적인 인식론적 근간을 그대로 수용하여 기존에 존재하는 사회적 불평등을 인정하고 있다. 노동시장과 고용 관계에서 발생하는 남녀 사이의 불평등은 단지 동등한 기회가 주어지지 않아서 동동한 대우를 받지 못하는 데 원인이 있는 것이 아니라 노동시장의 구조적인 문제와 연결된다.

여성들의 사회적·경제적 진출의 증가에도 불구하고 아직도 많은 여성의 노동은 남성의 노동과 동일하게 인정받지 못하고 있으며, 주변적 노동자로서 노동시장에서 소외되고 배제되고 있다는 점은 부인하기 어렵다. 유럽연합 젠더정책의 기본적인 출발이라 할 수 있는 동일노동 동일임금 원칙은 동일한 노동을 하는 남녀 간에 적용되어 불평등을 일정 정도 해소하는 데 기여해왔다. 그러나 보다 근본적인 구조적 문제에 관심을 두지 않음으로써 한계를 나타낸다.

또한 평등 원칙이라는 것 자체가 너무 포괄적이고 추상적이어서 해석 및 적용의 기준을 정립하는 문제에 직면하게 되는 경우가 존재한다. 동등한 기회를 통해 평등을 이루려는 접근은 공사 영역의 경계가 여전히 존재하고, 여성에 대한 차별의 많은 부분이 사적 영역에서 일어난다는 점에서 한계를 갖는다.

유럽연합의 경우 공동체 조약과 반차별 지침을 통해 적극적으로 평등 실현을 위한 근거를 마련하고 있다. 이를 적용하는 과정에서 회원국의 국내법과 상충되는 경우 유럽연합의 중재는 한계를 드러낼 수밖에 없다. 법제도를 적용하는 과정에서도 성차별은 존재하며, 사회적 관행이나 고정관념이 법과 제도를 이행하는 과정에 영향을 미치기도 한다.

유럽사법재판소의 판결은 유럽연합의 반차별 지침이 국내적으로 수용되고 적용되는 데 매우 중요한 법적 근거를 제공하고 있다는 점에서 반차별정책의 유럽화의 제도화 수준을 결정하는 데 중요한 측면을 제공한다. 또한 유럽사법재판소의 판결이 반차별정책의 기조를 유지하는 데 중요한 사례로 제공됨에 따라 각 회원국은 선례의 존재 여부에 따라 기존의 차별 관계를 해석하고 적용하며 수정하고 보완하는 과정을 거치게 된다.

물론 보편적인 평등 원칙에 대한 심사 기준이 마련되어 있다 하더라도 이를 적용하는 과정에서 그 실효성에 의문이 제기되기도 한다. 사회적 약자에 대한 보호는 단순한 차별금지와 동등대우만으로는 충분하지 못한 경우가 대부분이다. 왜냐하면 과거의 차별이 누적된 결과로 인해 현재의 법적·사회적 조건이 평등하지 못하기 때문이다. 그 결과, 아무리 공정한 기회의 평등이 주어진다 하더라도 실질적인 평등을 확보하는 것은 어려울 수밖에 없다.

그럼에도 모든 영역에서의 차별을 철폐하고 평등을 실현하려는 유럽연합의 차별철폐정책은 평등을 동등한 대우(equal opportunities)로 인식하고 이를 구체화하는 과정에서 남녀 모두에게 동등한 법과 제도적 권리를 보장하여 정치적·사회적·시민적 권리를 제공하고자 한다. 그런 의미에서 기존의 국가적 영역에서의 시민권이 유럽 차원으로 확대되었다는 점에서 유럽 시민과 시민권 개념은 유럽연합의 반차별정책의 성과로 평가될 수 있을 것이다.

생각해볼 문제

1 유럽연합의 성평등정책의 우선순위가 남녀의 기회균등에서 평등정책으로, 다시금 차별철폐정책 및 성주류화정책으로 전환되는 과정에서 유럽연합 젠더정책의 성격과 변화를 설명해보자.

2 유럽연합의 젠더 관련 반차별 지침은 무엇이며, 어떤 특징이 있는지 설명해보고, 유럽연합 차원에서 반차별 지침을 제정하는 것이 유럽 통합 과정에서 어떠한 의미를 내포하는지 논의해보자.

3 반차별 지침의 입법화 과정에서 각 회원국은 상이한 이해관계와 정책 수용, 집행 과정의 차이를 어떻게 극복할 수 있었는지 논의해보고, 국가적 특성이 고려된 반차별 지침의 수용 과정을 젠더적 관점에서 분석해보자.

4 보편적인 평등과 인권 개념의 보편화에도 불구하고 유럽연합에서의 평등 이념의 실현 문제는 여전히 진행 중이다. 유럽연합의 반차별정책의 한계와 문제점을 논의해보자.

더 읽을거리

1 이호선. 2006.『유럽연합의 법과 제도』. 서울: 세창출판사.

2 Bell, Mark. 2002. *Anti-Discrimination Law and the European Union*. Oxford: Oxford University Press.

제5장

유럽연합 국가 내 성평등정책 : 독일의 사례

독일의 성평등정책의 변화와 연속성을 보다 면밀하게 알아보기 위해 마셜(T. S. Marshall)이 제시한 세 가지 시민권 개념, 즉 정치적 시민권, 사회적 시민권, 시민적 시민권을 세 가지 성평등 이슈와 연계하여 각 정책에 대한 사례 분석을 시도하고자 한다. 세 가지 젠더이슈 사례 분석으로는 여성의 정치적 대표성(정치적 시민권), 일가족양립정책(사회적 시민권), 차별금지정책(시민적 시민권)에 대한 분석을 시도하여 실질적으로 정책 변화가 어떻게 이루어졌는지 알아보고자 한다.

이를 위해 먼저 전통적인 성별 분업 국가에서 성평등을 지향하는 국가로 전환되고 있는 독일의 특수성에 대해 살펴보고자 한다. 독일의 성평등정책을 보다 구체적으로 살펴보기에 앞서 우선 여성의 시민권과 성

* 이 장은 ≪유럽연구≫, 제33권 2호(2015), 143~167쪽에 실린 「시민권에 따른 독일 젠더평등정책의 변화」를 수정 및 재구성한 것이다.

평등정책의 변화에 대한 이론적 논의를 전개한다.

독일의 성평등정책과 젠더이슈를 살펴보는 과정에서 정치적 시민권에 대한 논의로 여성의 정치적 대표성에 대한 사례 분석을 시도하고자 한다. 또한 사회적 시민권에 대한 논의로 일가족양립정책에 대한 사례 분석을 시도하고자 한다. 마지막으로 차별금지정책을 통해 시민적 시민권에 대한 논의를 시도한다.

세 가지 젠더정책 영역에 대한 비교분석을 시도하는 한편, 독일 젠더 정치의 변화와 특징을 살펴보고 전개 방향을 전망해봄으로써 유럽연합의 젠더정책과의 연관성 속에서 독일의 젠더정책을 포괄적으로 평가해보고자 한다.

1. 전통적인 성별 분업 국가에서 성평등을 지향하는 국가로

독일은 전통적인 성별 분업에 의한 남성생계부양자 모델을 대변하며, 유럽 국가들 중에서도 가부장적인 전통이 강한 국가였다. 보수적 유럽대륙 모델에 속하는 독일은 전면적인 성별 분업 해체나 성평등정책을 지향하지는 않지만, 실질적인 양육지원 및 여성 고용 촉진정책을 추진하고 있는 것으로 인식되었다(Kantola, 2010; Pruegl, 2008; Walby, 2004).

독일에서 가족의 사회적 기능은 강조되었고, 여성의 모성보호 및 모성기능 수행에 대한 사회적 인식을 기반으로 한 '남성생계부양자-여성전업주부 모델'이 확립되었다. 독일의 또 다른 특징은 동일노동 동일임금정책과 가족의 부담을 조정하는 세금공제정책을 통해 가족의 경제적 부담을 완화하는 정책을 수행하며 모성 역할을 강조하는 가족정책을 기반으로 하고 있다는 점이다(Leitner, Ostner and Schimitt, 2008: 180).

그러나 독일은 가족 구성원들의 평등 실현에 주요한 가치를 부여하는 성평등적 방향으로 전환되기 시작하면서 일인소득자 모델에서 이인소득자 모델로의 전환이 이루어지고 있다. 여성의 사회 진출 증가 및 경제활동의 확대에 따라 임신 및 출산 그리고 가족에 대한 사회 전반의 인식 변화가 초래되었다.

특히 2007년 도입된 부모휴직수당 및 부모휴직법의 시행을 통한 부모휴직제도는 독일의 젠더정책의 패러다임의 전환을 의미할 정도로 큰 사회적 반향을 불러일으켰다(Erler, 2009: 119). 부모휴직수당 및 부모휴직법의 시행과 함께 이루어진 변화는 이전과는 다른 양상을 보이고 있다.

부모휴직수당 및 부모휴직법의 시행은 인구통계학적 문제를 해결하는 과정에서 자녀양육의 부담을 완화하는 아동수당제도와 양육수당 이상의 의미를 가진다. 즉, 부모휴직제도는 자녀양육에 대한 남녀의 공동책임뿐만 아니라 이에 대한 사회적 관심 및 인식 전환의 계기를 마련하는 데 기여했다. 더 나아가 여성의 경제적·사회적 참여 증대에 따라 일과 가족의 양립을 위한 공적 지원정책을 강화하여 이를 근간으로 지속가능한 성장 동력을 확보하고, 다양한 법제와 인센티브를 통해 출산율을 향상시키는 데 긍정적이라는 평가를 받고 있다.

이러한 젠더레짐의 변화에 따라 독일의 젠더정책은 여성의 고용 및 노동시장으로의 진입 과정에서의 기회균등정책을 넘어 성주류화정책을 통해 모든 영역에서 발생할 수 있는 젠더 불평등을 해소하고 차별철폐를 목표로 발전해가고 있다.

또한 독일의 젠더정책은 유럽 통합이 진행되는 과정에서 다른 정책 영역과 마찬가지로 유럽화(Europeanization)가 진행되고 있다(Martinsen, 2007; Roth, 2008). 젠더정책의 유럽화라는 틀 속에서 독일은 다양한 젠더

이슈를 유럽 차원에서 협력하고 발전시켜왔다. 독일의 젠더평등정책은 구체적으로 여성의 정치적 대표성의 확대, 가족정책 및 일가족양립정책, 성주류화정책 및 차별금지정책 등을 통해 독일 사회의 성평등 및 성주류화를 주도하고 있다.

2. 이론적 논의: 시민권과 성평등정책의 변화

시민권은 사회 공동체의 구성원들에게 부여된 권리와 의무로, 모든 구성원들에게 평등하게 부여되는 것을 원칙으로 한다(Dahrendorf, 1957; Lipset and Rokkan, 1967; Kymlicka, 1995). 시민권은 법 앞에서의 자유와 평등을 규정하는 권리, 정치적 권리, 최소한의 복지와 사회보장에 대한 권리 등을 지칭한다. 시민권 연구에서 선구적인 자리를 차지하고 있는 마셜은 시민권을 공동체 성원에게 부여된 지위(status)라고 보고, 시민적 시민권, 정치적 시민권, 사회적 시민권 등 세 가지 다른 종류의 시민권을 제시했다(Marshall, 1992).

마셜의 시민권 개념은 국민국가의 형성 및 복지국가의 역사적 발전과 궤적을 같이한다. 우선 시민적 시민권은 18세기에 형성된 권리로, 인간의 천부적인 권리인 기본권을 근간으로 하며, 자본주의의 발전 과정에서 법 앞의 평등, 언론·출판·결사의 자유와 같은 시민으로서 모든 사람이 평등하게 보유할 수 있는 자격을 가리킨다.

반면 정치적 시민권은 19세기에 발달한 권리로, 한 사회의 성원으로서 정치적 권위를 가지는 기관의 성원을 선출할 수 있는 권리뿐만 아니라 대의기구에 선출될 수 있는 권리를 의미한다. 정치적 시민권의 대중화로 정치적 시민권은 유권자로서 정치권력을 행사할 수 있는 권리와 피

선거권을 넘어 민주주의의 기준과 척도로 이해되고 있다.

또한 사회적 시민권은 20세기에 확립된 권리로, 적정 수준의 복지로부터 사회적 유산을 공유하고 그 사회의 보편적 기준에 따라 문명화된 삶을 살 수 있는 권리를 의미한다. 이러한 사회적 시민권을 현실화하는 제도가 복지제도로, 사회적 시민권은 사회의 경제적 수준과 정치적 권력관계, 사회적 합의의 성격에 따라 제도화 수준이 크게 다르다.

따라서 이러한 마셜의 시민권 개념은 권리의 역사적 발전에 대한 논쟁의 시작점이라 할 수 있다. 젠더적 관점에서의 시민권 논의는 여성의 삶에서 중요하고 의미 있는 쟁점들이 시민권 논의에서 주변화되고 배제되어 있다는 점을 강조한다.

다시 말해 성별에 따라 시민권의 차이와 지위가 존재한다는 점이다. 이에 시민권 논의는 사적인 존재인 여성이 공적 영역인 정치 영역에서 배제되고 노동시장이나 가족 안에서 그리고 섹슈얼리티와 재생산 영역에서 남성과 동등한 지위를 갖지 못하기 때문에 시민권의 성별화에 따른 '젠더 중립적 시민권'을 주장한다.

여성의 시민권 배제에 대한 또 다른 논의는 시민권 자체가 남성의 삶을 중심으로 한 것이라는 비판과 함께 여성의 삶과 경험에 기반한 '젠더 차별화된 시민권'을 중심으로 진행되고 있다. 물론 마셜의 시민권론이 젠더에 초점을 두고 있지는 않다. 그래서 젠더적 시각에서 볼 때 너무 남성 중심적이며 여성의 시민권을 소홀하게 다루었다고 비판할 수 있지만, 마셜의 시민권에 대한 유용성을 타진한 연구도 존재한다(Lister, 1997; Pateman, 1992; von Wahl, 2006).

이에 독일 사회에서 중요한 사회적 의제 가운데 하나인 성평등(gender equality)을 시민권(citizenship) 개념과 연관 지어 고찰해보고자 한다. 즉, 세 가지 시민권인 정치적 시민권, 사회적 시민권, 시민적 시민권을 중심으로 대표적인 젠더정책의 사례인 정치적 대표성 확대, 일가족양립정책, 차별금지정책에 대한 사례를 분석하여 독일 젠더정책의 변화 및 특징에 대한 포괄적인 분석을 시도하고자 한다.

첫째, 여성의 정치적 대표성 확대 문제를 통해 정치적 시민권을 분석해보고자 한다. 여성은 남성과는 다른 정치적 가치관, 사고방식, 행동양식을 가지고 있다. 따라서 정치 영역에서 여성의 이해관계를 대변할 수 있는 일정 정도의 수를 확보하여 세력화하는 일은 여성들에게 역할모델(role model)이 될 수 있다.

남녀의 동수의 권리를 보장한다는 정의(justice)의 측면에서도 정당한 것이다. 또한 여성의 정치적 대표성 확대 문제는 민주주의에 새로운 활기를 불어넣는 데 필요한 조치라는 점에서 정치제도에 대한 신뢰(trust)와 정당성(legitimacy)을 증대하는 역할을 할 것이다(Dovi, 2007; Phillips, 1995).

둘째, 일가족양립정책을 분석하여 독일에서 사회적 시민권 확대 및 발전 과정을 점검해보고, 이를 통해 성평등정책의 변화가 어떻게 진행되었는지 살펴보고자 한다. 최근 독일 가족정책에서 일가족양립정책이 강조되고 있는 것은 지속가능한 성장과 복지를 동시에 추진하기 위한 국가 차원에서의 젠더정책의 우선순위의 변화를 통해 잘 알 수 있다. 이러한 국가 차원의 젠더정책 제도화는 고용·사회 정책에서 제기되는 노동시장에서의 남녀 불평등 문제가 일정 정도 해결되었기 때문이다(Leitner, Ostner and Schimitt, 2008: 180).

국가의 개입을 통한 일가족양립정책의 성공적인 수행이 여성 노동력의 확대와 성평등의 다양한 목표를 해결하는 과정에서 새로운 사회적 의제로 인식됨에 따라 젠더정책의 방향과 성격의 변화가 이루어졌다는 점이다. 따라서 이는 단순한 정책의 수준과 도구의 변화를 넘어 목표의 전환을 가져왔다는 의미가 있다.

셋째, 차별금지정책에 대해 살펴보고자 한다. 독일에서 시민적 시민권의 경우 정치적 시민권이나 사회적 시민권과는 달리 매우 더디게 발전해왔다. 이에 차별금지정책이 독일 사회에서 성평등 및 모든 영역에서의 차별철폐를 통해 시민적 시민권의 진전을 가져오는 데 얼마나 영향을 미쳤으며, 여성의 시민적 시민권의 영역에서 실질적인 정책의 변화를 가져오는 데 얼마나 중요한 역할을 수행하고 있는지 알아보고자 한다.

시민권에 따른 성평등정책의 변화에 대한 분석은 최근 독일 젠더정책 패러다임의 변화가 어디에서 발생했는지, 개혁의 근원은 어디에 있는지 보다 구체적으로 접근할 수 있게 함으로써 논쟁의 중심에 있는 독일 젠더레짐의 변화가 실질적으로 어디서 어떻게 젠더정책의 변화로 이루어졌는지 알려준다.

이와 같은 시민권에 따른 성평등정책의 변화에 대한 분석을 통해 젠더정책을 둘러싼 신념과 아이디어, 다양한 담론들이 어떻게 독일의 정책 결정 과정에서 변화되는지 구체적으로 살펴봄으로써 독일 젠더정책에 대한 보다 근본적인 이해를 가능하게 할 것이다. 이는 독일 젠더정치가 어떠한 방향으로 진전할 것인지 예측하는 데 도움이 될 것이다.

3. 정치적 시민권: 여성의 정치적 대표성

지속가능한 민주주의를 구현한다는 측면에서 여성의 정치적 대표성의 확립 문제는 성평등 및 젠더이슈와 관련하여 매우 중요한 이슈 중 하나다. 그럼에도 불구하고 독일 연방의회와 행정부에서 여성은 남성에 비해 낮게 대표되었을 뿐만 아니라 정당 안에서 핵심적인 역할을 담당할 수 있는 위치에 접근하기가 어려웠다.

그림 5-1

독일 연방의회에서 여성 의원의 비율(1949~2009년)

자료: "Bundestagsabgeordnete nach Geschlecht und Parteien bei den Bundestagswahlen seit 1949." http://www.bundeswahlleiter.de/de/bundestagswahlen/fruehere_bundestagswahlen/(검색일: 2015.6.25).

독일은 유럽에서 여성의 정치 참여에 대해 가장 배타적인 국가 중 하나로, 유럽의 각종 통계에 따르면 유럽 국가 중에서도 정치에서 여성에 대한 성차별이 심한 나라였다. 녹색당이 독일에서 최초로 여성할당제를 도입했고, 1980년대에는 사민당 내에서 여성의 정치적 대표성을 확대하고자 하는 결렬한 논쟁의 결과 정당 차원에서 여성할당제가 실시되었다.

1960년대와 1970년대 독일 정치는 다분히 남성 중심적이었다. 정치 영역에서 여성의 정치 참여는 매우 미비했다. 그림 5-1에 잘 나타나는 바와 같이 1980년대까지 독일 연방의회에서 여성 의원이 차지하는 비율은 10%를 넘지 못했다(Hoecker, 1988a: 56). 특히 1972년 연방의회 선거에서는 여성의 비율이 5.8%로, 독일 정치사상 가장 낮은 비율을 기록하기도

하여 여성의 정치적 대표성과 이를 가늠할 수 있는 정치적 시민권이 취약했음을 알 수 있다.

독일은 연방제 국가로 연방의회, 주의회, 기초의회로 구성되어 있다. 16개 주의회의 여성 의원의 비율은 평균 32.6%로, 연방의회의 여성 의원 비율과 비슷하게 나타났다. 기초자치단체라 할 수 있는 게마인데(Gemeinde), 즉 기초의회(Kommunalparlament)에서의 여성 의원의 비율은 연방의회나 주의회보다는 여성 의원의 비율이 비교적 높으며, 지역의 규모가 클수록 여성에 대한 정당 차원의 지원이 가능하기 때문에 여성 의원의 비율이 높은 것으로 나타났다.

독일 여성들의 정치적 성향 역시 매우 보수적이었다. 1970년대 후반 들어 여성운동, 학생운동, 환경운동 등 다양한 사회운동이 활발하게 전개되면서 여성들의 보수적 정치 성향에 변화가 시작되었다. 1972년 빌리 브란트(Willy Brandt)가 여성들의 지지를 받고 첫 번째 사회당 출신의 수상이 되면서 여성의 정치적 성향이 변화하기 시작했다.

또한 여성의 성향과 인식의 변화는 정당들이 여성 문제에 대한 우선순위를 변화시키는 데 영향을 주었다. 다시 말해 독일 정당들은 '유권자로서 여성'들의 지지를 얻기 위해 다양한 방식의 접근을 시도하기 시작했는데, 이는 결과적으로 독일 정치에서 여성의 정치적 대표성 증진 및 정치적 시민권의 확대를 가져오는 데 긍정적으로 작용했다(von Wahl, 2006: 465).

1980년대에는 전반적으로 정치 참여에 대한 인식이 증대했다. 이 시기 여성들의 이해관계를 대변하는 페미니스트들의 제도권 정치의 참여가 적극적으로 이루어졌으며, 여성의 교육 수준의 향상과 취업 여성의 증가 등 다양한 정치사회적 변화가 초래되었다.

특히 녹색당(Bündnis 90/Die Grünen)이 창당되면서 독일 정당정치의 변화에 힘입어 여성들의 정치 참여와 정당 활동이 증가했다. 여성 단체들과 페미니스트들이 개입 정치를 통해 직접 정치에 참여하게 됨에 따라 독일 정치에서 배제되었던 여성들이 점차 가시화되기 시작했다. 여성들의 정치 참여의 증대로 여성 문제가 이슈화되었다. 여성정책의 제도화 역시 활발하게 진행되었다.

여성 운동가 및 여성 단체에서 활동하던 페미니스트들의 제도권 진입은 여성의 정치적 세력화에도 커다란 영향을 주었다. 그 결과 정치영역에서의 여성할당제 실시에 대한 논의도 본격적으로 시작되었다. 1980년대 여성정치할당제의 도입 과정에서 독일 사회는 할당제를 통해 여성의 정치적 대표성을 담보할 수 있는가 하는 문제와 과연 성평등을 실현할 수 있는가 하는 문제를 놓고 격렬한 논쟁을 폈다(Eulers, 1991; Hoecker, 1988b).

그 결과 여성의 권익 증진과 사회 구성원으로서 여성의 잠재력을 효율적으로 활용하기 위해 할당제를 도입해야 한다는 데 일정 정도 공감대가 형성되었다. 이후 독일의 모든 정당들은 여성의 대표성을 확대하고 당내 민주주의를 제고하기 위해 여성 의원의 비율을 일정 정도 유지해야 한다는 점에 합의하게 된다.

독일은 정당이 자발적으로 일정 비율을 여성에게 할당하는 방식인 정당할당제를 채택하고 있다. 독일 정당할당제는 여성에게 일정 비율의 후보직을 할당함으로써 정당의 후보공천 과정과 기준을 변화시키고 있으며 그 결과 여성 의원의 수와 비율이 현저히 증가했다. 정당 차원에서 자율적으로 여성할당을 시행함으로써 독일 사회 양성평등과 관련된 인식의 변화를 이끌어내는 데 기여하고 있다.

또한 독일의 정당할당제는 단순다수대표제에 의거한 지역구의 인물선거와 비례대표제를 혼용한 독일선거제도와 결합하여 여성의 정치 참여 확대를 가져오는 계기로 작용했다. 여성 의원의 정치 입문과 선거 과정에서의 여성 의원에 대한 정당 차원의 적극적인 지원을 가능하게 함으로써 정치적 지지 기반이 적고 정당 활동이 미비한 여성들의 정치 참여에 긍정적인 역할을 수행하고 있다.

연방 차원에서 각 정당별 의석수가 정해지고 다음 단계에서 주 단위로 정당별 의원 수가 확정되며, 주 단위 정당별 총 의석에서 지역구 당선자를 제외하고 정당 명부의 순위에 따라 의석을 차지하게 되기 때문에 후보자 정당 명부를 작성할 때 미리 여성에 대한 할당이 적용된다.

여성정치할당제를 도입하는 과정에서 정당 내 격렬한 논쟁 결과가 반영되어 정당의 성격과 특성에 따라 조금씩 다른 여성정치할당제를 시행하고 있다.

할당제를 가장 처음 시행한 정당은 녹색당으로, 1979년 창당과 함께 강제적 여성할당제가 도입되면서 독일에서 정당할당제가 실시되었다. 녹색당은 모든 선거 과정뿐만 아니라 연방 차원의 당기구와 위원회에서도 50% 여성할당을 시행하고 있다.

녹색당은 1979년에 정당이 설립되었을 때부터 50% 여성할당을 도입해 시행하고 있으며 여성의 정치적 대표성을 확대하는 데 긍정적인 역할을 수행하고 있는 정당이다. 녹색당은 여성과 남성의 동등한 정치 참여를 목적으로 하며, 이러한 목적을 실현하기 위해 모든 당직과 의원직에 할당제를 실시한다고 규정하고 있다. 여성할당제와 함께 남녀교호순번으로 정당 명부를 작성하도록 함과 동시에 여성에게 홀수 번호를 배정하고 있다.

또한 녹색당은 독일 정당 중 유일하게 당내 '여성당헌'을 통해 여성들에게 총회의 결정이나 당 차원의 결정을 유예할 수 있는 거부권을 부여하고 있다. 또한 1995년에는 제안권과 거부권을 가진 여성평의회를 정식 당 기관으로 당헌에 규정했다. 녹색당의 경우 여성할당제를 실시한 이후 당의 모든 조직에서 여성의 비율은 50%를 상회하거나 넘고 있다. 1983년 녹색당이 처음으로 연방의회에 진출했을 때만 해도 여성 의원의 비율은 35.7%였다.

그러나 정당 명부에 남녀 동수 공천을 실시한 1987년 연방의회 선거에서는 여성 의원의 비율이 57.1%로 증가했다. 2009년 연방의회 선거에서는 여성 의원의 비율이 54.4%를 나타냈다. 특히 주의회의 경우 여성 의원 비율이 바덴뷔르템베르크주를 제외하고는 모두 50%를 넘고 베를린과 자를란트는 60%를 넘는 것으로 나타나 독일 정당 중 여성 의원의 비율이 가장 높다.

좌파연합(Die Linke)은 구동독 지역의 지지를 받고 있던 민사당(PDS)과 2000년에 '어젠다 2010'에 반대하는 사민당 좌파들이 탈당해 결합한 정당으로, 녹색당과 마찬가지로 50%의 여성할당을 시행하고 있다. 좌파연합은 양성평등을 당의 이념으로 채택했다. 또한 좌파연합은 당헌에 당직과 의원직에서 여성 의원의 비율을 50%로 규정하고 있는 정당이다.

좌파연합 당헌에는 여성이 정치 활동에서 차별받지 않도록 하는 것이 당의 목적이며, 이를 위해 당내에서 자신들의 조직과 모임을 구성할 수 있는 권리를 부여하고 있다(제10조 제1항). 또한 좌파연합은 당 지도부와 각종 위원회 및 대의원 선거에서 원칙적으로 최소한 50%의 여성할당제를 규정하고 있다.

1986년 사민당(SPD)은 40% 여성할당제를 채택했으며, 기민당(CDU) 등 보수정당도 1996년부터 당헌에 33% 여성할당제를 규정하고 있다. 사민당(SPD)은 1988년 당 조직과 공천에 40%의 여성할당을 당헌으로 결정한 이래 여성 의원의 비율이 현저하게 증가했다. 당헌 제11조 제2항에는 "당직과 의원직에서 여성과 남성이 각각 최소한 40% 대표되어야 하며,

이는 주의회 및 지방선거뿐만 아니라 당 지도부, 최고위원회 및 지도부가 구성하는 위원회와 대의원 등 다수의 인원으로 구성되는 위원회에도 해당된다"라고 규정하고 있다. 선거후보 명부에는 남녀교호순번제를 도입했으며, 당의 고위직에 진출하는 여성의 수도 증가해 당내 의사결정 과정에서 여성들의 영향력이 커졌다.

당헌에 여성할당제 40%를 규정하고 나서 처음 실시된 1987년 연방의회 선거에서 사민당의 여성 의원 비율은 16.1%를 보여 이전 1983년 연방의회 선거의 10.4%보다 높게 나타났는데, 이는 바로 할당제 도입에 따른 결과라 할 수 있다. 1986년 할당제를 실시하기 이전 당 지도부에서 여성이 차지하는 비율은 25% 정도에 불과했으나, 2007년 자료에 의하면 당 지도부에서 여성의 비율은 40%를 차지했고, 최고위원회에서는 47%, 대의원에서는 42.1%의 비율을 나타냈다.

기민련(CDU)은 1980년대 후반까지 여성할당을 여성의 정치적 평등이라는 측면에서 논의했으며, 여성의 비율을 여성 당원의 비율에 맞춘다는 온건한 입장을 전개했다. 그러나 몇 차례 계속되는 기민련 내부에서의 여성할당제에 대한 논쟁의 결과 1988년 '기민련에서 여성의 정치적 평등을 위한 가이드라인(Richtlinien zur politischen Gleichstellung der Frauen in der CDU)'이 통과되어 당직과 공천에 여성의 임명을 권고했다.

이에 따라 여성의 정치적 평등을 현실화할 수 있는 방안으로 선거전에서 여성을 적극적으로 지원하며 정당선거 명부에서 당선 가능성이 있는 번호를 여성에게 주도록 권고했다. 또한 당내 남녀평등 실태를 정규적으로 보고할 것을 의무 사항으로 규정했다(김경미, 2011: 104).

그러나 강제성이 없는 자율적 의무 규정에 따른 여성할당제는 여성의 대표성 증진에는 크게 기여하지 못했다. 1990년대 들어 기민련 내부에 여성할당제를 의무 규정으로 실행하기 위한 당헌 개정 작업이 진행되었다. 그 결과 1996년 10월 당직과 의원직에 여성의 비율을 33%로 하는 여성 쿠보룸(Frauenquorum)이 도입됨으로써 여성 의원의 비율이 증가했다(von Alemann, 2003: 143).

기민련 당헌에는 여성과 남성의 법적이고 실제적인 평등을 관철해야 할 의무가 있음을 명시하고 기민련의 당직과 의원직에서 최소한 3분의 1이 여성에게 배분되어야 한다고 규정하고 있다(제15조 제2항). 좀 더 구체적으로 연방의회, 주의회, 기초의회, 유럽의회 선거에서 지역구 후보의 경우 여성이 충분히 참여할 수 있도록 결정권을 가진 조직 단위의 지도부가 노력할 것을 요구하고 있다(제15조 제4항).

여성할당제를 시행한 이후 여성 의원의 비율이 증가했지만, 당초 계획했던 33%를 넘어서지는 못했다. 주정부 및 기초의회의 경우 브레멘주(30.4%)와 브란덴부르크주(35%)를 제외하고는 여성 의원의 비율이 주마다 조금씩 편차를 보인다.

또한 할당제를 실시하기 이전 당 지도부에서 여성이 차지하는 비율은 18.2% 정도였다. 반면 1997년에는 35%로 증가했다. 2007년 자료에 의하면 당 지도부에서 여성의 비율은 48.7%를 차지했고, 최고위원회에서는 35.7%, 대의원에서는 31.9%를 나타내 당내 고위직의 경우 여성할당이 지켜지고 있다.

표 5-1에서 나타나는 바와 같이 독일 정치에서 정당할당제의 효과는 매우 컸다. 사민당이 여성할당제를 실시한 이후 치러진 1987년 연방의회 선거와 기민당이 여성할당제를 실시한 이후 치러진 1998년 연방의회 선거를 보면, 1987년 연방의회 선거에서는 여성 의원의 비율이 15.4%를 기록하여 처음으로 10%를 넘어섰으며, 1998년 연방의회 선거에서는 여성 의원의 비중이 처음으로 30.8%를 차지하는 등 정당할당제는 커다란 변화를 가져왔다.

표 5-1

성별·정당별 연방의회 여성 의원 수 및 비율(1987~2013)

연도	연방의회			사민당		기민당		기사련		자유당		녹색당		좌파연합	
	전체	여성	(%)	여성	(%)	여성	(%)	여성	(%)	여성	(%)	여성	(%)	여성	(%)
1987	519	80	(15.4)	31	(16.1)	16	(8.6)	2	(4.1)	6	(12.5)	24	(57.1)	-	(-)
1990	662	136	(20.5)	65	(27.2)	39	(14.6)	5	(9.8)	16	(20.3)	3	(37.5)	8	(47.1)
1994	672	177	(26.3)	85	(33.8)	36	(14.8)	6	(12)	8	(17)	29	(59.2)	13	(43.3)
1998	669	206	(30.8)	105	(35.2)	39	(19.7)	6	(12.8)	9	(20.9)	27	(57.4)	20	(55.6)
2002	603	194	(32.2)	95	(37.8)	43	(22.6)	12	(20.7)	10	(21.3)	32	(58.2)	2	(100)
2005	614	195	(31.8)	80	(36)	38	(21.1)	7	(15.2)	15	(24.6)	29	(56.9)	26	(48.1)
2009	622	204	(32.8)	56	(38.6)	42	(21.6)	6	(13.3)	23	(24.7)	37	(54.4)	40	(52.6)
2013	631	229	(36.3)	81	(42.1)	63	(24.8)	13	(23.2)	-	(-)	35	(55.6)	36	(56.2)

자료: "Bundestagsabgeordnete nach Geschlecht und Parteien bei den Bundestagswahlen seit 1949." http://www.bundeswahlleiter.de/de/bundestagswahlen/frühere_bundestagswahlen/pp.89~90.

여성할당제 시행 이후 1998년 30.8%였던 여성 의원의 비율은 2002년 연방의회 선거에서는 32.2%, 2005년 선거에서는 31.8%, 2009년 선거에서는 32.8%를 나타내 30%대를 유지하며 지속적으로 증가했다. 최근 치러진 2013년 연방의회 선거에서는 여성 의원의 비율이 36.3%를 나타내 독일 정치 역사상 처음으로 35%를 넘는 성과를 거두었다.[1]

독일 연방의회 성별·정당별 여성 의원의 수 및 비율에서 알 수 있듯이 여성할당제를 당헌에 규정한 정당 중 녹색당은 1990년 선거를 제외하면 여성 의원의 비율이 모두 50%를 넘어 여성 의원의 비율이 매우 높은 것으로 나타난다. 특히 녹색당은 여성 의원이 모두 비례대표로 선출되었기 때문에 여성할당제의 효과가 가장 큰 정당이라 할 수 있다.

좌파연합 역시 여성 의원의 비율이 절반 정도를 차지하는데, 2013년 선거에서는 56.2%로 역대 가장 높은 여성 의원 비율을 나타냈다. 또한 사민당은 2009년 연방의회 선거까지 여성 의원의 비율이 38.6%로 40%를 넘지 못하다가 2013년 연방의회 선거에서 41.2%를 기록했다. 이는 역대 가장 높은 비율로 처음으로 여성 의원의 비율이 40%를 넘는 성과를 보여준 것이다.

반면 기민당은 1996년 여성 쿠보룸을 실시한 이후 여성 의원의 비율이 20% 정도를 유지하고 있다. 2013년 선거에서는 여성 의원 비율이

1 독일은 연방제로 연방의회, 주의회, 기초의회로 구성되어 있다. 16개 주의회의 여성 의원의 비율은 평균 32.6%로, 연방의회의 여성 의원 비율과 비슷하게 나타났다. 기초자치단체라 할 수 있는 게마인데(Gemeinde), 즉 기초의회(Kommunalparlament)에서의 여성 의원의 비율은 연방의회나 주의회보다는 여성 의원의 비율이 비교적 높으며, 지역의 규모가 클수록 여성에 대한 정당 차원의 지원이 가능하기 때문에 여성 의원의 비율이 높은 것으로 나타났다. 이는 정당의 역할이 중요하기 때문이며, 기초의회에서 정치에 입문한 여성이 주의회를 거쳐 연방의회로 진출하며 독일 여성 의원이 자신들의 경력을 지속한다는 것이다(김민정 외, 2012: 106~107).

24.8%에 이르렀지만, 목표치인 33%는 아직까지 넘지 못하고 있는 상황이다.

정당별로 보면, 여성할당제를 실시하고 있는 정당인 사민당과 녹색당, 좌파연합은 여성할당제를 시행하고 있지 않은 기사당과 자민당에 비해 여성 의원의 비율이 높게 나타났다. 자민당과 기사련은 당헌에 여성할당제를 실시하고 있지 않아, 여성 의원의 수와 비율이 뚜렷하게 증대하지는 못했다.

그러나 기사당은 2013년 선거에서 여성 의원의 비율이 23.2%로, 2009년 13.3%에 비해 10% 포인트 정도 증가했다. 이는 여성의 정치적 대표성 확대에 대한 사회적 인식을 수용해 여성 의원의 수와 비율이 점진적이나마 증대되고 있음을 보여주는 것이라 할 수 있다(박채복, 2012: 320).

4. 사회적 시민권: 일가족양립정책

독일의 사회적 시민권의 확대 논의에서 기존 가족정책이 일가족양립정책으로 정책의 우선순위가 바뀌면서 국가의 적극적인 개입을 통한 여성의 사회적 시민권의 확대를 가져왔다는 점은 매우 중요한 특징이다(Seeleib-Kaiser, 2002; von Wahl, 2006, 2008).

양육 및 보육에 대한 국가의 적극적인 개입을 통한 일가족양립정책으로의 전환이 이루어진 이유는 가족을 포괄적으로 지원하는 정책인 기존의 출산지원정책이 자녀의 양육에 대한 가족의 부담을 완화하기에는 미흡했기 때문이다. 또한 출산을 지원하는 정책에서 가장 중요한 점은 부모가 가족생활과 직장생활을 양립할 수 있도록 하는 것이기 때문이다.

가족의 재생산 기능이 강화되도록 일가족양립정책의 변화가 이루어졌다(von Wahl, 2008: 26). 일가족양립정책을 통한 독일 젠더정책의 변화는 결국 지속가능한 성장과 복지를 창출하기 위한 국가 개입의 확대와 관련된 것으로 해석할 수 있다. 이는 저출산 및 고령화 문제, 여성의 경제사회 활동의 증가, 노동시장과 가족 구조의 불안정성, 복지 재정의 제약 등 독일 사회가 경험하고 있는 다양한 사회구조적인 문제와 연계되어 있다.

가족정책의 목표를 단순하게 출산율 확대를 지원하는 정책이 아닌, 국가의 개입을 강조한 것이다. 국가는 일과 가족을 양립하는 과정에서 발생할 수 있는 여러 문제점을 해소하기 위해 적극적으로 개입하고 지원한다는 새로운 목표를 수행한다. 다시 말해 공적 영역에서 공공의 보육시설을 확충하고, 적절한 기간과 급여를 지급하는 모성휴가 및 육아휴직을 보장하는 정책을 시행하는 것을 비롯해 아동양육을 지원하는 수당 지급 등과 같이 여성이 일과 가족을 양립하는 데 발생할 수 있는 다양한 사회적 문제에 국가가 개입해 여성 친화적인 정책을 추진하는 것을 의미한다(Tivig, Henseke and Czechl, 2011: 50~51).

정치적 시민권의 논의에서와 마찬가지로 1980년대 초부터 '남성=생계부양자, 여성=가사노동자'로 인식되었던 독일 사회의 성별 역할에 대한 태도가 급변하게 된다. 여성의 교육 기회와 사회경제적 활동의 증가로 여성의 경제활동참가율이 증대했다. 그리고 이에 발맞춰 여성의 일에 대한 가치도 새롭게 인식되기 시작했다.

여성의 직업 생활 역시 점차 중요해졌다. 직업을 선택하는 이유가 단순하게 경제적 이유가 아닌, 지금보다 더 나은 삶에 대한 욕구를 충족하기 위한 것이라는 인식이 확대되었다. 더 나아가 직업을 통해서 독립적인 자기결정권을 행사할 수 있다고 여기는 여성이 증가했다. 이와 함께 가족 및 결혼에 대한 인식의 변화가 급격하게 이루어졌다. 미혼모, 한부모가족, 비혼 가족의 수가 지속적으로 증가하는 등 가족의 형태가 다변화되었다. 이와 더불어 가족의 구조 및 사회적 역할 역시 변화했다.

이에 대응해 국가 차원에서 다양한 제도의 정비 작업이 진행되었다. 1980년대 초 양육비선급제도(Unterhaltsvorshuss)가 도입되어 양육비 지급 및 집행 과정에서 국가의 개입이 적극적으로 이루어졌다. 1983년에는 아동세금공제제도가 도입되어 아동수당(Kindergeld)과 아동세금공제(Kinderfreibetrag)로 이원화되었다.

아동수당은 보통 자녀가 18세가 될 때까지 지급되지만, 가구당 소득수준에 따라 25세까지 연장지급이 가능하다. 아동수당은 자녀를 둔 가정의 생계와 양육비의 부담을 경감시키기 위해 부모의 소득과 무관에게 지급되는 수당이다.

아동세금공제는 고소득자에게 아동수당 대신 세금공제 혜택을 주는 것을 의미한다. 고소득자에게는 아동수당의 세금감면 혜택이 적기 때문에 아동수당 대신 아동세금공제를 받는 것이 유리한데, 이것은 선택할 수 있는 것이 아니라 연간 소득세 조정 범위에 따라 결정된다.

이와 함께 주택아동수당제도(Baukindergeld)도 도입되었다. 1985년에는 부모의 자녀양육 시간을 노령연금 산정 시 인정해주는 주부연금제가 도입되었다. 1986년에는 '양육수당법(Bundeserziehungsgeldgesetz)'이 시행되었다(Kolbe, 2002: 44~45).

이처럼 제도 및 정책을 정비한 이유는 빠른 속도로 진행되는 저출산 및 고령화 문제가 인구통계학적 상황에서 새롭게 대두된 사회적 위험으로 인식되면서 이에 대한 적극적인 대응이 정책적인 우선순위를 차지했기 때문이다. 이러한 맥락에서 간병수발보험(Pflegeversicherung)이 1995년 도입되어 노인 장기요양 및 수발보험정책이 체계화되었다. 또한 일과 가정을 병행하고 가족의 경제적 상황을 지원하고자 아동수당을 상향 조정해 현금급여를 확대하는 조치가 시행되었다(Leitner et al., 2008: 44~45).

더 나아가 2001년에는 기존 육아휴직제도가 부모시간(Elternzeit)으로 개칭되어 부모가 동시에 휴직할 수 있도록 제도를 보강했으며, 남성의 양육에 대한 책임을 강화했다. 이는 육아에 대한 공동의 책임과 부부 간 역할 분담을 유연하게 조정할 수 있는 제도적 환경을 구축하기 위한 정책이라는 점에서 일가족양립정책의 발전에 중요한 의미를 부여한다.

이러한 정책적 우선순위에 힘입어 2005년 대연정하에서는 2013년까지 3세 미만 아동의 35%인 약 75만 명이 이용할 수 있는 보육시설을 제공한다는 것을 목표로 세울 수 있었다(Erler, 2009: 210). 이와 같은 목표는 보살핌이 절대적으로 필요한 3세 미만 아동을 위한 보육 및 육아에 대한 국가의 개입 및 지원을 획기적으로 확대하고자 한 것이다.

보육 및 양육에 대한 국가의 개입은 유럽 차원에서 사회적 권리로서 여성의 노동권을 보장하기 위한 공동체 정책을 수용하는 과정에서 일궈낸 정책의 변화 중 하나로 평가된다. 또한 여성의 취업과 출산을 장려하는 정책의 일환으로 3세 이상 아동에 대한 보육 서비스를 확대하고 전일제 초등학교를 운영하여 공공 보육에 대한 인프라 개선 및 보육 서비스의 질을 확보하는 정책을 수행했다.

특히 여성의 일과 가족의 양립을 지원하는 정책 중 2007년에 시행된 부모휴직제도는 부모휴직수당 및 부모휴직법의 시행을 통해 제도화되었다. 이는 독일 사회가 직면하고 있는 저출산 문제를 해결하고자 출산 장려를 목적으로 한 정책이기도 하다.

부모휴직제도는 자녀양육을 부모 공동의 책임으로 하되 출산 후 3년까지 가족의 소득을 보장하는 동시에 아버지의 육아휴직을 적극적으로 권장함으로써 보육 및 양육에 대한 사회의 고정관념을 바꾸는 데 긍정적으로 작용했다.

부모휴직수당은 자녀의 출산 후 14개월까지 지급된다. 부모 중 일방은 통상적으로 최장 12개월까지만 부모휴직수당을 지급받을 수 있기 때문에, 14개월 전 기간 동안 부모휴직수당을 사용할 부모는 교대로 자녀를 양육해야 한다. 즉, 아버지 할당제(daddy months)를 도입하여, 아버지가 부모휴직수당을 사용하도록 규정하고 아버지가 사용하지 않으면 소멸되는 방식이라 할 수 있다(Leitner, Ostner and Schimitt, 2008: 197).

부모휴직수당의 반액을 지급받을 경우는 부모 중 한 사람이 자녀를 양육하는 경우 24개월까지, 부모가 공동으로 양육하는 경우 28개월까지 반액의 부모휴직수당을 받을 수 있다. 부모휴직수당은 지난 1년간 평균 순임금의 67%로 최고액은 1800유로다. 그러나 평균 임금이 1000유로 미만인 경우에는 지급률 65%는 2유로당 0.1% 포인트 상승한다. 즉, 평균 임금이 400유로인 경우 지급률은 67% 대신 97%가 적용된다. 또한 쌍생아의 경우에는 둘째 아이에 대해 300유로가 더 지급된다(Leitner, Ostner and Schimitt, 2008: 198).

반면 부모휴직제도는 자녀와 동거하면서 자녀를 직접 양육하는 부모에게 부여되며 무급 형태를 취한다. 부모휴직은 매우 유연하게 사용할 수 있는데, 전 기간을 사용하거나 일부 기간만을 사용할 수도 있다. 또 부모 중 한 사람만 사용할 수 있으며, 교대로 사용하거나 동시에 사용할 수도 있다.

부모휴직은 원칙적으로 자녀가 3세가 되는 날까지 부여되며, 여성의 출산전후휴가는 부모휴직에 포함된다. 다자녀일 경우에는 매 자녀에 대해 부모휴직 청구권이 부여된다. 부모휴직 시행 이후 2007년 상반기 동안 부모휴직 신청자는 약 20만 명이었고, 그중 남성은 1만 7058명으로 전체의 8.5%를 차지했다(Erler, 2009: 128~129).

남성의 부모휴직 참여는 본인이 자발적으로 선택할 경우 휴가 기간을 연장해주는 형식을 취하고 있다. 즉, 육아에 대한 책임을 강제하는 것이 아니라 육아휴직을 권리로 인정하는 것이다. 따라서 남성의 육아 책임에 대한 강조와 공동양육에 대한 사회적 인식의 변화는 실질적인 돌봄노동의 분담보다는 부성애에 대한 새로운 문화적 상징으로서 더 큰 의미를 갖는다(박채복, 2018).

그렇지만 독일에서 부모휴직제도의 제도화는 남성생계부양자 원칙을 약화시키고 공동 육아를 통해 아버지의 책임을 강조하는 동시에 성평등에 대한 정책적 지향을 제시했다는 점에서, 일가족양립정책의 발전 및 이에 따른 여성의 사회적 시민권의 확대·발전과 관련해 시사하는 바가 크다.

지금까지 독일의 사회적 시민권을 살펴보는 과정에서 여성의 일가족양립정책을 젠더적 시각에서 다뤄보았다. 일과 가족의 양립 문제를 다루면서 사회적 시민권에 대한 구체적인 예로 여성의 노동시장 참여에 영향을 미치는 사회경제적 요인을 분석해봄으로써 독일의 성평등정책의 근간을 알아보았다.

5. 시민적 시민권: 차별금지정책

독일 통일 이후 1994년에 이뤄진 기본법 개정 과정에서 독일은 성평등 실현을 국가 목표로 규정했으며, 이는 독일 기본법 제3조에 명시되어 있다. 기본법 제3조 제1항에는 "모든 사람은 법 앞에 평등하며, 2항에는 남성과 여성은 동등한 권리를 가진다(Maenner und Frauen sind gleichberechtigt)"라는 남녀동권이 규정되어 있다.

남녀동권에 대한 규정뿐만 아니라 기본법에는 남녀의 평등 실현을 촉진하고 현실에 존재하는 불평등을 제거하는 데 적극적인 노력을 경주해야 한다는 국가의 책무성이 명문화되어 있다. 더 나아가 '기본법' 제3조 제2항에는 성별, 출생, 인종, 언어, 신앙 또는 정치적 신념을 이유로 인한 차별을 금지하고 있다(Schenk, 1981).

이처럼 기본법에서는 남녀평등권을 규정하고 다양한 영역에서의 차별을 금지하고 있다. 하지만 독일에서 차별금지를 직접적으로 규정하는 차별금지법의 제정은 매우 더디게 진행되었다. 독일에서 차별금지법의 제정과 관련해서 여러 장애물이 존재했다. 차별금지법의 제정 과정에서 독일 사회의 다양한 행위자들 사이의 합의가 어려웠다.

독일에서 반차별정책을 규정하고 제도화하기 위한 차별금지법의 제정이 어려웠던 이유는 무엇보다 독일의 남성 중심적인 전통적인 사회정책과 인식 때문일 것이다. 또한 종교적이며 보수적인 문화와 전통도 여성의 시민권을 보장하는 일에 소극적이었다.

역사적으로 여타 유럽 국가와 비교할 때 민주주의와 자유주의의 전통이 빈약한 독일의 특수성도 차별금지법을 제정하는 과정에서 남녀차별을 금지하고 적극적 조치를 규정하는 데 걸림돌로 작용했다. 더불어 차별금지정책 제정을 위한 엘리트의 지지 및 진보진영의 결여, 더 나아가 독일 여성운동의 관심 부족 등도 독일적 상황에서 장애 요인으로 꼽을 수 있다(von Wahl, 2006: 476).

이에 유럽 대부분의 국가들이 성평등, 특히 노동시장과 작업장에서의 남녀평등 및 동등한 대우를 실현시키기 위한 시민적 권리정책을 제도화한 것과는 달리, 독일에서는 다른 유럽연합 회원국에 비해 차별금지법 제정이 늦게 이루어졌다. 한 예로, 동일노동 동일임금 원칙은 영국에서 1970년에 실행되었으며, 프랑스에서는 1972년, 네덜란드에서는 1975년에 제도화되었다. 그러나 독일은 1980년에 와서야 '동일임금법(Equal Pay Act)' 제정으로 남녀의 동일노동 동일임금 원칙을 제도화했다.

또한 여타 유럽 국가들에서 남녀평등 및 기회균등을 실현하기 위한 국가적 차원에서의 기구가 존재했으며, 불평등을 해결하기 위한 다양한 적극적 조치가 시행되었다. 이와는 달리 독일에서는 남녀의 동등한 대우 및 동일노동 동일임금, 소수 민족과 여성의 교육 기회와 고용에 대해 적극적 조치와 같은 차별금지제도가 제도화되지 못했으며 국가적 차원에서 이를 다루는 전담기구가 부재했다.

그 결과 2001년까지도 독일 남녀의 임금격차는 24%에 이르렀으며, 독일은 전면적인 성별 분업 해체나 성평등정책을 지향하지 않는 전통적인 성별 분업에 의한 남성생계부양자 모델을 대변하는 국가로 인식되었던 것이다. 남녀의 젠더 차이와 국가의 여성 친화적 정책의 부재는 여성의 시민적 그리고 사회적 시민권을 제약할 수밖에 없었다. 또한 이를 시정할 국가적 차원에서의 정책이나 제도 및 전담 부서의 확충 역시 이루어지지 않았다.

독일에서 차별금지법 제정이 이루어진 원동력은 앞서 지적한 바와 같이 유럽연합에서 2000년부터 제정되기 시작한 반차별 지침 때문이다. 성주류화정책이 암스테르담조약을 통해 도입되었고 성평등이 유럽연합의 공통 과제이며 공동체의 목표로 제시되었다(Elman, 1996; Hantrais and Campling, 2000; Hoskyns, 2008; van der Vleuten, 2013).

더 나아가 유럽 차원에서 이루어지는 젠더정책은 2009년 발효된 리스본조약을 통해 유럽 내에 존재하는 다양한 영역에서의 젠더 불평등 문제를 적극적으로 해소하고 모든 영역에 존재하는 차별을 철폐하는 평등정책으로 발전하는 성과를 거두었다.

유럽연합은 연령, 성별, 인종, 종교 및 세계관, 장애, 성적 정체성 등에 근거한 차별을 금지하는 반차별 지침을 제정했다. 이는 회원국의 젠더정책 및 여성의 시민적 시민권의 정책 변화를 초래했다. 이러한 유럽연합의 차별금지지침을 수용하는 과정에서 독일에서 차별금지 및 평등 실현을 위한 차별금지법 제정이 이루어졌다.

유럽연합의 차별금지 지침은 첫째로 인종 혹은 출신 민족의 차이 없는 동등대우법의 적용을 위한 권고안, 둘째로 고용과 직업에서 동등한 대우 원칙 이행을 위한 지침, 셋째로 고용과 직업에서의 남녀의 기회 균등 및 동등대우 원칙에 관한 지침, 넷째로 재화와 서비스에의 접근 및 공급에서 남녀 동등대우 원칙 이행을 위한 권고안을 일컫는다. 이러한 권고안은 회원국에 수용되어 입법 과정을 거쳐 실행되는 것을 의무화하고 있으며, 이를 이행하지 않는 회원국에는 제재를 가할 수 있다.

그러나 차별금지법 제정 과정은 순탄하지만은 않았다. 2004년 적녹연정은 차별금지법안 입법화를 시도했으나, 이는 당시 의회의 다수를 차지하던 기민당, 기사련 및 재계, 법조계, 종교계의 반대로 무산되었다.

경제적인 측면에서 독일기업가연합, 독일산업연맹 등 독일 재계 및 기업가들은 차별금지법 제정이 가져올 파장을 우려했다. 고용, 가격, 이익 등 경제적 측면에서 부정적인 영향을 미칠 것이라는 입장이었다. 또한 법적 측면에서도 많은 법조인은 연방양성평등실현법, 장애인평등 실현법, 이주법 등 다양한 차별금지 관련 법률이 이미 존재하기 때문에 차별금지법 제정은 불필요한 소송만을 가져올 뿐 아니라 더 많은 차별을 불러일으킬 것이라며 입법화에 반대했다. 한편 문화적 측면에서도 차별금지법이 사회의 다양성 및 다문화를 근간으로 하고 있기 때문에 반차별법의 의미와 내용이 다르게 해석될 수 있으며, 평등의 실현 방식과 차별금지에 대한 인식에 차이가 존재한다는 점에서 차별금지법에 대한 실효성에 매우 많은 의문이 제기되었다.

그러나 결국 2005년 사민당과 기민당·기사련의 대연정으로 차별금지에 관한 유럽연합의 권고안의 입법화가 의제화되면서 차별금지 규정에 대한 완화를 조건으로 입법이 추진되었으며, 많은 논쟁 끝에 2006년 8월 8일 '일반적 동등대우법(Allgemeine Gleichheitbehandlunsgesetz)'이라는 명칭으로 독일식 차별금지법이 발효되었다.

이처럼 비록 내용과 명칭에서의 차이는 있지만 독일은 유럽연합의 차별금지 지침을 2006년 일반적 동등대우법을 통해 수용했다. 다시 말해 일반적 동등대우법은 유럽연합 차원의 차별금지 지침들의 내용들을 결합하여 하나의 법률로 구성한 것이라 할 수 있다.

일반적 동등대우법은 차별금지 사유 영역을 규정하고 있다. 이 법은 직업 활동 영역, 사회보장 영역, 민법상 거래에서 인종이나 민족적 출신을 이유로 차별하는 것을 금지하고 있을 뿐만 아니라 취업자에 대한 차별의 금지, 사업상 거래에 있어서 불이익한 차별의 금지 등을 구체적으로 규정하고 있다.

또한 일반적 동등대우법은 차별금지법의 실효성 확보를 위해 차별에 대한 실질적인 구제 수단을 강구하고 이에 대한 효과적인 예방 조치를 마련하기 위해 조직 및 절차 또한 규정하고 있다. 이에 따라 연방차별금지국(Antidiskriminierungsstelle des Bundes)을 가정, 노인, 여성 및 청소년부(Federal Ministry for Family Affairs, Senior Citizens, Women and Youth) 산하에 설치했다.

연방차별금지국의 역할은 법적인 대처 가능성에 대한 정보를 제공하고, 다른 기관을 통한 상담을 주선하고, 당사자 간의 화해적 해결을 위해 조정 등을 통해 차별을 당한 자의 권리 실현을 위한 보조 활동을 수행한다. 이 밖에도 연방차별금지국은 공적 업무 및 학술적 조사의 실시 업무를 가지며, 연방의회에 정기적인 보고서 제출 의무를 지닌다.[2]

일반적인 동등대우법의 제정으로 여성의 정치적·법적 평등뿐만 아니라 실질적인 젠더평등을 위한 다양한 영역에서의 차별을 금지하는 법이 공적·사적 모든 영역에 걸쳐 포괄적인 범위로 확대되었다. 직업상, 종교 혹은 세계관, 연령에 따라 차별받지 않도록 제도 및 법을 정비하는 작업이 진행되었다. 사법상 법률관계에서의 차별로부터 여성을 보호하기 위해 노동, 사회보호, 공공시설, 교육 등에서 차별금지에 대한 구체적인 규정이 마련되었다. 이를 통해 여성의 시민권은 성평등을 넘어 모든 영역에서의 차별철폐로 정책의 수단과 목표의 전환이 이루어질 수 있었다.

6. 유럽연합의 성평등정책과의 상관성: 평가 및 전망

독일 사회에서 중요한 사회적 의제 가운데 하나인 성평등을 시민권 개념과 연관 지어 고찰해본 결과를 유럽연합의 젠더정책과의 상관성을 중심으로 평가해보고 전망해보면 다음과 같다.

먼저 정치적 대표성을 통한 정치적 시민권 사례 분석에서는 1980년대 이래 정치적 시민권 영역에서 매우 적절하고 의미 있는 변화가 이루어졌음을 알 수 있다. 독일은 유럽에서 여성의 정치 참여에 대해 가장 배타적인 국가 중 하나로, 정치 영역에서 성차별이 심한 나라였다. 그러나 정당 차원에서 여성정치할당제가 실시된 이래 연방의회에서 여성 의원의 수와 비율이 지속적으로 확대되고 있으며, 정치 영역에서 성차별은 줄어들고 있다.

2 더 자세한 내용은 http://www.antidiskriminierungsstelle.de/DE/Home/home_node.html을 참조(검색일: 2015.7.1).

여성의 정치적 대표성 확대 문제는 분권화된 정당체제, 정치적 이념의 차별성, 정당의 여성 정치적 대표성에 대한 합의 등 독일의 정당정치가 가지는 특수성과 연계된다. 독일의 경우 여성 의원의 대표성을 확대하는 데 안정적인 정당 시스템의 운용과 공천 과정에서 정당의 역할과 기여가 크게 작용했음을 알 수 있다.

여성의 정치 참여의 증대와 젠더이슈의 사회적 담론의 변화로 정당의 여성 문제에 대한 우선순위가 달라졌으며, 정당할당제 도입 이후 독일 사회는 여성의 정치적 대표성의 확대를 통한 정치적 시민권의 확대라는 정책의 변화를 경험하게 되었다.

다음으로 사회적 시민권의 사례인 독일의 일가족양립정책은 독일의 지속적인 성장과 복지를 가능하게 하는 매우 중요한 정책으로, 이는 단지 여성들만의 문제를 해결하기 위해서가 아닌 보다 많은 민주주의와 정당성을 확보하기 위해 독일 사회가 해결해야 하는 중요한 과제라 할 수 있다. 일가족양립정책의 경우 유럽 차원에서 진행되는 젠더정책에 대한 학습 효과가 지속되면서 회원국의 고유 영역으로 인식되었던 정책 영역에 대한 유럽연합의 영향력은 더욱 커지고 있다.

물론 젠더정책의 경우 회원국의 정치적·경제적 상황과 제도적 맥락에 따라 상이하게 전개되고 있다. 하지만 남성생계부양자 모델이 강력하게 유지되어온 독일의 경우 그러한 변화에 매우 민감하게 대응했으며, 일가족양립정책이 지속가능한 성장과 복지 패러다임을 형성하면서 기존의 담론과는 다른 패러다임의 변화를 경험하고 있다.

특히 일가족양립정책이 유럽 차원에서 공동으로 추진되면서 보육서비스 확대, 부모휴직제도 개혁, 유연한 노동시간 확보 등 유럽연합의 정책 및 결정을 수용하고 집행하는 과정에서 이러한 정책들이 독일의 젠더정책의 변화에 긍정적인 영향을 미쳤다.

또한 독일의 일가족양립정책은 기존의 가족주의적 잔여적 복지정책에서 탈피하여 인구 구조상 변화와 가족 유형의 다양성을 인정하는 정책으로 변화되었다는 점을 지적할 수 있다. 독일은 출산을 장려하는 정책으로서 노동법 및 양육 관련 법제를 지속가능한 가족정책의 측면으로 개선하고, 보육 및 양육 시설을 확충하여 국가의 적극적인 개입을 통해 여성이 일과 가족을 양립할 수 있도록 지원하는 정책에 초점을 맞추고 있다.

출산율 하락이 경제성장에 심각한 영향을 미치는 요인으로 등장함에 따라 출산과 관련된 젠더이슈가 더 이상 가족이라는 사적 영역에서 결정할 문제가 아닌 국가가 개입하여 함께 해결해야 하는 과제로 인식하게 되었기 때문이다.

이 과정에서 독일은 '남성생계부양자-여성전업주부 모델'을 부분적으로 유지하면서 가정에 머물면서 모성 역할을 담당하는 여성들에게 가족수당을 지급하는 등 경제적인 지원을 통해 가족에서 모성 역할을 강조해왔던 남성생계부양자 모델을 이인소득자 모델로 전환하는 정책의 변화를 경험하게 된 것이다.

마지막으로 차별금지법의 제정은 남성 중심적이고 가부장적인 독일에서 여성의 시민적 시민권 정책 변화에 지대한 영향을 미쳤다고 평가할 수 있다. 국가는 여성에 대한 일상적이고 구조적인 차별을 제거하기 위해 적극적 조치를 취해야 하며, 차별로부터 여성을 보호하기 위해 직업과 고용 관계에서 제기되는 다양한 문제를 적극적으로 해결해야 하는 책무를 부여받았다.

성평등 및 차별금지와 관련해 연방정부의 재정적 지원 및 정책적 일관성을 유지하기 위해 설치된 연방차별금지국은 독일의 주정부 및 현장에서 조언을 담당하는 비정부기구들과의 협력과 조정을 통해 운영됨에 따라 보다 많은 실효성을 담보해낼 수 있게 되었다.

이에 따라 국가적 차원에서 차별금지를 전담하는 기구의 부재로 제한된 역할만을 수행해왔던 지방과 로컬 영역의 기회균등부처(women's affairs offices)들이 연방 차원의 차별금지국의 설립으로 보다 일관되고 효율적인 차별금지정책을 수행할 수 있게 되었다. 또한 연방과 주정부의 모든 정책 영역에서 성평등을 근거로 한 성주류화 및 차별금지정책이 중요한 공공정책 가운데 하나로 자리 잡게 되는 데 일조했다(Ellina, 2003: 52; Stratigaki, 2005: 165~186).

세 가지 시민권, 즉 정치적 시민권, 사회적 시민권, 시민적 시민권을 중심으로 대표적인 젠더정책의 사례인 정치적 대표성 확대 문제, 일가족양립정책, 차별금지정책에 대한 사례를 분석한 결과 시민권에 따른 성평등정책의 변화를 분석하는 과정에서 세 가지 젠더정책 영역에서의 정책 변화의 수준과 배경이 차별적임을 알 수 있다.

다시 말해 여성의 정치적 대표성을 확대하는 정치적 시민권 측면에서 커다란 진전을 거둔 반면, 일가족양립정책에서는 전통적인 가족 중시정책으로 남성생계부양자 모델에 대한 개혁 작업이 천천히 진행되었음을 알 수 있다.

특히 차별금지정책의 경우 가장 진전이 더뎠는데, 이는 차별금지법의 제정 과정에서 독일의 소극적인 접근과 관련 있다. 독일의 경우 정치적 시민권에 비해 사회적 시민권이, 또 사회적 시민권에 비해 시민적 사회권이 늦게 발전했다. 그러나 2006년 차별금지법의 제도화와 함께 시민적 시민권의 확대 및 목표의 변화를 경험하게 되었다는 점은 의미 있는 지적이다.

1990년대 후반부터 성평등 실현에 주요한 가치를 부여하는 성평등적 방향으로 독일 젠더정책이 변화되면서 정치적·사회적·시민적 시민권의 포괄적인 확대 과정을 경험했다. 이 과정에서 독일은 2015년 현재

36%가 넘는 여성 의원의 비율을 확보하고 있어 유럽 국가 중에서 여성의 정치적 대표성이 높은 국가에 속하게 되었다.

또한 2007년 부모휴직수당 및 부모휴직법을 수단으로 출산과 양육에 대한 국가의 책임 및 가족 내 남성(아버지)의 역할과 책임을 강조하여 성평등에 대한 가족정책의 사회적 개입을 강화함으로써 독일은 부부 모두를 지원하는 일가족양립정책으로의 변화라는 새로운 정책적 목표를 추진하고 있다. 더 나아가 독일은 2006년에는 일반적 동등대우법을 통해 성평등 및 차별금지정책을 위한 적극적 조치를 제도화했으며, 여성의 시민적 시민권의 확대를 꾀하고 있다.

주목할 점은 유럽연합의 젠더정책을 수용하는 과정에서 유럽 공동체의 젠더정책이 회원국의 젠더정책에 영향을 미치고, 또 회원국의 젠더정책이 다른 회원국뿐만 아니라 유럽연합 젠더정책의 방향과 전개 양식을 바꾸는, 젠더정책의 유럽화 과정이 독일 젠더정책의 방향과 성격 변화에 지대한 영향을 미치고 있다는 점이다.

특히 성평등은 유럽연합과 그 회원국이 달성해야 하는 공통 과제임과 동시에 목표로 제시되었다. 또한 모든 영역에서 차별을 철폐하는 적극적 조치에 대한 제도화 및 성주류화정책이 젠더정책의 중요한 영역으로 자리 잡게 되었다.

따라서 최근 독일의 젠더정책과 관련한 독일 사회의 변화는 지속가능한 민주주의를 달성하기 위해 기존의 남녀의 기회균등정책에서 한 차원 발전된 것으로, 차별철폐 전략을 근간으로 법적·제도적 차원의 평등을 넘어 모든 정책의 결정과 집행에서 실질적인 성주류화정책을 구현하고자 하는 노력의 일환으로 이해될 수 있다.

생각해볼 문제

1 독일의 성평등정책의 변화와 연속성을 살펴보는 과정에서 시민권과 젠더이슈를 연계하는 분석이 어떤 의미가 있을지 논의해보자.

2 독일의 젠더정책을 정치적 시민권, 사회적 시민권, 시민적 시민권을 세 가지 성평등 이슈와 연계하여 각 정책에 대한 사례를 분석해보자. 세 가지 젠더이슈 사례, 여성의 정치적 대표성, 일가족양립정책, 차별금지정책을 분석해보고 실질적으로 어떠한 정책 변화가 이루어졌는지 알아보자.

3 독일 젠더정책의 변화에 유럽연합의 정책이 어떠한 영향을 미쳤는지, 젠더정책의 유럽화라는 관점에서 논의해보자.

4 독일의 사례가 유럽연합의 여타 회원국의 젠더 관계에 어떠한 영향을 미치는지 논의해보자.

더 읽을거리

1 김민정 외. 2011. 『여성정치할당제: 보이지 않는 벽에 문을 내다』. 서울: 인간사랑.

2 van der Vleuten, Anna. 2013. *The Price of Gender Equality: Member States and Governance in the European Union*. New York and London: Routledge.

3 Phillips, Anne. 1995. *The Politics of Presence*. New York: Oxford University Press.

제2부

유럽연합과 젠더
: 정책 및 행위자에 대한 역동성

제6장

유럽연합 성주류화정책의 제도화 과정

1990년대 이후 성주류화정책(gender mainstreaming policy)은 젠더평등 실현을 위한 국제적 규범 중 하나로서 글로벌 거버넌스의 중요한 요소로 자리 잡고 있다. 북경여성회의에서 제시된 성주류화정책은 여성의 정치적·법적 평등뿐 아니라 실질적인 젠더평등을 구현하기 위해 여성의 지위에 긍정적인 영향을 미칠 다양한 문제 제기와 쟁점, 행동프로그램을 담고 있다.

성주류화(gender mainstreaming)는 여성의 권익 증진과 사회 참여 없이는 직면한 사회적·경제적·정치적 문제를 완전히 해결하는 것이 불가능하며 진정한 평화를 이루어낼 수 없다는 인식을 기반으로 한다. 또한 인간의 존엄과 세계 평화를 달성하기 위한 제도적 장치로서 성주류화는 유엔과 젠더평등 실현을 위한 국제적 차원에서의 다양한 노력이 글로벌 거버넌스의 확립에 중요한 역할을 수행하고 있음을 강조하고 있다.

유럽연합의 젠더정책 패러다임의 변화 중 하나는 이와 같은 글로벌

이슈로서 성주류화 전략의 도입이다. 유럽연합은 성주류화 전략과 성인지적 관점을 기반으로 유럽연합의 모든 시스템, 구조, 정책, 프로그램, 과정에 있어서 성주류화정책을 체계적으로 통합·실행하여 성평등을 실현하는 데 주도적인 역할을 수행하고 있다.

이 장에서는 유럽연합 성주류화정책의 제도화 과정을 보다 면밀하게 살펴보고자 한다. 이를 위해 계량적 지표의 변화가 아닌 유럽연합 차원에 내재한 불평등한 권력을 생산하는 구조 자체의 변화에 대한 경로 추적 작업을 수행해보고자 한다. 더 나아가 유럽 고용 전략을 중심으로 성주류화정책의 제도화 과정을 살펴보고자 한다.

1. 성주류화정책의 도입 배경과 전략

성주류화는 1995년 북경여성회의에서 명시적인 행동 강령으로 채택되어 실행에 옮겨진 개념이다. 주류화가 원래 사회 발전의 전체적인 방향을 결정하고 발전 과정에 적극적으로 참여하고 발전의 결과를 향유하는 주류와 그러한 과정에서 배제되어 주변화된 비주류의 대응적인 개념이라면, 성주류화란 사회적 배제의 주요인을 성에 의한 것으로 파악, 남성 부양자, 여성 피부양자라는 젠더 위계적 전제에서 탈피하여 개인으로서의 여성과 남성의 평등한 지위를 추구하려는 성평등을 목표로 하는 전략이라고 할 수 있다.

그러나 성주류화는 젠더적 관점을 일반정책에 통합하여 정책이 성평등한 방향으로 기획·집행되도록 하기 위한 전략이지, 그 자체가 목표는 아니다. 성주류화의 배경에는 기존의 공공정책은 성별 차이를 고려하지 않은 몰성적 혹은 성 중립적인(gender neutral) 정책을 실행함으로써 남성 중심 사회에서 의도치 않게 성차별적인 영향을 주었다는 비판을 받아왔다는 점을 지적할 수 있다(Bacchi, 2009; Verloo, 2001; Woodward, 2003).

이에 성주류화는 정책의 형성 단계부터 해당 정책에 대해 성별 영향을 분석함으로써 여성과 남성이 동등하게 수혜를 받도록 하며, 성적 불평등이 지속되지 않도록 여성의 요구와 경험을 모든 정치적·경제적·사회적 영역의 일부로 통합하여 궁극적으로 성평등을 실현하는 것으로 이해할 수 있다(Rees, 2005: 560).

유럽연합 차원에서 성주류화는 1999년 5월 1일 발효된 암스테르담조약에서 공동체의 과제로 도입되었다. 더 나아가 2009년 리스본조약에 포함된 유럽기본권헌장에는 남녀의 평등을 보장하는 정책을 유럽연합 차원에서 실현할 것을 요구하고 있다.

성주류화는 유럽연합의 젠더정책을 전통적인 남녀평등과 관련된 영역뿐만 아니라 고용(Rubery, 2005), 무역(Hoskyns, 2007; True, 2009), 개발(Debusscher and True, 2008), 유럽연합의 구조기금(Braithwaite, 2000)과 같은 새로운 영역으로 확대했으며, 유럽연합 회원국의 젠더 관계의 성주류화라는 성과를 거두는 데 기여했다.

전통적인 남성 중심적 구조의 변화와 모든 정책 영역 및 입법 과정에서의 성주류화라는 새로운 접근은 유럽연합의 의사결정 과정에 지대한 영향을 미치고 있으며, 보다 평등하고 민주적인 유럽연합의 건설을 위한 다양한 입법 과정에 적용되고 있다. 유럽연합 회원국들은 유럽연합조약의 법적 강제력에 따라 성주류화정책을 실현할 수 있는 법적인 기초를 마련해야 하며, 입법, 사법, 행정의 모든 영역에서 성주류화를 고려하여 성평등을 실현해야 할 과제를 부여받게 된다.

유럽연합의 정책 및 결정을 각 회원국의 국내법에 포함시킨다고 해서 회원국 모두에서 같은 결과가 나오는 것은 아니다. 각 회원국의 여성

정책이 특수한 경제적·사회적 상황과 맥락에 따라 다양한 형태로 구현되기 때문에 회원국의 차별적인 정책 환경의 차이에 대한 맥락적 이해가 우선되어야 한다. 또한 회원국 정부가 성주류화를 어떻게 이해하고 해석하느냐에 따라 정책 집행 수준과 형태가 크게 달라진다고 할 수 있다.

따라서 성주류화정책의 효율성을 위해서는 회원국마다 다른 노동시장과 사회제도, 젠더 관계 간 상당한 수준의 통합이 필요하다는 점에서 유럽연합이 중요한 역할을 수행한다. 그뿐 아니라 유럽 차원의 결정을 이행하는 과정에서 발생할 수 있는 성주류화의 집행 과정의 차이에 대한 정확한 이해도 수반되어야 한다. 각 회원국의 고유 권한으로 남아 있는 영역은 유럽연합의 지침으로 조정될 수 없는 경우가 많기 때문이다.

유럽연합의 성주류화정책은 유럽 차원에서 젠더평등이라는 문제를 어떻게 해석하고 이해하는지 인식론적 차원에서의 기준을 제시하고, 회원국의 상이한 정치·행정 제도, 정치문화, 역사적 맥락에 따른 젠더환경과 젠더 차이에도 불구하고 젠더평등에 대한 근본적인 문제의식을 공유하는 데 매우 중요한 틀을 제공한다. 또한 전체 유럽공동체에서 성주류화에 대한 여성주의적 이해를 가능하게 하는 틀을 제공한다는 측면에서 유럽연합은 유럽 차원에서 성주류화가 제대로 자리를 잡고 집행될 수 있게 하는 데 중요한 역할을 맡는다.

유럽연합 차원의 성주류화정책의 제도화 과정에서 성주류화에 대한 이해뿐만 아니라 다양한 젠더이슈, 즉 젠더권력관계, 남녀 불평등의 원인과 배경, 성주류화에 대한 정치적 의지, 성주류화를 담당하는 기관들의 차이, 성주류화정책의 수단과 도구 등은 성주류화의 성공적 이행 과정에서 결정적 역할을 수행하는 변수가 될 수 있다(Mazey, 2001; Schmidt, 2005).

유럽연합은 각 회원국 정부에 모든 정책과 프로그램에 성인지적 관점을 통합하는 책무를 부여했고, 이를 통해 회원국의 공공정책 및 젠더 정책의 패러다임 변화가 시도되었다. 주류화정책의 제도화와 실행 결과, 유럽연합의 젠더정책은 기존 남녀기회균등이나 평등 조치, 더 나아가 적극적 조치를 넘어 패러다임의 전환을 겪었다. 이를 통해 유럽연합 국가들이 더욱 성평등한 사회로 발전해왔다고 할 수 있다.

이 과정에서 유럽연합은 회원국과의 협력과 조정을 통해 성평등의 실현을 위한 정책 및 정책 과정을 생산하며, 여성을 대상으로 하는 젠더 정책의 패러다임을 넘어 모든 정책과 영역에서 성주류화를 실행하고 있다. 유럽연합은 유럽 차원에서 발생하는 다양한 영역에서의 젠더 차별 및 불평등을 해소하는 성주류화정책을 수행하여 주류의 전환을 통해 성평등을 실현하고자 한다는 점에서 젠더정책의 패러다임의 전환은 계속 진행 중이다.

2. 성주류화정책의 성공적 이행과 회원국과의 상관관계

유럽연합의 성주류화정책을 살펴보는 데 성주류화정책의 성공적 이행과 회원국과의 상관관계를 살펴보는 것은 실질적인 여성의 권익과 이해 증진을 위해 유럽연합이 어떠한 역할을 수행하고 있는지를 규명해보는 데 중요하다.

유럽연합에 존재하는 여성 문제 관련 국가 행위자뿐만 아니라 다양한 조직들과의 유기적인 협력 관계를 통해 유럽연합 성주류화정책의 성공적인 제도화와 이행 과정을 구체적으로 조망해봄으로써 유럽연합과 회원국과의 관계 및 젠더정책과의 상관관계를 보다 정확하게 규명해볼 수 있을 것이다.

유럽연합의 성주류화 과정은 여성들이 정책 결정자로서 의사결정 과정에 참여하는 여성의 주류화(mainstreaming of women), 유럽연합의 모든 정책과 이슈 영역에서의 젠더 주류화(mainstreaming of gender), 남성 중심의 주류 영역에서 시스템과 문화가 성인지적으로 재편되는 것을 의미하는 주류의 전환(transformation of mainstreaming)을 통해 이루어져야 함을 강조했다(Corner, 1999).

여기서 모든 정책은 젠더평등에 영향을 미칠 가능성이 있다고 판단되는 정책 영역을 포괄하는 개념으로 고용이나 정치적 영역을 넘어 보다 확대된 영역을 의미하는 것으로 해석할 수 있다. 또한 성인지적인 관점으로 정책 결정 과정을 평가하고 재편한다는 것은 젠더평등을 실현하기 위해 정책을 재구조화한다는 것을 의미하며, 여성 친화적 내지는 친여성적인 과정으로의 재구조화를 통해 여성만을 위한 것이 아닌 남녀 모두를 통합하는 방향을 제시하는 것이다.

북경여성회의의 성주류화정책을 성공적으로 이행하기 위해 유럽연합 차원에서 각 국가에 성주류화정책의 제도화와 성평등정책의 목표가 요구되었다. 법과 제도의 개선을 통해 여성의 참여를 적극적으로 늘리는 조치들이 도입되었으며, 유럽연합의 정책과 예산에 성주류화가 진행되었다. 성주류화정책은 또한 모든 정책 분야 및 이를 다루는 기관에 성인지적 관점이 통합 운영되어야 하며, 남성 중심적으로 조직되어 있는 정부와 주류 영역 및 조직이 성인지적으로 재편되어야 함을 강조하고 있다.

왜냐하면 국가가 여성 문제를 어떻게 인식하고 어떠한 정책을 추진하느냐는 매우 중요하기 때문이다. 따라서 국가적 차원에서 여성에만 역점을 둔 정책이 아닌 성주류화정책을 국가의 주요 정책의 하나로서 인식하고 있는지, 국가정책 수립과 실행 시 성인지와 성평등에 대한 논의를 강조하여 젠더평등을 실현하기 위한 제도 및 정책을 적극적으로 추진하고 있는지의 문제는 실질적인 여성의 권익 증진에 매우 중요한 척도가 된다.

유럽연합은 여성의 권한강화(empowerment)를 위한 관점이자 사회 시스템 운영 방식의 전환을 가져오는 새로운 패러다임인 성주류화를 통해 유럽연합의 모든 기구와 정책, 시스템에 젠더 관점(gender perspective)을 결합함으로써 불평등한 젠더 관계를 재구조화하고 있다. 또한 성차별적인 구조를 개선하기 위해 기존 유럽연합의 법과 정책은 여성과 남성에게 미치는 차별적인 영향을 평가하고 성평등을 실현하기 위해 성주류화 과정을 제도화하고 있는 것이다(Hoskyns, 2008: 113; Mazey, 2001: 38).

유럽 통합 과정에서 통합의 주체로서 여성의 지위를 향상하고 다양한 영역에 존재하는 차별과 불평등을 해결하는 문제는 유럽연합의 민주성과 직결되는 중요한 이슈이다. 사회정책의 일환으로 추진되는 젠더정책의 유럽화 과정에서, 그리고 유럽연합의 민주주의의 결핍 문제를 해결하고 국제적 가치와 규범을 수용하는 과정에서, 유럽연합의 성주류화정책은 회원국의 여성정책에 대한 패러다임의 변화뿐만 아니라 여성의 실질적인 삶의 변화를 가져오는 중요한 논의이다(Cavanagh and Tallis, 2004).

여기서는 유럽 통합 과정에서 제기되는 다양한 이슈를 해결하기 위해 성주류화정책을 유럽적 특수성이라는 측면과 국제적 규범과 가치 수용이라는 측면에서 설명해보고자 한다. 이를 통해 여성 문제를 결정하는 정책 결정 과정에서 유럽연합이 여러 다양한 이해관계 주체들의 이익을 조정하고 타협하는 일련의 과정을 이해할 수 있을 것이다. 유럽연합 회원국들은 유럽 차원에서 논의되는 다양한 성주류화정책 관련 논의를 통해 상호 정치적 학습 과정을 경험하게 됨에 따라 유럽 차원에서 젠더정책의 인식론적 틀을 형성하고 이를 회원국 차원에서 수용할 수 있는 정당성을 확보하게 되는 것이다.

1) 유럽적 특수성: 유럽 통합과 민주주의의 결핍 문제

유럽연합은 다양한 조약과 정책을 통해 남녀의 평등을 실현하기 위한 명백한 기준을 제시하고 있고, 이에 근거한 매우 정교한 권리에 기반을 둔 법률을 채택하고 있다. 특히 남녀평등을 실현하고 다양한 영역에서의 차별을 금지하는 법적 규정과 차별철폐를 유럽 차원에서 제도화할 수 있는 메커니즘을 마련하고 있다. 즉, 유럽연합은 유럽인권조약, 유럽평의회 등에 성, 인종, 계층, 종교, 신체적 장애, 연령 등의 이유로 이루어지는 모든 형태의 차별을 금지하고 평등과 인권을 강조하며 여성의 기본적 권리와 불평등에 대해 규정하고 있다.

이와 같이 여성의 사회적·경제적 권리를 인정하고 젠더평등 문제를 유럽연합이 추구해야 하는 기본적인 가치와 권리로 여기고 있다. 동시에 유럽연합의 모든 정책은 평등주의 원칙에 입각하여 성주류화전략이 적용되어야 한다. 이를 통해 유럽연합은 여성의 정치적·법적 평등뿐만 아니라 실질적인 젠더평등을 위한 성주류화정책을 추진하기 위한 법적 근간을 마련하고 있는 것이다.

이처럼 유럽연합은 성주류화정책을 민주주의 건설에서 핵심적인 가치로 삼고 있으며, 여성에 대한 일상적인 구조적 폭력을 제거하기 위한 여러 적극적 조치를 취하고 있다. 성주류화를 통해 보자면, 여성이 직면하고 있는 다양한 영역에서 발생하는 성별 분리와 이를 통한 성역할 강제가 성차별을 발생하게 하고, 여성과 남성의 경험과 역할의 차이와 요구를 고르게 반영하지 못하고 있음을 분명하게 한다.

그러나 남녀의 기회균등과 평등정책의 실시, 더 나아가 법적·제도적 측면의 진전에도 불구하고 유럽연합과 그 회원국 내에는 여전히 인종 간, 계층 간, 도시와 지방 간 격차가 있으며, 여성에 대한 구조적인 폭력은 여전히 존재한다. 많은 여성이 빈곤과 실업에 직면해 있으며, 취업 상태라 하더라도 대부분은 비정규직으로 복지국가의 사각지대에 놓인 빈곤계층 여성에 대한 의료 및 복지 혜택은 여전히 매우 부족하다.

유럽 통합의 심화와 확대 과정에서 지속가능한 민주주의를 성취하기 위한 노력의 일환으로서 젠더정책의 유럽화의 과정에 대한 논의(Bruno, Jacquot and Mandin, 2006; Caporaso and Jupille, 2001; Martinsen, 2007; Roth, 2008)가 다양하게 전개되었으며, 유럽연합의 확대 과정에서 발생하는 젠더적 특수성과 맥락에 대한 접근들이 활발하게 진행되었다(Einhorn and Sever, 2003; Roth, 2008; Steinhilber, 2006).

2) 국제적인 가치와 규범의 수용

유럽연합은 1995년 유엔 성주류화정책 및 베이징 행동강령을 수용하는 과정에서 지대한 역할을 수행했다. 베이징 행동강령 협상 과정에서 유럽집행위원회는 행동강령에 성주류화정책이 포함될 수 있도록 강력하게 촉구했다. 이러한 과정은 그대로 유럽연합 회원국에 적용되어 성주류화 규범 수용 과정에 유럽연합의 영향력이 발휘되었다(Mazey, 2001: 6; Schmidt, 2005: 179).

유럽연합의 성주류화정책은 유럽연합 차원에 여성차별철폐협약 및 베이징 행동강령을 비롯한 국제적 규범과 제도를 비준하고 수용하는 일련의 적극적 조치를 취하는 과정을 수반했다. 국제적인 가치와 규범의 수용이라는 측면에서 유럽연합의 모든 정책 영역에서 성주류화정책을 실시하고 동시에 성인지적 측면에서 여성의 지위에 긍정적인 영향을 미칠 정책을 입안, 집행, 평가하는 과정에 지대한 영향을 미쳤다.

성주류화를 위한 핵심적 단계는 지표로 제공될 수 있는 정량적·정성적 증거를 통해 노동시장 및 사회에서 남녀의 역할과 지위에 대해 파악하는 것이다. 이를 통해 남녀의 차이를 이해하고, 성불평등을 해결하기 위한 행동의 우선순위를 결정하는 것이다. 성주류화 전략에 대해서는 다양한 방법론과 도구가 개발되어왔다.

유럽연합 성주류화정책의 수단은 크게 네 가지로 나눠볼 수 있다. 첫째, 젠더평등에 대한 정보와 가이드라인 제공을 위한 수단, 둘째, 젠더평등에 대한 인식론적 틀을 확대하기 위한 수단, 셋째, 회원국과 다양한 젠더 행위자들의 참여를 위한 조직적 수단, 넷째, 성주류화의 결과를 평가하기 위한 수단이 그것이다. 이를 더욱 구체적으로 살펴보면 다음과 같이 설명해볼 수 있다.

첫째, 유럽연합의 젠더평등에 대한 정보 및 가이드라인을 제공하기 위한 정책 수단으로는 여성 전담기구의 설치, 성분리 통계와 성평등 현황 파악 및 성별영향평가분석을 기반으로 한 데이터베이스 구축, 정책과 프로그램의 젠더 분석, 젠더 예산 등을 꼽을 수 있다.

유럽연합은 다양한 여성 전담기구를 설치하여 운영하고 있다. 성주류화와 관련한 대표적인 기구는 유럽성평등연구소(European Institute for Gender Equality), 남녀의 기회균등을 위한 자문위원회(Advisory Committee on Equal Opportunities for Men and Women),[1] 성주류화 고위그룹(High Level Group on Gender Mainstreaming) 등이 그 예이다.

이 밖에도 유럽연합은 공동체의 모든 정책이 기획단계에서부터 집행단계에 이르기까지 성인지적 관점이 적용될 수 있도록 성주류화를 위한 다양한 수단을 채택하고 있다. 성별영향평가(gender impact assessment),

1 Commission Decision of 16 June 2008 relating to the setting up of an Advisory Committee on Equal Opportunities for Women and Men, 2008/590/EC.

젠더 통계, 젠더 예산(gender budget)을 통해 성 분리 통계에 의한 젠더 통계 및 지표의 개발하는 것은 성주류화의 가장 기본적인 전략이라 할 수 있다.

먼저 성별영향평가는 젠더에 대한 기준을 설정하여 정책 도입 후 발생한 결과를 평가하기 위한 단계별 가이드라인이며 수단이다. 유럽연합과 회원국의 정책 및 프로그램들이 여성과 남성의 상황에 어떤 영향을 미치는지, 자원의 접근과 배분 과정, 권력관계 등을 분석함으로써, 남녀의 차이가 발생하는지, 남녀의 대표성과 정체성이 어떻게 배분되는지 평가하는 것이다.

성별영향 분석평가의 결과를 정책에 반영하기 위한 도구 및 근거로서 유럽연합은 정책 요구를 파악하는 입안단계에서부터 정책의 효과를 평가하고 집행하는 단계에 이르기까지 성인지적이며 성별로 분리된 젠더 통계를 사용하고 있다. 다시 말해 성분석을 통해 불평등을 해소할 뿐만 아니라 이를 해소하기 위한 도구로서 전략으로서 성별영향평가를 활용하고 있다.

또한 유럽연합은 2015년까지 모든 공공 부문 예산책정에서 젠더 예산 원칙을 도입하여 실행하고 있다. 젠더 예산은 예산 과정에 성주류화를 적용한 것으로, 젠더에 기반을 두고 예산을 수립하고 평가하는 것이다. 남녀의 요구와 우선순위를 고려하여 예산을 재구조화하여 사회에서 남녀가 갖는 다른 역할과 요구를 인지하고 보장하기 위해 유럽연합에서 젠더 예산을 적용하고 있다.

유럽연합은 수입 창출과 정책의 분배 과정에서 성평등을 달성하고 다양한 프로그램과 서비스가 이전될 수 있도록 노동시장에서의 여성의 역할과 지위, 고용 및 실업 현황뿐만 아니라 공공 부문 및 민간 부문에서 예산과 지출에 대한 예산책정의 도구로 젠더 예산을 도입하고 있다. 또한 성에 대한 시각을 명확하게 포함할 것을 요구하고 있다. 더 나아가 유럽연합은 유럽연합 정책 결정 과정 및 기구의 모든 과정에서 젠더 훈련을 통해 모든 정책 담당자의 성인지력을 향상시키는 과정을 전략적으로 운용하고 있다.

둘째, 젠더평등에 대한 인식론적 틀을 확대하기 위한 수단으로는 성평등 및 성주류화에 대한 인식 향상을 목적으로 수행되는 젠더 교육 및 젠더 훈련, 공동체의 젠더문제를 심층적으로 다루는 각종 세미나와 컨퍼런스 개최, 젠더 전문가 및 시민단체와의 협력을 꼽을 수 있다.

유럽연합이 성평등을 실현하기 위한 전략으로서 성주류화를 채택한 이후 유럽연합과 그 회원국의 성주류화 관련 제도화가 빠르게 확산되었다. 성불평등에 대한 인식의 강화와 더불어 여성정책 결정 과정에 참여하는 행위자 및 유럽연합의 공무원들, 유럽연합의 기구와 비정부기구 종사자를 대상으로 성인지적 젠더 교육 및 젠더 훈련을 실시하고 있다.

유럽연합은 유럽연합 차원의 젠더이슈에 대한 각종 워크숍이나 콘퍼런스를 개최하여 젠더평등에 대한 유럽 차원의 이해를 확대하고 인식을 개선하는 작업을 실시하고 있다. 유럽연합 차원에서 성주류화의 성공적인 실현을 위해 성주류화에 대한 인식의 전환 작업과 함께 실질적인 변화를 가능하게 하는 거버넌스의 필요성이 강하게 부각되었다(Verloo, 2005).

셋째, 회원국과 다양한 젠더 행위자들의 참여를 위한 조직적 수단으로 성주류화를 위한 다양한 행위자들 사이의 협력 관계를 꼽을 수 있다. 성주류화의 제도화와 실행 과정에서 유럽 내에 존재하는 다양한 행위자 및 실행 주체를 포괄할 수 있는 방안이 모색되었다. 또한 성별 격차에 대한 정확한 인식, 성평등 사례에 대한 공유 및 학습, 성주류화 성공 사례의 집행 과정에서 정책 담당자의 교육 및 훈련, 다양한 정책 행위자와 네트워크들의 적극적인 참여와 기여 등을 독려할 수 있도록 제도적인 변화가 함께 이루어졌다(Verloo, 2005).

또한 성주류화를 실현하는 과정에서 유럽연합과 회원국, 시민단체와 비정부기구 등 다양한 행위자의 협력과 조정은 매우 중요하게 부각되었다. 특히 여성주의적 시각을 가진 페모크라트와 유럽의회 의원, 젠더 전문가, 유럽시민단체와 여성운동 관련자들이 성주류화의 실행 과정에 적극적으로 참여하여 성평등을 실현하는 데 지속적으로 협력해야 한다는 주장들이 제기되었다(Woodward, 2004).

넷째, 성주류화의 결과를 평가하기 위한 수단으로 성주류화가 의도한 목표를 효과적으로 달성했는지를 파악하기 위해 모니터링과 감사 등 다양한 방법이 동원되고 있다. 젠더평등의 발전과 진전에 대한 모니터링과 보고서 제출을 통해 회원국들은 각국의 상황에 따라 체계적인 젠더 분석도구를 개발하여 성주류화의 집행 결과에 대한 평가 작업에 활용하고 있다.

3. 유럽고용전략과 성주류화정책의 적용

유럽연합의 경우 법적·제도적 측면에서 성주류화정책을 공동체의 주요 정책으로 인식하고 있으며, 여성정책의 의제 설정에서부터 결의 사항 그리고 집행에 이르기까지 여러 다양한 행위자들이 참여를 유도하고 복잡한 이해관계를 조정하는 역할을 수행하고 있다. 그럼에도 불구하고 유럽연합의 회원국 간의 정치적·경제적 차이에 따라 여성의 지위와 권익에 차이가 존재하는 것도 사실이다.

유럽연합의 모든 정책과 기구에서 성인지적 정책을 실현하는 것뿐만 아니라 성주류화정책이 여성의 실질적인 지위 향상과 권익 증진에 얼마나 기여하고 있는지 평가할 필요가 있다. 유럽연합이 성주류화를 제도화하고 이를 현실 정치에 적용하면서 노동시장정책에서의 여성정책을 성인지정책으로 패러다임 전환할 것을 요구한 것이 하나의 예가 될 수 있다(Kantola, 2010: 141).

특히 유럽연합은 공동체 차원에서 조정과 합의가 어려운 영역에서 모든 회원국에 의해 수용될 수 있는 정책적 기반을 마련하고 있다. 유럽연합은 다양한 기구 및 정책 네트워크와 정책 결정 과정에 참여하는 행위자들 간의 상호적이고 다차원적인 정책 조율과 개발을 도모하는 데 중요한 역할을 수행하고 있다.

이 과정에서 각 회원국은 상호 학습하고 정확한 정보를 제공받게 된다. 회원국들은 상호 점검과 평가 과정 및 정책의 효율성에 대한 소통 과정을 통해 시스템의 작동 과정을 면밀하게 고려할 수 있게 된다. 각 국가의 사회경제적 환경 변화를 고려하는 일련의 과정을 통해 결과적으로 유럽 차원의 가이드라인의 범위가 확대되고 고용 및 남녀 평등 문제의 기능적 구조에 대한 이해는 넓어지게 된다.

유럽집행위원회는 성주류화의 실행 및 유럽 차원의 젠더이슈를 다루는 과정에서 지대한 권한을 행사하는 행위자이다. 2003년부터 유럽집행위원회는 고용에 대한 성별 차이, 실업률, 성별에 따른 임금 격차 등 성평등에 관한 보고서를 발표함으로써 통계적 입증 자료를 토대로 성주류화의 성과를 보고하고 있다.

유럽 차원에서 목표를 설정하면 유럽이사회가 합의하는 과정에서 성주류화는 역내 고용 창출, 실업률 감소, 남녀의 불평등 및 차별 감소에 대한 가이드라인과 목표를 통해 회원국 간 경쟁을 도입하게 된다. 이러한 과정을 통해 성주류화는 남녀의 기회 균등이나 적극적 조치를 넘어 유럽 차원에 존재하는 남녀의 성역할 및 편견을 극복할 수 있으며, 보다 민주적이고 성평등한 유럽으로 변화되는 과정에서 중요한 역할을 수행하고 있다(Rubery, 2005).

유럽연합은 암스테르담 조약 제8장에 고용의 장을 신설하고 고용과 사회 통합을 달성하기 위한 필수 조건으로 성평등을 인식하고, 성주류화와 여성의 노동시장의 참여를 증진하기 위한 특별 조치의 필요성을 강조하고 있다. 이 과정에서 유럽연합 회원국들은 성주류화 문제를 국가개혁 프로그램(national reform programmes)에 도입해 성평등 관점을 강화하고 성주류화의 실현을 위한 유럽 차원의 거버넌스를 강화하는 데 중요한 역할을 수행하고 있다.

고용정책에서 여성의 일가족양립정책은 1997년 채택된 유럽고용전략(European Employment Strategy)의 핵심 사항이다. 유럽고용전략은 1997년 룩셈부르크 이사회에서 제기된 유럽고용정책의 조화를 시도한 전략으로, 유럽연합의 지속가능한 성장에 초점이 맞춰져 있다.

여성의 경제활동참가율 증대와 유럽 차원에서의 일가족양립정책을 제도화하기 위해 유럽연합 차원에서 고용가이드라인(employment guideline)이 수립되었다. 회원국이 수행해야 할 개혁 프로그램, 회원국 상호협력 고용 보고서, 특정 국가에 해당되는 권고안, 유럽연합의 연례 진행 보고서 등 다양한 형식을 통해 남녀의 동등 기회 보장을 실현하기 위해 고용가이드라인에 성주류화가 실질적으로 적용될 수 있도록 했다.

이를 통해 유럽연합은 고용률과 실업률에 대한 성별 간 격차(gender gap)를 감소시키고 일과 가족 양립을 증진하기 위한 가족친화정책(family friendly policy)이 유럽 차원에서 제도화될 수 있게 했다. 더 나아가 성주류화정책을 유럽고용전략에 구체화해 성평등의 실현이 유럽연합 차원뿐만 아니라 회원국의 고용정책에서도 실현되어야 하는 중요한 과제임을 명확히 하고 있다.

유럽연합의 고용전략은 2000년에 채택된 리스본 전략의 핵심 사항이다. 유럽연합은 지속가능한 경제성장, 더 많고 좋은 일자리, 더 견고한 사회통합을 통해 경쟁력 있고 역동적인 지식기반구축을 위해 유럽 여성의 고용률을 2005년 57%까지, 2010년에는 60%까지 끌어올린다는 계획을 구체화했다.

단순한 여성 고용률의 확대가 아닌 지속가능한 성장에서 여성의 일과 노동에 대한 인식을 바꿈으로써 기존 젠더 관련 질서와 구조의 변화를 인식론적 차원에서 가져오게 하는 것이다. 남녀에게 동등한 고용 기회와 급여, 대우를 보장하고 있으며 모성보호를 위한 출산휴가 규정, 그 외에도 고용시장에서 여성을 타깃으로 한 가이드라인, 여성에 대한 고정관념을 없애기 위한 프로그램 등 노동시장에서 남녀의 성별 격차를 없애기 위한 다양한 방법들이 시행되고 있다.

더 나아가 신유럽고용전략의 고용정책 가이드라인(2003~2005)[2]은 완전고용, 노동의 질과 생산성 개선, 사회적 통합과 포용의 강화라는 목표를 추진하는 데 성별 격차 감소를 통한 성평등 촉진이 중요한 우선 과제 중 하나임을 명시했다. 2010년까지 취업률, 실업률, 임금 격차 등 성별 격차를 줄이는 정책이 실시되었다. 이와 함께 일가족양립정책을 통해 모성보호와 육아휴직을 용이하게 하는 정책을 유럽 차원에서 체계적으로 시행하도록 할 수 있는 제도적 기반을 마련하는 데 주력했다.

여성의 고용을 창출하고 일과 가족의 양립을 가능하게 하는 정책의

2 Council Decision of 22 July 2003 on Guidelines for the Employment Policies of the Member State(2003/578/EC), OJ L 197 of 5. 8. 2003. "The Employment Policy Guidelines(2003-2005)" http://europa.eu/legistlation_summaries/employment_and_social_policy/community_employment_policies/c11319_en.htm#(검색일: 2015.11.1).

일환으로 보육의 국가 책임을 강화하는 정책으로의 전환이 이루어졌다. 2010년까지 최소한 3세부터 의무교육 대상 아동의 90% 이상, 3세 이하 자녀의 33% 이상이 공적 영역에서 양육 서비스를 받을 수 있게 하는 바르셀로나 목표를 강조했다.

바르셀로나 목표는 유럽 차원에서 육아보육지원을 목표로 하는 것으로, 이에 따라 유럽연합 회원국들은 공적 보육시설을 확충하고 육아지원시설 및 서비스를 개선하기 위한 목표와 기한을 설정했다. 다양한 조치들이 도입되어 실행되면서 바르셀로나 목표를 충족하지 못하는 회원국이 등장했으나, 유럽연합의 아동 육아지원 목표의 중요성을 공유하고 이에 대한 관심을 불러일으켜 국가의 적극적인 개입이 이루어졌다는 점에서 긍정적적으로 평가되었다.

2005년 7월에는 성장과 고용을 위한 통합가이드라인(Integrated Guidelines for Growth and Jobs Policy 2005~2008)[3]이 채택되었다. 이를 통해 유럽연합은 노동시장에 존재하는 구조의 문제를 해소하고 성평등을 실현하는 문제가 노동시장에서 발생하는 문제를 해결하는 데 근본적인 이슈임을 강조하고 고용 관련 정책에 성주류화를 실현할 것을 적극적으로 피력했다.

2006년에는 유럽연합의 'EU 성평등협정(the European Pact for Gender Equality)'[4]이 채택되었다. 성평등협정은 고용정책에서의 성주류화의 제도화를 위해 여성 고용 촉진, 성별 격차 감소, 친여성적 복지 시스템 구축, 일가족양립정책의 제도화를 강화할 것을 요구했다.

3 Council Decision of 12 July 2005 on Guidelines for the employment policies of the Member State(2005/600/EC), OJ L 205/21 of 6. 8. 2005.

4 European Council 23/24 March 2006, European Pact for Gender Equality, Presidency Conclusions, 7775/1/06/REV 1.

이듬해인 2007년 유럽집행위원회는 '고용정책의 성주류화 이행을 위한 매뉴얼(Manual for Gender Mainstreaming of Employment Policies)'을 작성해 성주류화 이행을 위한 4단계 방법론을 제시했다. 즉, 편성(getting organized), 젠더 차이 학습(learning about gender difference), 정책영향평가(assessing the policy impact and redesigning policy)를 근간으로 고용정책의 성주류화 실현 방안을 제시한 것이다.

성주류화정책과 관련하여 2010년 채택된 유럽집행위원회의 성평등 로드맵(2006~2010)은 매우 중요한 문건이라 할 수 있다. 이 로드맵은 성평등과 성주류화를 실현하기 위한 과제 중 하나로 일과 가족의 양립을 강조하고 있다. 일과 가족의 양립정책을 통해 남녀의 노동시장으로의 진입 과정에서 불평등을 해소하고 여성 친화적인 작업 환경을 조성하기 위한 목적을 가진 유럽고용전략에서 성주류화는 주요 요소이다.

유럽고용전략은 일과 가족의 양립을 위해 공적 영역에서 아동에 대한 양육 서비스의 지원을 확대하고, 남녀 모두 양육 책임을 평등하게 부담하고, 아버지의 양육휴가를 권장하는 정책을 통해 성주류화의 성공적인 사례로 평가된다.

4. 성주류화정책의 평가 및 전망

이상에서 살펴본 바와 같이 유럽연합의 성주류화정책은 여성을 대상으로 한 정책을 넘어 남녀 모두에게 보다 평등한 사회를 만들기 위해 유럽연합의 모든 정책에 성인지적 관점이 적용될 수 있게 했다. 이러한 성주류화정책은 다음 두 가지 다른 정책 틀 사이의 갈등의 결과를 반영한 측면이 있다(Stratigaki, 2005).

첫째, 공공정책에서의 성주류화의 전환적 역할(transformative role)에 역점을 두는 정책들로, 적극적 조치와 평등 법안을 보완하고 강화하는 역할을 수행한다. 둘째, 성주류화를 기존 정책을 대체하는 성평등 도구로 이해한다. 즉, 여성에게 해택을 주는 적극적 정책들을 지나친 것, 혹은 중복되는 것으로 여기면서 성주류화를 다른 주류 정책 목표에 봉사하는 데 사용한다. 두 개의 정책 간의 갈등의 결과가 유럽 차원에서 우선적인 관심 영역인 유럽고용정책에서 성주류화가 이루어졌다는 지적은 일정 부분 맞다고 할 수 있다(허라금, 2008: 65).

그러나 유럽연합의 성주류화는 기존 유럽연합의 남녀 기회균등정책과 성평등정책을 대체하는 것이 아니므로 현재의 구조에서 발생할 수 있는 제도 및 조직의 전환이 성평등을 실현하는 데 필요하다. 더 나아가 결과적으로 기존의 성평등 정책인 형식적 평등과 정책의 전환을 가능하게 하는 전략이라는 점은 강조되어야 한다.

앞서 살펴본 유럽고용전략의 성주류화 과정을 보면 유럽연합 회원국의 고유 권한 사회정책 영역인 고용정책 영역에서 성주류화의 젠더화를 통해 노동시장에서의 성평등을 넘어 보다 광범위한 젠더화된 관행, 사회적 시민권으로서의 성평등을 목표로 여성권의 개념이 확대된 과정을 살펴볼 수 있었다.

유럽연합의 성주류화정책은 기존 적극적 조치를 통한 성주류화 대신 다양한 차별을 포괄하는 정책으로 방향을 선회하면서 결과적으로 성평등정책들을 해체하는 결과를 가져왔다(Stratigaki, 2005)는 비판도 제기되고 있다. 그러나 성주류화정책은 유럽연합 내 성평등을 실현하는 전략으로서 기존의 평등정책과의 균형 속에서 통합적인 이론과 정책의 토대를 구축했을 때 성공적으로 수행될 수 있기 때문에 기존의 성평등정책을 해체하기보다는 서로 보완하고 점증적으로 발전하는 제도의 진화로 설명할 수 있다.

또한 기존의 여성정책이 젠더적 시각에서 여성의 불평등 문제를 우선순위에 두었다면, 유럽연합에서 성주류화는 젠더 관계를 정책 대상으로 삼아 정책을 수립하고 진행하는 과정에서 남녀의 평등한 권리와 참여를 보장하고 남녀의 특성과 경험, 역할의 차이, 기대와 요구를 공평하게 반영하여 젠더적 관점을 주류화하려는 정책이라는 점이다. 따라서 정책 환경과 정책 분야에 따라 어떠한 관점과 전략이 강조되고 선호되는지는 다를 수 있다(Stratigaki, 2005).

성주류화정책은 근본적으로 젠더평등 실현이라는 정책 목표를 지향하며, 이러한 목표를 달성하기 위해 다양한 여성정책 중 어떠한 전략을 선택할 것인지는 유럽연합의 다양한 기구와 정책뿐만 아니라 유럽 공동체 구조 전체가 남녀평등하게 변화되는 전환적 의미를 갖는가의 문제와 연계되며 결국 서로 갈등 관계나 기존의 여성정책을 대체하는 것이 아니라 상호보완하고 공존하는 관계임을 인지할 필요가 있다.

유럽연합의 젠더정책이 남녀의 기회균등정책에서 적극적 조치로의 전환, 더 나아가 성주류화정책으로 발전했다(Rees, 2005: 557~558). 기회균등정책과 적극적 조치가 남녀의 경험을 기반으로 하여 수선하기(tinkering), 재단하기(tailoring)라면, 성주류화정책은 여성의 불평등을 해소하고 여성을 배제하는 사회적 구조를 변화시키고자 한다는 점에서 기존의 젠더 질서와 구조의 변화를 요구하는 방향을 갖는다.

유럽연합의 특수성이라는 측면에서 유럽 통합 과정에서 민주주의의 결핍 문제를 해결하는 과정과 성주류화 관련 국제적 규범의 수용 및 확산 과정에서 이루어진 유럽연합 성주류화정책의 제도화는 변화되지 않는 젠더 관계의 기본적인 구조의 변화를 목표로 한다는 점에서 지배적 가치와 규범의 변화를 가져올 수 있는 전략임과 동시에 실질적인 평등을 구현할 수 있는 적극적인 수단이다.

모든 영역에서 정책의 수립과 실행, 평가에 젠더 관점을 통합하려는 성주류화는 기존 여성정책들의 목표를 승계하면서, 정책의 영역을 넓히고 정책의 전 과정에 개입하는 것이다. 이러한 점에서 성주류화는 유럽연합 내에 존재하는 다양한 젠더레짐의 차이와 각 회원국의 젠더 관계의 상이성에도 불구하고 기존 젠더 관계의 기본 틀과 구조가 유럽 내에 존재하는 불평등한 젠더 관계를 대변한다. 또한 이러한 구조가 기존의 젠더 관계를 유지하고 재생산하는 원인이라는 점에서 모든 정책 영역에서의 젠더 관점의 통합을 책임질 주체로서의 여성의 위치를 중요하게 부각시켜야 한다.

그렇다면 유럽연합 성주류화정책의 발전 방향은 어떻게 전망할 수 있을까? 성주류화정책이 유럽 통합이 진행되는 과정에서 중요한 정책 영역 중 하나로 자리매김하고 있다는 점에서는 정책의 성과와 평가에 긍정적인 점을 먼저 제시해야 한다. 특히 성주류화정책은 여성을 대상으로 하는 많은 정책과 조치들을 넘어서 유럽연합의 고용 확대정책 및 성장정책과 맞물려 유럽 차원의 정책 및 입법 과정에도 지대한 영향을 미치고 있다고 할 수 있다. 따라서 유럽 통합의 진전과 경제적·사회적 발전과 유럽 사회의 연대와 응집력을 강화하는 데 성주류화정책은 유럽연합이 직면하고 있는 다양한 사회경제적 변동의 위기 속에서 가장 본질적인 정책의 하나로 인식되고 있다는 점은 분명하다.

유럽연합의 성주류화정책은 유럽연합의 기본 목표인 경제적 성장을 촉진하고 경쟁력을 강화하며 더 나은 직업과 사회적 응집력을 창출하기 위한 정책의 한 부분이라 할 수 있다. 이러한 점에 강조점을 두고 회원국들이 성평등정책을 추진할 수 있도록 지원하는 법적 조치뿐만 아니라 제도적 정비 나아가 재정지원과 행동 프로그램 등 성주류화 원칙을 기초로 공동체의 모든 정책과 활동에 성평등적인 인식을 불어넣는 것을 정책의 기조로 발전시켜야 한다.

먼저 고용정책 면에서 유럽연합의 성주류화를 통해 남녀 사이에 존재하는 고용, 실업률, 임금의 격차를 줄여나가는 데 보다 많은 노력을 강구해야 한다. 2016년 유럽연합 25개국 전체의 여성 고용 비율은 63.5%로 남성 고용 비율인 75%에 비해 11.5%나 낮다. 또한 2017년 유럽연합의 평균 실업률은 8%이다. 여성의 실업률은 9.5%인 데 비해 남성의 실업률은 7.5%로 여성의 실업률이 조금 더 높게 나타났다. 남녀의 임금 격차를 보면, 동일노동 동일임금 정책은 유럽공동체가 출범할 때부터 유지되어온 기본 원칙 가운데 하나다. 그럼에도 불구하고 여성의 임금은 남성의 임금에 비해 현저히 낮았다.

최근의 통계에 의하면 25개국 유럽연합 회원국 내에서 남녀 임금 격차는 여전히 많게는 25%에서부터 적게는 5%에 이르는 것으로 나타났다. 유럽연합 평균은 2004년 15%로 아직 상당한 격차가 존재한다. 이러한 격차의 원인으로는 고용 분야에서 남녀 간에 차이가 있다는 것, 교육과 직업훈련에서의 남녀 간 차이, 임신 및 육아로 인한 경력의 중단 등이 있다.

또한 여성의 고용 구조의 불평등성은 여전히 존재한다. 여성은 남성보다 파트타임직에 많이 종사하고 있다. 남성 고용 인구 중 파트타임 종사자는 6.6%인 데 비해 여성의 경우 30.4%다. 노동시장에서의 불안정성은 임금 관계에서의 불평등으로 나타나 여성의 임금 수준은 남성보다 낮다고 할 수 있다.

더 나아가 성주류화정책을 통해 유럽연합의 정책 결정 과정에서 보다 많은 여성의 대표성을 확보하고 정치 과정에서의 성평등을 실현해야 한다. 노동시장 전체적으로 여성의 참여가 낮지만 특별히 고위직 또는 정책 결정 과정에서 여성의 참여는 더욱 증진되어야 한다.

여성의 정치적 대표성의 확대와 보장은 공적·사적 영역에서 여성의 대표성을 보장하여 남녀의 동등성을 확보하는 것뿐만 아니라 유럽연합이 보다 민주적으로 되기 위해서라도 반드시 이루어야 할 과제이다. 그러나 이 분야는 법적인 강제로 이루어지기가 어렵기 때문에 유럽연합은 유럽 통합 과정에서 정책 결정 과정에 남녀의 동등한 대표성을 확대하기 위한 다양한 정책을 채택했다.

이 밖에도 성주류화정책은 여성의 일가족양립 및 균형을 보장하는 데 기여해야 한다. 여성 고용을 진작시키면서 남성들이 가정생활에서 보다 많은 책임감을 갖도록 촉구하고 있다. 가정과 일을 조화롭게 영위하도록 하는 것은 결국 여성의 임금노동 활동을 늘리는 것이며, 동시에 빈곤의 위험을 줄임으로써 사회의 구성원으로서 적극적으로 활동하게 하는 일이다.

일가족양립 문제는 저출산 및 고령화 문제를 해결하는 과정에서 여성의 노동권에 대한 보장과 육아에 대한 국가의 지원을 강화하는 것으로, 여성이 임금노동에 참여할 수 있도록 접근 가능하고 양질이면서 저렴한 육아지원 서비스를 마련하는 것과 남성이 여성과 마찬가지로 육아에 대한 공동의 책임을 진다는 점을 인정하는 것이라는 점에서 그 의미가 중요해지고 있다.

유럽연합 성주류화정책의 성과를 살펴보면, 우선 유럽 차원에서 법률적 근거를 마련하고 회원국의 국내법에의 적용을 위한 정당성을 제공했다는 점을 들 수 있다. 그 결과, 정치 및 경제, 사회발전 정도에 있어 회원국 간에 상당한 편차가 있음에도 불구하고 각국의 성평등 법률이 일정 정도의 수준에 도달할 수 있는 기반을 마련했다.

또한 성주류화는 유럽연합 회원국의 민주화, 현대화를 가속화함으로써 성평등 실현에 유리한 여건을 조성했다. 아울러 유럽연합에서 결정하는 각종 결의안 및 행동 프로그램들은 법적 구속력은 적지만 각국의 성평등 개념을 확대하는 데 긍정적으로 작용했다. 특히 성주류화정책은 그동안 공동체가 등한시한 영역인 성폭력 및 인신매매 등 젠더에 기반한 폭력과 여성뿐만 아니라 인종, 민족, 성 등에 따라 발생할 수 있는 다층적 차별 영역으로까지 여성 문제를 확산하는 데 기여했다.

이러한 정책적 성과와 함께 유럽연합은 유럽 여성들 간의 네트워크를 형성하고 교류를 증진시켜 유럽 여성으로서의 정체성 형성과 세력화에 기여했다. 유럽연합은 정책수립 과정에 각종 사회단체, 노동조합, 생산자 단체, 전문가 단체 등 공공 및 이익 단체를 참여시킴으로써 정책에 대한 합의와 정당성을 확보해왔다. 이러한 참여정책의 일환으로 유럽위원회와 여성권한위원회는 유럽 여성들 간의 네트워크 형성을 지원하고 있다.

유럽공동체를 통한 성주류화정책의 성과에도 불구하고 많은 연구자들은 성주류화정책이 경제적 측면에 국한된 평등 개념만을 포함하고 있으며, 불평등과 차별이 발생하는 근본적인 원인을 간과하고 있다는 점을 지적하고 있다. 남녀의 기회 균등만으로는 여성이 처한 불평등을 해결할 수 없다고 비판한다.

성주류화 전략의 부작용을 비판하는 목소리도 높다. 즉, 성주류화 전략은 새로운 정책 영역으로 여성 문제를 확산하는 데 기여한 반면, 여성 문제를 모든 사람의 책임이지만 누구의 일도 아닌 결과를 가져왔으며, 오히려 대다수 회원국의 경우 주류화 전략이 여성을 위한 특별 예산의 삭감과 적극적 조치의 축소 등으로 이어졌음을 지적하고 있다.

이러한 한계는 유럽공동체 형성의 주된 목적이 시장의 확대 등 경제적 이익의 극대화에서 비롯되었으며, 많은 학자들이 유럽공동체의 '민주성 결핍', '시민권 결핍'을 지적했듯이 유럽 차원의 사회정책 수립 및 사회적 시민권에 대해서는 별다른 진전을 이루지 못했다는 점에 기인한다. 성주류화정책 역시 유럽공동시장의 형성과 노동시장의 재조직화 등 경제적 효율성의 견지에서 수립되어 여성을 노동시장에 통합시키기 위한 효율적인 정책으로 작용하는 결과를 낳았다.

사실상 유럽연합의 법적 구속력은 여성의 동등한 노동권, 그중에서도 정규 여성근로자의 권리 보호에 한정되어 있다는 것이 비판적 학자들의 일반적인 견해이다. 특히, 세계화와 더불어 유럽연합의 평등기회정책은 노동시장의 개혁과 노동비용의 절감을 통해 유럽의 경쟁력을 증진시키기 위한 방향으로 진전되었다. 즉, 탄력근무 및 계약직 등 비정규 근로형태를 통해 직장과 가사 문제를 해결하고 여성을 유연한 노동 자원으로 활용하기 위한 것이었다는 지적도 제기된다.

생각해볼 문제

1 유럽연합은 성주류화 전략과 성인지적 관점을 기반으로 유럽연합의 모든 시스템, 구조, 정책, 프로그램, 과정에 있어서 성주류화정책을 체계적으로 통합·실행하여 성평등을 실현하는 데 주도적인 역할을 수행하고 있다. 유럽연합이 성주류화정책을 수행하게 된 배경을 설명해보자.

2 유럽연합 성주류화정책의 수단과 방법에 대해 구체적으로 설명하고, 유럽연합 성주류화정책의 발전 방향을 어떻게 전망할 수 있을지 의견을 제시해보자

3 유럽연합의 성주류화정책에 대한 페미니스트들의 비판에 대해 논의해보고, 제기되는 문제점에 대한 유럽 차원의 해결 방안에 대해 논의해보자.

더 읽을거리

1 Bretherton, Charlotte. 2005. "Gender Mainstreaming and EU Enlargement: Swimming Against the Tide?" *Journal of European Public Policy*, Vol.8, No.1, pp.60~81.

2 Rai, Schirin M. (ed.). 2003. *Mainstreaming Gender, Democratizing the State?* Manchester and New York: Manchester University Press.

3 Schmidt, Verena. 2005. *Gender Mainstreaming – an Innovation in Europe? The Institutionalisation of Gender Mainstreaming in the European Commission*. Opladen: Budrich.

제7장

유럽연합과 정치적 대표성

유럽연합에서 여성의 정치적 대표성 문제는 유럽 통합의 정당성 및 민주성과 연관되어 중요한 의미를 갖는다. 여성과 남성의 동등한 대표성을 확보하기 위해 유럽연합과 그 회원국들은 다양한 장치를 마련하고 있다. 그러나 유럽 통합의 심화와 확대 과정에서 젠더 불균형 및 다양성 문제는 점차 확대되고 있다.

여성의 대표성 증진을 위한 회원국 차원에서의 자발적인 조치에도 불구하고 유럽연합의 주요 의사결정 과정 및 유럽연합의 기구에서 여성의 참여는 남성에 비해 낮은 편이다. 유럽연합에서 여성의 정치적 대표성이 낮은 이유는 회원국의 정치적·경제적 환경이라는 변수뿐만 아니라 다양한 선거 방식과 공천 과정, 정당 구조 등 정당적 요인이 존재한다.

* 이 장은 ≪아시아여성연구≫, 제53권 2호, 7~43쪽에 실린 「유럽연합과 정치적 대표성의 젠더화」를 수정 및 재구성한 것이다.

유럽연합 내 다양한 국가들은 다양한 선거제도와 정치적·경제적·맥락적 차이를 통해 다른 젠더 관계를 구현하고 있으며, 이러한 다양성과 차이에서 비롯되는 젠더 불균형과 여성의 낮은 대표성과 정치 참여는 그대로 유럽연합의 제도와 기구에서 여성의 대표성과 연계되어 여성이 남성보다 낮은 정치적 대표율을 보이고 있는 것이다.

여성의 정치적 대표성 확대 문제는 그동안 여성의 정책 결정 과정에서의 참여를 확대하는 데 있어 가장 빠른 경로(the fast track)라 할 수 있는 할당제의 유의미성을 통해 지속적으로 논의되어왔다(Krook, 2009: 4). 할당제라는 제도적 장치를 통해 남성 중심적 정치 영역에서 여성의 대표성을 단기간에 변화시킬 수 있다는 점에서 여성정치할당제는 여성 의원의 수를 확대하는 데 가장 효과적인 수단이며, 정치 영역에서 여성의 더 많은 대표성을 확보하는 과정에서 여성들의 이해관계와 입장이 반영된 입법 활동과 정책을 통해 여성의 실질적인 삶의 변화를 가져올 수 있는 제도라 할 수 있다(Bacchi, 2006; Drude, 2006).

그러나 단순한 수적 확대만으로는 기존 남성 중심적인 정치 구조와 문화를 바꾸기에는 역부족이다. 여성정치할당제의 실효성 및 효과를 모색하는 과정에서 숫자를 넘어서 실질적인 여성의 대표성 확대 방안에 대한 전략적인 고민이 절실하게 요구된다. 더 나아가 여성정치할당제를 통해 젠더평등에 대한 견고한 인식론적 틀을 마련하고 사회적 합의를 만들어갈 수 있는지 새로운 사고의 전환이 필요한 시점이다(박채복, 2014: 247).

여성정치할당제가 여성의 대표성을 얼마나 증대시켰는지의 문제에 답하기 위해서는 여성 정치인 공천 과정의 민주성뿐만 아니라 여성정치할당제와의 상관관계에 대한 논의(김민정, 2012a; 김원홍, 2012; 오미연·김기정·김민정, 2005)를 비롯해 다양한 관점에서 평가가 이루어져야 한다. 또한 여성의 정치 참여 증대 및 할당제의 실효성을 확보하기 위해서는 민주주의 및 젠더평등을 실현하고자 하는 사회 전반의 인식 변화가 수반되어야 하며, 이에 따른 젠더 관계의 변화가 함께 이루어져야 한다.

이 장에서는 유럽연합의 여성의 정치적 대표성 문제를 중점적으로 다뤄보고자 한다. 여성의 정치적 대표성의 제도화를 알아보기 위해 다음과 같은 두 가지 점을 중점적으로 분석해보고자 한다.

첫째, 유럽 통합의 한 주역으로서, 유권자로서, 정치 엘리트로서 여성은 남성과는 다른 정치적 견해를 가지고 있으며, 유럽연합의 정치체제에 대해서도 남성과는 다른 접근을 하고 있다. 이러한 점에서, 유럽이사회(European Council), 유럽각료이사회(Council of European Union), 유럽집행위원회(European Commission), 유럽의회(European Parliament), 유럽사법재판소(European Court of Justice)를 중심으로 유럽연합의 기구에서 여성이 얼마나 대표되고 있는지 알아보고자 한다.

둘째, 유럽연합에 존재하는 다양한 기구에서 여성의 대표성 현황에 대해 살펴보고, 여성이 유럽연합에 얼마나 참여하게 되었는지 그 발전 과정을 추적해보고자 한다. 이 과정에서 유럽연합에서 여성의 대표성이 낮은 이유는 무엇이며, 유럽 차원에서 이를 해결하기 위해 어떠한 논의가 계속되고 있는지 알아보고자 한다.

1. 왜 여성의 정치적 대표성이 중요한가

1) 유럽연합 회원국 여성의 대표성

유럽연합 회원국에서 여성의 의회 진출률을 보면, 국가마다 차이가 있지만 평균 24%를 나타내고 있다. 이는 유럽의회에서 여성 의원의 비율인 35%보다 낮은 비율이다. 여성의 입법부에의 참여가 가장 높은 유럽연합 회원국은 스웨덴으로 47.3%로 나타났으며, 몰타가 8.7%로 가장 낮았다.

스웨덴을 이어 핀란드(42.5%), 네덜란드(40.7%), 덴마크(39.1%), 벨기에(38%), 스페인(36%), 독일(32.9%), 슬로베니아(32.2%), 포르투갈(28.7%), 오스트리아(27.9%), 룩셈부르크(25%), 폴란드(23.7%), 라트비아(23%), 영국(22.3%), 체코(22%), 이탈리아(21.6%), 불가리아(20.8%), 에스토니아(19.8%), 리투아니아(19.1%), 프랑스(18.9%), 그리스(18.7%), 슬로바키아(16%), 아일랜드(15.1%), 루마니아(11.2%), 사이프러스(10.7%), 헝가리(8.8%) 순으로 나타났다.

여성의 대표율이 높은 스웨덴의 경우, 의회에서 여성 의원의 비율은 47.3%로, 북유럽 및 서유럽 국가들의 경우 비교적 높은 여성의 대표율을 보이고 있다. 북유럽 국가들의 경우 여성의 경제활동참가율이 높고 일과 가족을 양립할 수 있는 여성 친화적인 젠더정책의 제도화가 일찍부터 이루어졌다. 이들 국가들은 평등한 젠더 관계에 대한 사회적 욕구가 큰 국가들이라 할 수 있다.

반면, 동유럽 국가들의 경우 북유럽 국가들에 비해 여성의 의회 진출률이 낮고, 여성의 정치적 참여가 낮은 정치적·사회적 환경은 유럽연합에서 여성의 낮은 대표성의 원인을 제공한다. 유럽연합 회원국 사이에 여성의 정치적 대표성에 차이를 보이고 있다.

특히 경제 분야에서 여성의 대표성은 정치적 영역에 비해 낮은 것으로 나타났다. 유럽집행위원회는 2013년 10월 의사결정 과정에서 남녀의 리더십을 조사하기 위해 유럽연합 회원국에서 공식적으로 상장된 610개 대기업을 조사했는데, 그 결과 여성 임원의 비율은 17.8%로 나타났다.

유럽연합 28개 회원국 가운데 핀란드(29.8%), 프랑스(29.7%), 라트비아(28.6%), 스웨덴(26.5%), 네덜란드(25.1%)만이 여성 임원의 비율이 25% 이상으로 나타났다. 그러나 유럽연합 전체로 볼 때 기업에서 여성 임원의 비율은 매우 저조하다. 기업의 이사회에 여성의 참여율은 이것보다 더 낮은 14% 정도이다. 특히 최고 경영자의 경우는 100명 중 남성은 96.8명, 여성은 3.2명으로 나타났다(European Commission, 2013: 6~8).

주목할 점은 이러한 결과는 최근 젠더정책 중 여성의 대표성 문제가 우선순위를 차지하는 의제로 부각되면서 유럽집행위원회가 유럽연합의 정책 결정 과정에서 남녀의 동등한 대표성을 보장하기 위해 다양한 조치를 취했기 때문이라는 점이다. 다시 말해 유럽연합 차원에서 여성의 정치적 대표성을 증대시키기 위한 다양한 정책과 프로그램이 운영되었고, 그 결과 각 회원국에서 여성의 대표성이 일정 정도 높아졌다는 점이다.

2) 유럽집행위원회의 이니셔티브

유럽집행위원회는 2011년 들어 유럽 차원에서 여성의 대표성을 증진시키기 위한 일환으로 여성 부집행위원장인 비비안네 레딩(Viviane Reding)의 주도하에 유럽의 상장기업에 젠더 균형을 위한 자율적 규제(self-regulation)를 자발적으로 실시할 것을 요구했다. 나아가 2012년 11월에는 여성 임원의 비율을 2015년까지 30%, 2020년까지는 40%까지 목표로 하는 절차상 할당(procedural qouta)을 내용으로 하는 보고서를 통과시켰다.

여성에게 보다 공평한 기회를 부여할 수 있는 정책을 추진하는 기틀을 마련했다. 그 결과 앞서 살펴본 대기업 임원의 여성 비율이 2003년 8.5%에서 2010년 11.9%로 높아졌다. 2011년 절차상 할당제를 자발적으로 시행한 결과 2013년에는 17.8%로 여성 임원의 비율이 급격하게 증대되었다.

유럽연합 차원의 공동의 젠더정책의 수행을 통해 각 회원국의 젠더 관계의 변화가 초래되면서 유럽집행위원회의 최근 행보를 보면 여성의 대표성의 실질적인 증진을 위해 보다 현실적인 전략을 제시하고 이를 적극적으로 수행하고 있음을 알 수 있다. 또한 유럽연합의 이와 같은 정책이 여성의 정치적 대표성을 증진시키는 데 기여한다는 점에서 의미하는 바가 크다.

유럽연합 내에 존재하는 다양한 국가들 사이의 젠더 관계와 젠더정책의 차이점과 다양성에도 불구하고 유럽연합은 유럽 차원의 공동의 젠더정책을 통해 젠더 관계에 대한 의제 설정 과정뿐만 아니라 성평등에 대한 인식의 변화를 주도하고 있다. 더 나아가 개별 국가 차원에서 해결이 어려운 젠더이슈들을 유럽연합 차원에서 함께 해결책을 논의하고 결정하는 데 중요한 역할을 수행하는 행위자로 인식되고 있다.

유럽연합 젠더정책의 유럽화 과정에서 유럽 차원의 젠더정책의 제도화라는 성과가 만들어지고 있다. 유럽연합의 젠더와 관련된 결정들을 수용하는 과정에서 젠더정책에 가장 중요한 역할을 수행하는 유럽집행위원회의 정책의 결과 이전보다 진전된 여성의 대표성을 확보할 수 있게 되었다.

따라서 여성의 정치적 대표성의 증진과 보장의 문제는 유럽 통합과 민주화 과정에서 발생할 수 있는 다양한 종류의 차별을 철폐하고 유럽 통합의 정당성과 민주성을 담보하는 데 매우 중요하며 유럽 통합의 성공을 가늠하는 사회의 민주화와 변혁에 직결되는 중요한 이슈라고 할 수 있다.

2. 이론적 논의: 유럽연합과 여성의 정치적 대표성

1) 유럽연합 차원에서 여성의 정치적 대표성 논의

유럽연합의 젠더정책 및 젠더이슈에 대한 다양한 연구가 진행되었다. 그러나 유럽연합 내 젠더와 여성의 정치적 대표성 및 정치 참여와 관련된 연구는 여타의 젠더이슈와는 달리 주목받지 못했다.

개별 회원국 차원에서 여성의 대표성 및 여성의 정치적 참여 증진 방안에 대한 연구가 진행되어왔던 것과는 달리 유럽연합 차원에서 여성의 정치적 대표성에 대한 논의는 상대적으로 적다. 그 이유는 다음과 같이 몇 가지 측면에서 찾아볼 수 있다.

첫째, 유럽연합은 비교정치학에서 많은 수의 국가를 하나의 케이스로 비교할 수 있다는 장점 때문에 선거제도 등 정치제도 연구에서 특히 유용한 연구 주제로 다루어지고 있다. 그러나 개별 회원국들은 각기 다른 정치 문화, 충원 시스템, 국내 정치와 국제 정치의 관계, 여성의 사회진출 현황 및 문제점을 고려하여 서로 다른 선거 방식에 의해서 유럽연합 기구의 대표자들을 임명하거나 선출하고 있다.

이와 같이 선거 및 정치 시스템의 차이뿐만 아니라 선출 방식의 차이는 각 회원국 정부의 통제하에 있기 때문에, 유럽연합 차원의 노력이 어디까지인지, 그리고 여성 정치인 참여율의 수치가 의미하는 것이 무엇인지를 해석하는 것이 쉽지 않다.

둘째, 유럽연합 기구의 정치적 대표성 문제를 논의하는 과정에서 국가 수준에서 적용되는 모델과 기준들을 유럽연합이라는 초국가적 수준에 그대로 적용하는 것이 가능할 것인지의 문제와 연결되어 있다. 다시 말해 유럽연합은 국가와는 다른 시스템으로 운영되고 있다.

따라서 유럽연합의 대표적 기구는 국가 차원에서의 기구들과는 다른 구조와 운영 원칙을 가지고 있다. 국가 수준과 초국가적 수준에서 여성의 정치적 대표성을 함께 논의할 수 있는지, 비교할 수 있는지의 문제가 남아 있다.

셋째, 회원국의 정부 구조는 입법부, 행정부, 사법부를 통한 삼권분립 구조가 제도화되어 있는 반면 유럽연합의 기구와 조직의 본질과 영향력이 개별 회원국의 기구와 동등하지 않다는 문제가 존재한다. 회원국의 의회가 고유한 입법권을 가지고 있는 것과는 달리 유럽연합의 경우 입법권은 유럽각료이사회가 가지고 있다.

넷째, 개별 국가에는 집행기관인 행정부가 존재하지만, 유럽연합에 하나의 정부는 존재하지 않는다. 대신 유럽집행위원회, 유럽각료이사회, 유럽이사회, 유럽중앙은행과 같은 독립적 기구로 분산되어 있다. 행정부격인 유럽집행위원회는 국가와는 달리 유럽의회에 의해 선출되지 않고, 회원국 정부로부터 선택된 집행위원을 유럽의회가 승인하는 형식을 취하고 있다.

2) 여성의 정치적 대표성의 의미

그렇다면 유럽연합의 정책 결정 및 입법 과정에서 정치 엘리트로서 여성의 수가 증대된다는 것은 어떠한 의미를 가지는 것일까?

여성의 정치적 대표성에 대한 논의와 관련해 앤 필립스(Anne Philips)는 크게 네 가지로 나눠 설명하고 있다(Phillips, 1998). 첫째, 여성 정치인은 정치를 지망하고 있는 여성들에게 역할 모델(role model)이 될 수 있다. 둘째, 입법 과정에서의 여성과 남성의 동등한 대표성은 정의(justice)를 나타내는 상징이다. 즉, 정의의 개념에 입각하여 남녀 모두에게 동등하게 의사결정 과정에 참여할 권리가 부여된다는 것이다. 셋째, 여성은 남성과는 다른 이해관계(interests)를 추구할 뿐만 아니라 정치적 가치관, 사고방식, 행동 양식이 남성과는 확연히 다르기 때문에 여성만이 여성을 대표할 수 있다. 즉, 남성은 여성을 대표할 수 없다는 것이다. 넷째, 여성의 정치적 대표성은 민주주의에 새로운 활기를 불어넣기 위해 필요한 조치이다.

이상의 네 가지 논의에 덧붙여 수잔느 도비(Suzanne Dovi)는 여성의 정치적 대표성과 관련해 두 가지 진전된 주장을 제시하고 있다. 즉, 신뢰(trust)의 개념에 입각하여 여성의 정치적 대표성은 정치제도를 신뢰하는 데 필요하다는 점과 정당성(legitimacy)의 개념에 입각하여 여성 대표자의 존재는 민주적 제도의 정당성을 증대시킨다는 점을 제시했다(Dovi, 2007).

(1) 젠더적 시각

유럽연합에서 여성의 정치적 대표성이 중요한 이유는 젠더적 시각과 민주주의적 시각이란 두 측면을 중심으로 논의해볼 수 있다.

먼저 젠더적 시각에서 볼 때, 유럽연합의 정책 결정 과정에서 수적으로 남녀의 대표성이 보장되어 젠더 균형이 이루어진다는 것은 여성의 이해관계와 여성적 관점이 정치 체계에 투입되어 정책 결정 과정에서 여성주의적 시각과 구상이 반영될 수 있다는 점에서 매우 중요하다.

선출된 여성들은 여성의 의견을 가장 잘 대표한다는 관점에서 정책 결정 과정에 실재로 참석한다는 의미인 참석 정치(politics of presence)를 구현할 수 있기 때문이다(Phillips, 1998). 따라서 정치 영역에서 실질적인 평등을 달성하기 위해서는 정치적 권리의 평등을 넘어서 결과의 평등, 더 나아가 수적인 평등이 필요하다 할 수 있다.

또한 일단 여성이 선출되면 이들은 다른 여성의 역할 모델이 되는 새로운 역할 모델을 통해 유럽 정치에 새로운 구상과 역할 모델을 투입함으로써 전통적인 정치 개념과 패러다임을 변화시킬 수 있다는 것이다. 보다 많은 여성 참여의 당위성을 부여하고 있다는 점에서 의미가 있다.

다시 말해 여성 정치인이 남성 정치인에 비해 젠더이슈에 더 관심을 가지고 있으며, 성별 간에는 정치적 가치관, 사고방식, 행동 양식에서 차별화된다는 점에서 여성의 정치적 집단화가 가능하며 여성의 권익을 대변할 수 있다(Sapiro, 1981: 703; Tamerius, 1995: 103). 이와 같은 견해는 남성 중심적인 유럽연합의 정책 결정 과정에 대한 비판적·대안적 시각을 제공할 수 있다는 점에서 의미 있는 지적이라 할 수 있다.

(2) 민주주의적 시각

민주주의적 시각에서 보자면, 남녀의 공평한 대표성은 정책 결정 과정에서 여성의 참여를 보장한다는 것, 유권자로서 대표를 선출하는 권리를 행사하는 것, 일상적인 유럽적 통합 이슈에 참여한다는 것 등 유럽연합의 정치인으로서, 유권자로서, 시민으로서 여성의 권리를 보장하고 여성의 정치적 대표성을 보장하는 것을 의미하며, 이는 정당하다고 할 것이다.

대의제 민주주의에서 여성을 정치 영역에서 배제하고 분리하는 것은 민주주의를 훼손하는 것으로 공적 영역에서 배제되어온 여성들의 역사적 경험과 이해를 대변할 여성의 대표성은 보장되어야 마땅하다. 따라서 여성의 정치적 대표성을 보장하는 것은 심의 민주주의의 정책 결정 과정의 확대를 가져올 것이며, 정치에 대한 신뢰를 회복하고 민주주의의 정당성을 확대하는 데 기여할 것이다.

유럽 통합을 성공적으로 수행하는 과정에서 젠더정책은 공동체 내에서 성평등 원칙을 적극적으로 추진함으로써 고용시장에서 여성과 남성이 동등하게 대표될 수 있도록 다양한 법적·제도적 장치를 마련하는 문제만을 의미하지 않는다.

젠더문제는 유럽 통합 과정에서 유럽연합이 직면한 민주주의의 결여 문제와 그 극복의 어려움에 대한 논의이다. 또한 유럽연합을 젠더적 차원에서 논의하는 시도는 유럽적 가치와 정체성의 확립 및 민주적 원칙과 소수의 권리 존중이라는 절차가 작동하는 과정에서 유럽적 연대와 충성심을 창출하는 데 가장 근본이 되는 논의이다.

이러한 점에서 민주주의적 시각에서 여성의 정치적 대표성 확대 문제는 이를 통해 여성의 관심 분야까지 정치체계가 투입할 수 있다는 점에서 의미가 크다 할 수 있다. 여성의 권리를 정치 문화와 정치 영역의 주제를 확장하고 변화시킬 수 있도록 확대함으로써 유럽연합의 민주주의의 결핍을 해소하고 질적인 정치 발전을 가능하게 하는 하나의 대안으로 작용할 수 있는 여지를 부여한다.

이상에서 살펴본 바와 같이 유럽공동체가 직면한 문제들을 해결하고 진정한 유럽 통합과 민주주의를 성취하기 위해 남녀의 평등 및 젠더 문제는 계속적으로 중요한 이슈임에 분명하다. 특히 유럽 통합 과정에서 유럽적 가치와 정체성의 공유를 통한 사회적 연대의 확산과 같은 문제들은 유럽연합의 과거를 돌아보고 현재를 보다 면밀하게 분석하는 데 매우 중요한 테마이다.

동시에 유럽연합의 미래를 전망해보는 데 중요한 시사점을 주는 주제라는 점에서 통합의 정당성을 확보하는 문제라든지, 유럽연합이 안고 있는 민주주의의 결여 문제에 대해 일정 정도의 해답을 제공하는 작업들을 통해 유럽연합을 보다 체계적으로 이해할 수 있다.

3. 여성의 정치적 대표성 확대를 위한 유럽연합의 정책

그렇다면 유럽연합은 여성의 정치적 대표성을 확대하기 위해 어떠한 정책을 추진하고 있는가? 유럽연합은 1957년 로마조약에 '동일노동 동일임금 원칙'을 명시한 이래 유럽 내에 존재하는 다양한 젠더레짐의 근간이 되고 있다.

성평등 문제는 1999년 암스테르담조약을 통해 성주류화정책이 도입됨에 따라 유럽연합의 모든 정책 영역에서 고려해야 하는 기본 원칙임과 동시에 유럽 통합 과정에서 유럽연합과 그 회원국이 이루어야 하는 공통 과제이며 목표이다. 유럽 통합이 진전되는 과정에서 유럽 차원에서 이루어지는 젠더정책은 2007년 발효된 리스본조약을 통해 유럽 내에 존재하는 다양한 영역에서의 젠더 불평등 문제를 적극적으로 해소하고 모든 영역에서의 차별을 철폐하는 평등정책으로 발전하는 성과를 거두었다.

젠더정책의 확대와 제도화 과정을 통해 유럽연합의 젠더정책은 공동체의 조약 차원에서 다양한 젠더이슈를 다루는 과정에서의 정책 변화뿐만 아니라 유럽 차원에서 이루어지는 젠더 관련 지침 및 법안의 입법화 과정을 통해 기존의 남녀의 기회 균등 및 여성에 대한 적극적 조치의 실행을 적극적으로 추진할 수 있는 기반을 마련하게 되었다.

유럽 차원의 젠더정책의 제도화가 수반되는 과정에서 정치 영역에서의 여성의 대표성을 증진하는 문제에 대한 중요성이 더욱더 증대했다. 그뿐 아니라 유럽연합의 의사결정 과정에서 여성의 참여를 증진하고자 하는 노력이 경주되었다. 이와 함께 유럽연합 차원에서 남녀의 동등한 대표성을 보장하기 위한 제도적 노력이 강구되었다.

유럽연합에서 여성의 정치적 대표성 확대를 보장하기 위한 정책이 어떠한 정치적 구조 안에서 형성되었는지 살펴보기 위해서는 유럽연합과 그 회원국 정부 차원에서 정책 결정 과정에 영향을 끼치는 정치적·경제적·문화적 현상을 포함한 국내 정치적 요인에 대한 분석이 필요하다. 이와 함께 여성의 정치적 대표성을 확대하기 위해 유럽연합의 기구에서 어떠한 정책을 채택했고, 여성의 정치적 대표성을 증진시키기 위해 어떠한 수단을 강구하고 있는지에 대한 분석 역시 요구된다.

왜냐하면 유럽연합의 여성의 대표성 증진을 위한 정책적 노력은 회원국의 여성의 정치적 대표성 증진에 긍정적인 시너지를 만들어낼 수 있기 때문이다. 유럽연합과 회원국 정부의 수준에서 보자면, 1970년대 여성운동의 활성화와 페미니스트들의 정치 영역으로의 진출은 유럽 전반에서 여성의 정치적 대표성에 대한 관심을 고조시켰다.

유럽연합 내 남성 중심의 정책 결정 환경은 1976년 남녀의 동등대우를 위한 지침(Equal Treatment Directive)을 형성할 때까지 계속되었다. 이 과정에서 처음으로 페미니스트들이 유럽연합의 정책 결정 과정에 참여하면서 의사정책 결정 과정에서 여성의 정치 참여를 둘러싼 인식들이 급격하게 변화하기 시작했다.

젠더정책이 개별 회원국의 사회정책과 연계되어 있는 특성상 회원국의 서로 다른 이해관계 및 인식과 접근 방법의 차이로 유럽적 차원에서의 합의가 어렵다는 한계가 있음에도 불구하고, 당시 유럽에서 활발하게 전개된 2기 여성운동의 활동은 유럽 차원에서 젠더이슈를 함께 다루고 해결하기 위한 방안을 모색하는 데 긍정적인 역할을 수행했다.

여성 정치인과 관료들, 그리고 여성운동 및 시민단체들은 유럽연합의 의사결정 과정에 압력을 행사했으며, 국가적 차원에서뿐만 아니라 여성운동, 정당 내 여성들, 노조가 협력하여 젠더와 관련된 유럽 차원의 제도화 과정에 적극적으로 참여하게 되었다.

유럽연합에서 여성의 정치적 대표성의 확대를 적극적으로 추진할 수 있었던 또 다른 동력 중 하나는 유엔을 비롯한 국제기구의 영향을 들 수 있다. 특히 1995년 베이징 세계여성대회에서 결정된 성주류화 전략을 적극적으로 수행하기 위해 주요 과제로 여성의 정치적 대표성의 확대가 부각되었기 때문이다. 국제적 규범이 수용되고 적용되는 과정에서 유럽 국가들은 의사결정 과정에서 남녀의 평등한 참여와 이를 저해하는 메커니즘에 대한 개선을 강조하기 시작했다.

정치 영역에서 여성이 남성과 동등한 지위를 확보하기 위한 조치는 여성 정치인에 대한 태도의 변화를 이끌어내기 위한 캠페인과 같은 조치부터, 여성에게 불리하게 작용하는 선거제도의 개혁이라든지, 여성의 정치적 대표성을 확대하기 위해 정당할당제와 같은 특별한 조치 등 여러 다양한 방법이 포함된다.

그러나 가장 효과적인 전략은 여성과 남성이 동수로 대표될 수 있도록 빠른 경로(fast track)를 취하는 것이라는 점에서 단순한 조치가 아닌 유럽 차원에서 여성의 대표성을 확대할 수 있는 법과 제도를 구축하는 것은 매우 중요한 문제였다.

1990년대 이래 유럽연합은 젠더적 시각에서 정책 결정 과정에서 남녀의 균형된 대표성을 보장하기 위한 어젠다를 수용하고 있다. 특히 유럽의회와 유럽집행위원회의 역할은 지대하다.

우선 유럽의회의 직접선거를 계기로 유럽연합 기구로서는 처음으로 유럽의회는 여성의 대표성 문제의 중요성을 강조했다. 또한 유럽연합의 의사정책 결정 과정에서 남녀의 공평한 대표성을 확보하는 문제는 공동체의 지속가능한 민주주의를 강화하는 데 매우 중요하다고 인식했다.

유럽의회는 여성의 대표성 증진을 위한 유럽집행위원회의 정책을 적극적으로 지원했으며, 유럽연합 모든 기구로의 확대에 적극적인 입장을 취했다. 더 나아가 유럽의회는 공동체의 여러 다양한 문제를 결정하고 해결하는 과정에 어떤 집단도 배제되지 않고 참여할 수 있도록 유럽연합 기구에서 여성의 정치적 대표성을 제도화함으로써 유럽공동체 전체의 이해관계를 대변함과 동시에 이를 통해 정책 결정 과정의 민주성과 정당성을 담보해낼 수 있다는 점을 강조하고 있다.

유럽의회와 함께 유럽집행위원회는 유럽연합의 젠더정책 결정에 있어 중요한 행위자이다. 유럽집행위원회는 성평등 및 성주류화정책을 함께 추진하는 이중 정책을 통해 고용과 사회정책 영역에서뿐만 아니라 유럽연합의 모든 영역에서 존재하는 다양한 차별을 철폐하고 유럽연합 내 다양한 젠더 논리를 반영하는 정책을 수행하고 있다.

여성의 정치적 대표성과 관련해서 유럽집행위원회는 1990년대 초반 집행위원회의 정책 결정 과정의 젠더화를 위한 작업의 일환으로 기회균등을 위한 세 번째 행동계획(the Third Action Programme on Equal Opportunity 1991~1995)을 수립하여 공동체의 과제로서 여성의 정치적 대표성을 함께 논의할 수 있는 기반을 마련했다.

또한 유럽연합의 정책 결정 과정에서 여성의 대표성 증진을 위해 다양한 젠더 영역의 전문가를 중심으로 한 네트워크를 결성했다. 젠더 전문가들의 네트워크는 유럽연합의 정책 결정 과정에 압력을 넣고 직접 참여함으로써 진전된 발전을 가져왔다. 이를 근간으로 1992년 아테네성명, 1996년 로마협정을 통해 여성의 정치적 대표성 증진을 위한 유럽연합의 어젠다들이 보다 구체화될 수 있었다.

더 나아가 1996년에는 정책 결정 과정에서 젠더 균형을 달성하기 위한 적극적인 행동을 요구하는 유럽이사회 권고안이 체결되었다. 기회 균등을 위한 네 번째 행동계획(1996~2000)도 채택되었다. 이사회의 권고안이 유럽연합의 정책 결정 과정에서 젠더화에 일정 정도 기여하게 됨에 따라 1999년 유럽이사회는 권고안을 채택하여 공동체 내 여성의 정치적 대표성 증진을 보다 구체화할 수 있도록 지표를 제시했다.

2000년 들어 유럽집행위원회는 집행위원회 보고서를 통해 정치적 대표성에 대해 새롭게 정의 내리고, 유럽연합의 위원회와 전문가 그룹의 경우 여성의 대표성을 최소한 40%를 유지하도록 했다. 이에 따라 북유럽의 경우 50%의 여성의 정치적 대표성을 확보하기도 했다. 유럽집행위원회의 이와 같은 조치는 유럽이사회의 권고안에도 불구하고 여성의 정치적 대표성이 확대되지 않음에 따른 것이었다.

이에 유럽연합 차원에서 여성의 정치적 대표성을 정확하게 판단할 수 있는 비교 가능한 데이터의 필요성이 제기되었다. 이와 같은 필요성에 적극적으로 대처하기 위해 유럽집행위원회는 2003년 의사결정 과정에서 남녀에 대한 데이터베이스(The database on women and men in decision-making)를 설치했다.

이를 통해 유럽연합과 회원국 차원에서 정치, 경제, 입법부, 사법부 등 여러 다양한 영역의 정책 결정 과정에서 남녀의 참여 현황 및 관련된 다양한 이슈를 포괄할 수 있는 실질적인 자료를 제공할 수 있도록 했다. 또한 정치 및 경제 영역에서 여성의 지도적 위치를 증진하기 위한 네트워크(network to promote Women in decision-making in politics and the economy 2008~2012)를 구성했다.

다양한 행위자들에게 유럽 차원에서 제기되는 다양한 이슈에 대한 폭넓은 토론의 장을 제공하여 유럽 차원에서 남녀의 동등한 대표성이 보장되고 여성의 참여를 증진할 수 있는 방법들이 효과적으로 운영될 수 있도록 한 것이다.

이상에서 살펴본 바와 같이 유럽연합의 남녀평등을 위한 주요한 전략 중 정책 결정 과정에서의 여성의 대표성 및 참여 증진 문제는 유럽연합이 추구하는 성평등정책에서 지속적으로 논란이 되고 있는 이슈임에 틀림없다. 남성과 여성의 균등한 기회와 처우를 통한 성평등을 목적으로 유럽연합 차원의 다양한 제도 및 조치가 취해졌다.

그 결과 과거에 비해 많은 여성들이 공동체의 다양한 영역에서 점진적이지만 중요한 위치와 지위를 차지하게 되었다. 그러나 성평등이 완전하게 이루어진 상황은 아니기 때문에 남녀평등을 위한 보다 근본적인 원인에 대한 해결책을 강구하고 마련하는 과정에서 여성의 정치적 대표성 확대 문제는 유럽연합의 젠더정책에서 우선순위를 차지하고 있다 할 수 있다.

4. 유럽연합의 정책 결정 과정에서 젠더 균형 현황

유럽연합의 정책 결정 과정에서 젠더 균형의 현황을 알아보기 위해 정책 결정 과정에서 여성의 참여 현황 및 특징을 살펴보고 여성이 과소대표되고 있는 이유는 무엇인지 구체적으로 분석해보고자 한다.

유럽연합 기구로는 유럽이사회, 유럽각료이사회, 유럽집행위원회, 유럽의회, 유럽사법재판소를 중심으로 여성의 대표 현황을 살펴보고자 한다.

1) 유럽이사회

유럽이사회는 1974년 상설화된 유럽연합 최고의 정치적 의결기구이다. 유럽이사회는 매 6개월마다 28개 회원국 정상회담을 개최하여 유럽연합의 중요한 의제와 현안에 대해 정부 간 상호주의에 입각하여 수평적인 정치적 조정과 타협을 도모하는 최종 의결기구의 역할을 하고 있다.

유럽이사회에는 회원국의 수상이나 대통령, 그리고 유럽연합의 집행위원장과 유럽의회 의장이 공식적으로 참여하기 때문에 여성의 대표성은 낮다고 할 수 있다.

유럽이사회에서 여성의 대표성이 낮은 이유는 유럽연합 회원국의 국가 수장 대부분이 남성이기 때문이다. 1979년 마거릿 대처(Margaret Thatcher)가 여성으로는 처음으로 유럽이사회에 참여했으며, 핀란드의 대통령인 타랴 할로넨(Tarja Halonen)이 2000년부터 2012년까지 참여했다.

현재 여성으로서는 독일의 수상인 앙겔라 메르켈(Angela Merkel), 리투아니아의 대통령인 달리아 기리바우카이테(Dalia Grybaukaite), 폴란드의 수상인 베아타 시드워(Beata Szydło), 덴마크의 수상인 헬레 토르닝슈미트(Helle Thorning-Schimidt) 4명이 있어, 여성의 대표성은 14% 정도를 나타내고 있다.

2) 유럽각료이사회

유럽각료이사회는 유럽연합의 입법기구로 개별 국가의 이해관계를 대변하는 회원국의 장관들로 구성되며, 각 회원국의 이익을 담보하는 기구이다. 유럽각료이사회는 유럽연합의 모든 입법 과정에서 최종적인 결정 권한을 갖는 입법부이자 행정부로, 집행위원회가 제안한 입법안이 유럽연합법이 되기 위해서는 각료이사회의 승인을 받아야 한다. 또한 유럽각료이사회는 공동 결정을 비롯해 입법, 행정, 예산과 관련된 유럽연합의 모든 의사결정을 주관하는 최종 결정기구이다. 유럽각료이사회는 회원국의 주무장관으로 구성되며 정책 영역에 따라 10개의 이사회로 구성된다.

유럽각료이사회의 이사회는 ① 일반 업무(General Affairs), ② 대외 관계(External Relations), ③ 경제 및 재무 분야(Economic and Financial Affairs), ④ 내무 및 사법 분야(Justice and Home Affairs), ⑤ 고용사회정책 보건 및 소비자 분야(Employment, Social Policy, Health and Consumer Affairs), ⑥ 경쟁(Competitiveness), ⑦ 운송 통신 및 에너지(Transport, Telecommunications and Energy), ⑧ 농어업(Agriculture and Fisheries), ⑨ 환경(Environment), ⑩ 교육, 청소년, 문화(Education, Young and Culture)로 구성된다.

유럽연합의 젠더정책은 고용, 사회정책 보건 및 소비자 분야 이사회에서 다루고 있으며, 여성 폭력 문제나 인신매매와 관련된 문제는 내무 및 사법 분야에서 다룬다. 따라서 여성의 참여가 중요하다.

그러나 유럽각료이사회는 각 회원국의 주무 장관들로 구성되고 각료이사회 산하에는 상주 대표부와 각종 실무 그룹이 브뤼셀에 상주하며 일상적인 업무를 수행하고 있다. 때문에 각 회원국 정부의 여성의 정치적 대표성이 그대로 반영된다 할 수 있다. 외교 및 대외 관계 이사회의 경우 회원국 외무부 장관에 여성이 한 명도 없기 때문에 남성들로만 구성되어 있으며, 여타 다른 이사회의 경우도 여성은 소수만 참여하고 있는 상황이다.

다음 표 7-1은 유럽연합 각 회원국 행정부의 여성 비율을 제시한 것이다. 행정부 구성에서 여성이 차지하는 비율은 유럽 평균 28%로, 1998년 8.7%에 비하면 높은 것으로 나타났다. 그럼에도 불구하고 여성이 남성에 비해 낮게 대표되고 있음을 알 수 있다. 이는 각 회원국의 제도적·문화적·사회경제적 요인에 따라 젠더 관계가 서로 다르게 작동하기 때문이다.

특히 유럽연합 내 젠더정책이 잘 수행되고 여성에 대한 적극적 조치가 취해지고 있는 스웨덴의 경우 여성의 정부 구성 참여율은 54%를 나타내 유럽연합 회원국 중 가장 높은 여성 비율을 보이고 있다. 스웨덴의 여

표 7-1

유럽연합 회원국 행정부의 여성 참여 비율(2002~2013, %)

국가	2002년	2007년	2013년
스웨덴	45	41	54
프랑스	21	44	49
핀란드	39	60	47
덴마크	28	31	43
오스트리아	25	50	43
독일	43	26	38
벨기에	24	19	38
네덜란드	31	31	38
사이프러스	0	18	33
스페인	21	41	29
라트비아	5	30	29
룩셈부르크	29	20	27
불가리아	19	25	24
폴란드	21	22	20
루마니아	20	13	19
크로아티아	-	-	18
몰타	7	15	18
포르투갈	14	9	17
영국	30	24	17
이탈리아	8	23	16
체코	0	11	13
리투아니아	23	21	13
헝가리	6	15	9
에스토니아	19	7	8
슬로베니아	20	6	8
슬로바키아	10	6	7
그리스	12	5	6
유럽연합 평균	20	23.4	28

자료: 유럽의회 및 유럽각료이사회 웹사이트.

성 친화적인 제도와 남녀 평등적 문화가 반영된 결과로 볼 수 있다.

또한 회원국 정부의 정치적 성향과 정당의 역할 등이 행정부의 여성 참여에 결정적인 역할을 수행하고 있음을 알 수 있다. 프랑스, 핀란드, 덴마크, 오스트리아가 40%를 넘는 여성의 비율을 나타낸 반면 그리스의 경우 6%를 나타내 행정부에서 여성의 비율이 가장 낮게 나타났다. 이는 회원국의 남녀 젠더 관계 및 여성의 지위에 차이가 있으며, 그 결과가 유럽각료이사회에 그대로 반영되고 있음을 알 수 있다.

2007년 유럽연합 회원국 행정부에서 여성의 비율은 23.4%인데, 핀란드가 60%로 매우 높게 나타났다. 오스트리아, 프랑스, 스페인, 스웨덴이 40%를 넘는 여성의 비율을 보이고 있다. 프랑스와 핀란드는 예외지만 2013년과 달리 스페인, 독일 등의 경우 좌파 성향의 정권이 들어서면서 보수 성향의 정권보다 정부의 장관에 여성을 많이 등용한 것을 알 수 있다.

참고로 독일의 경우 1998년 헬무트 콜(Helmut Kohl)에서 게르하르트 슈뢰더(Gerhard Schröder)로 수상이 바뀌면서 행정부 내 여성 비율이 17%에서 31%로 증가했으며, 두 번째 내각 구성에서는 여성 비율이 43%로 나타났다. 독일은 자발적인 정당할당제를 실시하고 있는 국가로 독일 사회민주당의 경우 40%의 정당할당을 실시하고 있다. 반면 기독교민주당의 앙겔라 메르켈 집권 1기(2005~2009)에 여성의 비율은 40%, 집권 2기(2009~2013)에는 38%를 나타났다.

정당이 여성의 역할과 지위에 대해 어떠한 인식을 가지고 있으며, 여성의 정치적 대표성을 증대하기 위해 어떠한 여성 지원정책을 가지고 있느냐에 따라 행정부에서 여성의 정치 참여가 증가한다는 것을 알 수 있다. 유럽연합 회원국 행정부에서 여성의 비율을 살펴보면, 유럽연합 내 다양한 젠더레짐 사이에 여성의 대표성과 정치 참여에 대한 상반된 이해관계가 존재한다는 것이다.

특히 2013년 동유럽 국가들을 제외한 15개 국가 행정부에서 여성의 비율은 35%로, 전통적인 성별 역할 관계가 지배하고 있는 동유럽 국가들이 서유럽 국가들에 비해 여성의 참여가 낮다는 것을 알 수 있다. 유럽연합의 젠더정책이 회원국으로 수용되고 제도화되는 과정에 속도와 질의 차이가 존재한다는 점 역시 분명하다.

유럽연합 내에 존재하는 다양한 정치체제에 대한 고려와 이와 연계된 정부 구성 방식에 따라 여성의 행정부에의 참여가 좌우되기 때문에 누가 어떠한 근거로 행정부의 각료를 선택하는지에 대해 개별 국가별 연구 및 국가 비교연구가 보다 심도 있게 진행되어야 할 것이다. 행정부에의 여성의 참여 비율뿐만 아니라 여성이 회원국 정부에서 중요한 역할을 수행하는 장관에 위치하고 있는지, 끼워 맞추기식이거나 여성에게만 배당되는 장관직을 수행하고 있는지를 알아보는 것도 중요하다.

그럼에서 불구하고 회원국 행정부에서 여성의 비율은 정치적 대표성을 평가하는 매우 중요한 척도이다. 만약 유럽연합 모든 회원국에서 정부 형성 과정에 여성의 대표성이 높아진다면 남성 지배적인 각료이사회 혹은 여성 없이 존재하는 각료이사회의 모습은 지양될 수 있을 것이라는 점에서 각료이사회에서 여성의 대표성 증가는 다양한 해석을 가능하게 한다.

3) 유럽집행위원회

유럽집행위원회는 각료이사회와 함께 유럽연합의 주요 기구로 28명의 집행위원(commissioner)으로 구성되어 있다. '조약의 수호자' 혹은 '통합의 모토'로 불리는 유럽집행위원회는 유럽연합의 행정부로서 유럽연합

표 7-2

유럽집행위원회의 여성 비율(1989~2019)

유럽집행위원회	전체 집행위원 수	여성의 수	여성의 비율(%)
들로르(Delor) 2기(1989~1993)	17	1	5.8
들로르 3기(1993~1995)	17	1	5.8
상태르(Santer)(1995~1999)	20	5	25.0
프로디(Prodi)(1999~2004)	20	5	25.0
바호주(Barroso) 1기(2004~2009)	25	7	28.0
바호주 2기(2009~2014)	28	9	32.0
융커(Junker)(2014~2019)	28	9	32.0

자료: 유럽집행위원회 웹사이트.

에서 이루어지는 다양한 정책의 입법 기능을 수행한다. 유럽집행위원회는 유럽연합의 현황과 정책 방향을 결정하며, 공동체 차원에서 수행되는 통상정책, 경쟁정책, 지역정책과 같은 공동정책의 실행에 책임을 지는 중요한 업무를 수행한다.

유럽집행위원회의 집행위원은 회원국에서 선출되며, 현재 28명으로 구성되어 있다. 집행위원은 유럽각료이사회에서 가중다수결로 결정되어 유럽의회의 승인을 거쳐 임명된다. 임기는 5년이며 유럽의회 선거 이후 6개월 내에 선출된다. 집행위원들은 회원국의 명망 있는 정치인으로 구성되지만 유럽연합의 공동체 이해를 대변하며, 유럽집행위원회의 다양한 총국을 대표하고 있다.

표 7-2는 1989년부터 2019년까지 유럽집행위원회에서의 여성 비율을 나타낸 것이며, 표 7-3은 2014년에 선출된 장 클로드 융커(Jean-Claude Junker) 위원장이 이끄는 유럽집행위원회의 구성을 나타낸 것이다. 1989년까지 유럽집행위원회는 여성 집행위원이 한 명도 없고 남성으로만 구

표 7-3

유럽집행위원회 구성(2014~2019)(2017년 1월 기준)

이름	직책 및 소속
장 클로드 융커 (Jean-Claude Junker)	집행위원장
페데리카 모게리니 (Federica Mogherini)	부집행위원장, 외교안보정책 고위대표(High Representative of the Union for Foreign Affairs and Security Policy)
프란스 티머만스 (Frans Timmermanns)	부집행위원장, 좋은 규제 및 기관 간 관계, 기본권 법률과 헌장(Better Regulation, Interinstitutional Relations, the Rule of Law and the Charter of Fundamental Rights)
안프루스 안시프 (Anfrus Ansip)	부집행위원장, 디지털 단일 시장(Digital Single market)
크리스탈리나 게오르기에바 (Kristalina Georgieva)	부집행위원장, 예산 및 인적 자원(Budget and Human Resources)
마로시 셰프코비치 (Maroš Šefčovič)	부집행위원장, 에너지 연합(Energy Union)
발디스 돔브로브스키스 (Valdis Dombrovskis)	부집행위원장, 유로 및 사회적 대화(Euro and Social Dialogue)
지르키 카타이넨 (Jyrki Katainen)	부집행위원장, 투자와 경쟁(Investment and Competiveness)
귄터 외팅어 (Günter H. Öttinger)	예산 및 인적 자원(Budget and Human Resources)
요하네스 한 (Johannes Hahn)	유럽 근린정책 및 확대협상(European Neighbourhood Policy and Enlargement Negotiations)
세실리아 말름스트룀 (Cecilia Malmström)	교역(Trade)
네벤 미미차 (Neven Mimica)	국제 협력·개발(International Cooperation and Development)
미겔 아리아스 카녜테 Miguel Arias Cañete	기후 대책 및 에너지(Climate Action and Energy)
마리안 티센 (Marianne Thyssen)	고용·사회문제·기술·노동이동성(Employment, Social Affairs, Skills and Labour Mobility)
카르메누 벨라 (Karmenu Vella)	환경 및 해양수산(Environment, Maritime Affairs and Fisheries)

디미트리스 아브라모풀로스 (Dimitris Avramopoulos)	이주와 내무(Migration and Home Affairs)
피에르 모스코비치 (Pierre Moscovici)	경제·재정 및 세무·관세(Economic and Financial Affairs, Taxation and Customs
뷔테니스 안드리우카이티스 (Vytenis Andriukaitis)	보건·식품안전(Health and Food Safety)
크리스토스 스틸리아니데스 (Christos Stylianides)	인도주의적 원조 및 위기관리(Humanitarian Aid and Crisis Management)
필 호건 (Phil Hogan)	농업 및 농촌 개발(Agriculture and Rural Development)
비올레타 벌크 (Violeta Bulc)	교통(Transport)
엘즈비에타 비엥코프스카 (Elżbieta Bieńkowska)	내부시장·기업가정신·중소기업(Internal Market, Entrepreneurship and SMEs)
베라 요우로바 (Vera Jourova)	공정·소비자·성평등(Justice, Consumers and Gender Equality)
코리나 크레투 (Corina Cretu)	지역정책(Regional Policy)
Margrethe Vestager	경쟁(Competition)
카를루스 모에다스 (Carlos Moedas)	연구·과학·혁신(Research, Science and Innovation)
티보르 너브러시치 (Tibor Navracsics)	교육·문화·청년·체육(Education, Culture, Youth and Sport)
줄리언 킹 (Julian King)	안보 연합(Security Union)

자료: 유럽집행위원회 웹사이트 http://ec.europa.eu/commission/2014-2019(검색일: 2017.1.31).

성되었다. 그러나 1989년 프랑스의 크리스티안느 스크리베네(Christiane Scrivener)가 조세 및 관세동맹 총국의 집행위원이 되면서 남성으로만 이루어졌던 유럽집행위원회의 구조에 변화가 시작되었다.

부집행위원장 역시 남성 중심으로 구성되었으나, 2004년 스웨덴의 마르고트 발스트룀(Margot Wallström)이 부집행위원장이 되면서 변화하기 시작하여 현재는 8명의 부집행위원장 중 3명이 여성으로, 여성의 비율은 37.8%를 차지하고 있다. 그러나 유럽집행위원회의 위원장은 남성들로만 임명이 되어 아직 단 한 명의 여성위원장도 배출하지 못했다.

유럽집행위원회에서 여성의 비율은 각료이사회에서보다는 다소 높게 나타났다. 여성의 비율이 1989년 5.8%에 비해 2004년 시작된 바호주 1기의 경우 28%로 점차 증가했으며, 2017년 현재 유럽집행위원회에서 남성은 28명, 여성은 9명으로 여성의 비율은 32%를 나타내고 있다.

그 이유는 우선 독일이나 프랑스에서는 남성을 집행위원으로 선출한 것과는 달리 여타 다른 국가들은 유럽연합에서 많은 정치적 경험을 쌓은 여성을 전략적으로 집행위원으로 선출함으로써 유럽집행위원회에서 중요한 위치를 점하도록 했기 때문이다.

또한 여성 집행위원들의 출신 국가를 보면 사이프러스와 불가리아를 제외하고는 룩셈부르크, 스웨덴, 덴마크, 영국, 그리스 등으로 영국과 그리스를 제외하고는 유럽의회에서도 높은 여성의 참여율을 나타낸 국가들이 대부분이다.

이 밖에도 2009년 집행위원이었던 네덜란드의 네일리 크루스(Neelie Kroes), 룩셈부르크의 비비안 레딩(Viviane Reding), 안드로울라 바시리오(Androulla Vassiliou), 캐서린 애슈턴(Chaterine Ashton)은 바호주 2기에 재임용되었다. 이에 재임용 비율이 여성이 44%로 남성의 31%보다 높았다는 점도 여성 집행위원의 비율이 이전보다 증가한 이유로 꼽을 수 있을 것이다. 반면 2014년에 구성된 융커 집행위원회에서는 크리스탈리나 게오르기에바(Kristalina Georgieva)와 세실리아 말름스트룀(Cecilia Malmström)만 재임용되고 7명의 여성 집행위원이 새로 임용되었다.

4) 유럽의회

유럽의회는 1979년부터 유럽 시민들이 직접선거를 통해 의원들을 선출하기 때문에 유럽연합 차원에서 대의민주주의를 구현하는 유일한 기구라 할 수 있다. 표 7-4는 1979년부터 2009년까지 유럽의회에서 국가별 여성의 비율을 나타낸 것이다.

1979년 유럽의회의 여성 의원 비율은 전체 410명 중 66명으로 16%로 낮았으나, 계속해서 증가하여 2009년에는 736명 중 258명으로 35%의 여성 대표율을 보이고 있다. 가장 높은 여성 의원의 비율을 보인 핀란드의 경우는 62%인 반면, 몰타의 경우 0%로 단 한 명의 여성 의원도 배출하지 못하여 유럽의회에서 국가별 여성 의원의 비율에 격차가 많이 난다는 것을 알 수 있다.

2014년 유럽의회의 경우 여성 의원의 비율은 37.4%로 2009년에 비해 소폭 상승했다. 가장 높은 여성 의원의 비율을 보인 몰타의 경우 66.7%가 여성 의원으로, 2009년에는 여성 의원을 단 한 명도 배출하지 못한 것에 비하면 매우 큰 변화라 할 수 있다. 가장 적은 여성 의원의 비율은 사이프러스로 16.7%를 나타냈다.

국가별 선거제도나 할당제와 같은 정당의 여성 지원책이 각 회원국 의회의 여성 의원 비율에 영향을 미칠 뿐만 아니라 각 국가의 젠더 관계의 다양성과 차이가 유럽의회에서 여성 의원의 비율에 그대로 반영되어 나타난다.

표 7-5는 2009년 유럽의회의 정치 그룹별 여성 의원의 비율을 나타낸 것이다. 가장 큰 정치 그룹은 유럽국민당 그룹으로 전체 736석 중 265석을 차지하고 있으며, 여성의 비율은 33.5%이다. 그다음으로는 유럽 사회당 그룹으로 184석 중 89석을 여성이 차지하여 여성의 비율은 40.2%

표 7-4

유럽의회에서 국가별 여성의 비율(1979~2014, %)

국가	1979	1984	1989	1994	1999	2004	2009	2014
그리스		8	4.2	16	16	29.2	32	23.5
네덜란드	20	28	28	32.2	35	44.4	48	42.3
덴마크	31	37	37.5	43.8	38	35.7	46	30.8
독일	15	19	32	35.4	36	31.3	37	36.5
라트비아						22.2	38	50
루마니아							36	28.1
룩셈부르크	17	17	50	33.3	0	50	17	33.3
리투아니아						38.5	25	18.2
몰타						0	0	66.7
벨기에	8	16	16.7	32	32	29.2	36	33.3
불가리아							47	19.0
사이프러스						0	33	16.7
스웨덴					45	57.9	56	50
스페인			15	32.8	34	33.3	36	46.3
슬로바키아						35.7	38	30.8
슬로베니아						42.9	29	37.5
아일랜드	13	13	6.7	26.7	3.3	38.5	25	54.5
에스토니아						33.3	50	50
영국	14	15	14.8	18.4	24	24.4	33	42.5
오스트리아					38	38.9	41	50
이탈리아	12	10	12.3	10.3	9	19.2	25	38.4
체코						20.8	18	23.8
포르투갈			12.5	8	20	25	36	28.6
폴란드						13	22	25.5
프랑스	22	21	22.2	29.8	40	42.3	44	41.9
핀란드					44	35.7	62	61.5
헝가리						37.5	36	19.0
전체	16	17	19	25.3	30	31	35	37

자료: 국제의회연맹, 유럽의회 웹사이트. Vallance and Davis(1986: 7), Klein(2013: 39) 참조.

표 7-5

유럽의회의 정치그룹별 여성 의원의 비율(2009/2014년)

명칭	2009			2014		
	의석 수	여성 의원 수	여성 의원 비율	의석 수	여성 의원 수	여성 의원 비율
EPP 유럽국민당 그룹 (European People's Party)	265	89	33.5	221	69	31.2
S&D 유럽사회당 그룹 (Progressive Alliance of Socialists and Democrats)	184	74	40.2	191	86	45
ALDE 유럽자유당 그룹 (Alliance of Liberals and Democrats for Europe)	84	38	45.2	67	30	44.8
Greens/EFA 녹색당/자유동맹 그룹 (Greens/ European Free Alliance)	55	30	54.5	50	20	40.0
ECR 유럽보수개혁 그룹 (European Conservatives and Reformists Group)	55	7	12.7	70	22	31.4
GUE/NGL 유럽 통합좌파 북부녹색좌파 그룹 (Confederal Group of the European United Left/ Nordic Green Left)	35	10	28.5	52	26	50
EFD 자유민주 그룹 (Europe of Freedom and Democracy Group)	32	5	15.6	48	19	39.6
NI 무소속(Non Inscrits)	26	5	19.2	52	9	17.3
전체	736	258	35.0	751	281	37.4

자료: 유럽의회 웹사이트 http://www.europarl.europa.eu/pdf/elections_results/review.pdf; http://www.europarl.europa.eu/elections2014-results/en/gender-balance.html(검색일: 2017.4.10)

이며, 유럽자유당 그룹의 여성 의원 비율은 84석 중 45.2%로 두 정당에 비해 조금 높게 나타났다. 2014년 유럽의회의 여성 의원 비율은 유럽국민당 그룹이 30.9%, 유럽사회당 그룹이 45%, 유럽자유당 그룹이 44.1%로 사회당 그룹의 여성 의원 비율이 소폭 증가한 것으로 나타났다.

이들 세 정치 그룹은 유럽의회 의석의 70%를 넘게 차지하고 있는데, 각 국 정당의 정치적 노선과 선출 방식에 따라 결정되기 때문에 유럽의회에서 여성 의원 비율을 높이기 위해서는 개별 국가의 선거제도와 정당이 여성에 대해 어떠한 정책을 가지고 있는지가 매우 중요하다.

유럽의회에서 여성의 대표성이 상대적으로 높은 이유는 유럽의회 선거가 국내 선거에 비해 부차적인 선거(second-order national election)의 성격을 가지고 있기 때문이다. 국내 선거보다 부차적인 것으로 여겨 정당 차원에서 전략적으로 후보자로 남성 의원보다는 여성 의원을 임명하기 때문에 유럽연합의 다른 기구에 비해 여성 의원 비율이 높다(Kantola, 2010: 59).

이에는 유럽의회가 입법기관이라기보다는 유럽의 의제를 함께 논의하고 어젠다를 형성하는 장으로서 역할을 수행하기 때문에 실질적인 입법기관인 유럽이사회나 유럽집행위원회보다는 권한이 약하다는 측면도 작용한다. 또한 선거를 통해서 유럽연합의 정책 결정 과정에 직접적이고 실질적인 영향을 행사할 수 없다는 점에서 유럽의회 선거를 국내 선거에 비해 중요하게 생각하지 않기 때문이다. 덴마크는 예외라고 할 수 있는데 유럽의회 선거에 참여하는 정당들은 국내 선거에는 참여하지 않는다. 그래서 유럽의회에 참가하는 정당들은 유럽이슈를 낼 수밖에 없고 유럽의회 선거에서는 유럽이슈로 겨루게 된다.

그러나 유럽 통합의 심화와 확대 과정에서 유럽의회의 권한과 역할이 점차 강화되면서 유럽의회의 중요성도 커지게 되었다. 유럽의회에서의 정치 경험이 회원국의 정치 활동에 긍정적으로 작용하기 때문에 1999년부터는 여성의 비율이 30~35%를 유지하고 있다. 특히 동유럽 국가들이 유럽연합에 가입함으로써 여성의 대표성 경향이 유럽연합 내 지배적인 남북 유럽의 차이에서 구유럽과 신유럽 사이의 차이로 변화되었다 할 수 있다.

또한 유럽의회에서의 여성 의원의 비율이 높은 것은 할당제가 긍정적으로 작용했기 때문이란 점을 지적할 수 있다. 정당의 여성할당제는 유럽의회에도 적용되어 여성 의원의 대표성과 비율을 높이는 데에 크게 기여했다. 정치그룹별 여성 의원의 비율에서도 잘 나타나듯이 사회당 그룹과 자유당 그룹이 국민당 그룹에 비해 여성 비율이 높게 나타났으며, 녹색당의 경우 여성의 비율은 54.5%로 가장 높은 것으로 나타났다.

독일의 경우를 보면, 1984년 녹색당이 유럽의회 선거에 참여한 이후 여성 의원의 비율은 1979년의 15.4%에서 20.5%로 증가했고, 1989년 사민당이 할당제를 시행한 이후에는 29.5%로 크게 증가한 점을 볼 때 할당제 도입 이후 여성 의원의 비율이 많이 증가했음을 알 수 있다. 녹색당과 좌파연합은 50% 여성할당제를 통해 유럽의회 진입 이후에 50% 이상의 여성 의원 비율을 계속해서 유지하고 있다.

표 7-6은 유럽의회 위원회에서 여성의 비율을 나타낸 것이다. 1999년에서 2004년 동안 여성은 4개 위원회에서 의장직을 수행했으나, 2004년~2009년에는 5개의 위원회에서, 2009년~2014년 동안은 7개의 위원회에서 의장직을 수행했다. 2014~2019년에는 23개 위원회 중 10개의 위원회에서 여성이 의장직을 수행하고 있다. 그뿐 아니라 위원회의 남녀 비율은 남성이 56.5%, 여성이 43.5%를 나타내, 위원회의 여성 참여 비율도 지속적으로 증가되고 있음을 알 수 있다. 유럽의회 위원회의 여성의 참여는 시간이 지날수록 여성에게 특화된 영역에서의 참여보다 일반화되

표 7-6

유럽의회 위원회에서 여성의 비율(1999~2014)

위원회	1999~2004		2004~2009		2009~2014		2014~2019	
	여성 의장	여성 비율	여성 의장	여성 비율	여성 의장	여성 비율	여성 의장	여성 비율
외무(Foreign Affairs)		16.9		20.9		25		16.9
개발(Development)		25.7		30.6	○	36.6	○	28.6
무역(International Trade)				24		13.9		39.0
예산(Budgets)		24.4		26		34.8		29.3
예산 통제(Budgetary Control)		23.8		20		23.3	○	23.3
경제 통화(Economic and Monetary Affairs)	○	26.7	○	23.5		27		24.6
고용사회정책(Employment and Social Affairs)		38.9		34.5	○	51.0		56.4
환경·공공보건·식품안전(Environment, Public Health and Food Safety)	○	54.2		48.5		47.8		44.9
산업연구에너지(Industry, Research and Energy)		39	○	38.9	○	34.4		23.9
단일시장소비자보호(Internal Market and Consumer Protection)			○	52.3		41.4	○	45.0
운송관광(Transport and Tourism)				12		25.5		40.8
지역발전(Regional Development)		18.6		28	○	28	○	39.5
농업(Agricultural and Rural Development)		23.7		25.5		31.8		31.1
어업(Fisheries)		25.0		24.3		28		36.0
문화교육(Culture and Education)		42.9		39.5		41.9	○	51.2
법률(Legal Affairs)	○	28.6	○	17.9	○	28		40.0

위원회	1999~2004		2004~2009		2009~2014		2014~2019	
	여성 의장	여성 비율	여성 의장	여성 비율	여성 의장	여성 비율	여성 의장	여성 비율
내무사법(Civil Liberties, Justice and Home Affairs)		27.9		41.2		50		60.0
헌정(Constitutional Affairs)		23.3		17.2		8.3	○	24.0
여성의 권리와 젠더평등(Women's Rights and Gender Equality)	○	89.5		95		82.8	○	94.3
청원(Petitions)		30.0		31.6	○	40	○	57.1
인권(Human Rights)			○	40		41.9	○	26.7
안보국방(Security and Defence)				16.7	○	22.5	○	20.0

자료: 유럽의회 웹사이트 http://www.europarl.europa.eu/RegData/publications/2016/0001/P8_PUB(2016)0001_EN.pdf(검색일: 2017.11.20).

고 전문적인 위원회 활동으로 변화되었음을 알 수 있다.

유럽의회에서 젠더평등과 젠더이슈를 다루는 여성양성평등위원회의 경우 90%에 달하는 여성 의원의 비율을 보였다. 기후변화위원회에서도 여성의 참여는 47.8%를 보였다. 이 밖에도 환경공공보건식품안전위원회, 문화교육위원회, 인권위원회, 단일시장소비자보호위원회, 고용사회정책위원회, 내무사법위원회에서 여성의 참여가 증가되었다.

남성의 영역으로 간주되는 외무, 무역, 안보국방과 같은 위원회에서 여성의 비율은 남성의 비율에 비해 상대적으로 작다. 수적인 열세뿐만 아니라 위원회 활동에서도 아직도 여성과 남성의 분리 현상이 존재하며, 유럽연합의 다양한 위원회에서 남녀의 동수대표성의 확보라는 페미니스트들의 주장은 아직은 실현되고 있지 않음을 알 수 있다.

이상에서 살펴본 바와 같이 유럽의회는 유럽연합 기구 중 여성 의원의 비율이 가장 높고, 1999년 이미 여성의 비율이 30%를 넘어 바람직한 여성 대표성이라는 결과를 얻기 위해 필요로 하는 충분한 수 혹은 양이라 할 수 있는 한계 수치(critical mass)를 넘어섰다. 또한 30%를 넘는 여성 의원의 비율이 지속되고 있어 유럽연합의 기구 중 여성의 대표성 측면에서 가장 성평등적인 기구라 할 수 있다.

5) 유럽사법재판소

유럽연합에서 여성의 정치적 대표성을 알아보는 데 유럽사법재판소는 매우 중요한 정치적 역할을 수행하고 있다. 유럽사법재판소는 공동체 차원에서 결정된 법과 규정이 회원국에 수용되는 과정에서 법률에 대한 검토 및 제재의 권한을 가지고 있다. 유럽사법재판소의 판결은 유럽연합의 조약만큼 법적인 구속력을 가지고 있지는 않다.

공동체의 법과 규정에 대한 지속적인 법적 근거를 산출해내는 과정에서 유럽사법재판소의 결정은 유럽연합 차원에서 일정한 기준으로 작용하여 입법에 못지않은 규범성을 갖게 된다. 다시 말해 유럽사법재판소의 결정은 공동체법의 구속력과 통일적 적용에 지대한 영향을 미치고 있으며, 법적 기초를 마련할 뿐만 아니라 유럽 차원의 정책을 수행하는 데 정당성과 당위성을 제공하고 있다.

유럽사법재판소는 유럽사법재판소(Court of Justice)와 유럽일반재판소(European General Court)로 구성된다.[1]

1 2004년 창설된 공무재판소(Civil Service Tribunal)는 2016년 조직 개편으로 일반재판소로 편입되었다. 공무재판소는 일종의 특별재판소로, 유럽연합과 그 공무원들 간 분쟁에서 일심관할권을 행사하게 된다. 공무재판소는 6년 임기의 판사 7명이 근무하고 있다. 여기서 다루어지는 분쟁은 연금계약조건, 임금 및 직장 내 여러 차별적 행위 등 유럽 관료들의 노동 조건에 관한 것들이다.

표 7-7

유럽사법재판소에서 여성의 대표성 (2017년 10월 기준)

	2013년		2017년	
	전체(여성)	여성 비율(%)	전체(여성)	여성 비율(%)
유럽사법재판소(Court of Justice)	37(7)	19	40(7)	18
- 판사	28(5)	18		
- 법률심의관	9(2)	22		
일반재판소(General Court)	28(6)	21	47(10)	21
공무재판소(Civil Service Tribunal)	7(2)	29		

자료: 유럽사법재판소 웹사이트 http://curia.europa.eu/jcms/jcms/Jo2_7026/

표 7-7은 유럽사법재판소에서 여성의 참여를 나타낸 것이다. 유럽사법재판소는 40명의 판사로 구성되어 있으며, 이 중 여성은 7명으로 여성의 비율은 18%이며, 임기는 6년이며 한 번 연임할 수 있다. 일종의 하위 법원인 유럽일반재판소(European General Court)에는 전체 47명의 판사 중 10명이 여성으로 여성의 비율은 21%를 나타내고 있다.

유럽사법재판소뿐만 아니라 일반재판소의 경우도 마찬가지로 남성 중심적 구조로 이루어졌다는 것을 알 수 있다. 남성이 지배적인 회원국의 사법부와 마찬가지로 유럽사법재판소에서도 여성의 비율이 매우 낮은 것으로 나타났다. 유럽연합 회원국의 남성 중심적 사법부의 구조가 그대로 유럽연합에 반영되어 여성이 심각하게 저대표되고 있음을 알 수 있다.

일반재판소의 경우 회원국에서 최소한 한 명의 판사를 지명할 수 있다. 동유럽 국가들의 경우 여성들을 판사로 임용하는 반면, 서유럽 국가들 대부분은 여성보다 남성을 판사로 선임하고 있어 남녀 성별의 불균형이 초래되고 있음을 알 수 있다.

5. 여성의 정치적 대표성 확대 방안: 평가 및 전망

유럽 통합이 심화되고 확대되면서 유럽연합 정책 결정 과정에서 여성의 대표성은 점차 커졌음을 알 수 있다. 그럼에도 불구하고 이상에서 살펴본 유럽연합에서 여성의 정치적 대표성의 현황은 유럽연합의 통합 과정의 성공과는 다른 평가를 가능하게 한다. 유럽집행위원회와 유럽의회를 제외한 나머지 유럽연합의 기구에서 여성 참여 현황은 남녀의 정치적 대표성을 보장하려는 유럽연합의 정책 및 기여에 못 미치는 결과다.

유럽연합에서 남녀 동수의 대표성을 확보한다는 것은 아직 어려워 보인다. 그러나 유럽집행위원회와 유럽의회에서 여성의 비율이 30% 넘게 유지되고 있는데, 이는 유럽연합의 정책 결정 과정에 직접 참여하는 정치 엘리트로서 여성의 수적인 증가라는 중요한 의미를 갖는다.

그렇다면 유럽연합 기구에서 여성의 대표성의 젠더화가 어려운 이유는 무엇인지 유럽연합 기구의 선출 및 충원 방식에 맞춰 설명해보고자 한다. 유럽의회는 유럽연합 기구 중 공평한 여성의 대표성을 강조하는 젠더 친화적인 기구이며, 직접선거를 통해 의원들을 선출하기 때문에 가장 민주적인 기구라 할 수 있다.

선거제도의 민주화와 정당의 지향에 따라 유럽의회에서 여성의 대표성이 커질 수 있다는 점에서 선거제도가 민주화될수록 여성에게 더 많은 기회가 제공될 수 있다. 유럽각료이사회와 유럽이사회의 경우 국가의 수반이 유럽이사회에 참여하고, 각 회원국의 각료들에 의해 유럽각료이사회가 구성된다는 점에서 현재 각 국가의 행정부와 고위직에서 여성의 비율이 높을수록 유럽연합의 기구에서 여성의 비율을 증대시킬 수 있다.

정권을 누가 잡느냐에 따라, 보수 성향이냐 좌파 성향이냐에 따라 여성의 정치 참여에 대한 인식과 제도가 국가마다 다르고 국내 정치경제적 상황이 반영되기 때문에 결국 집권 정당이 여성의 정치 참여에 대해 어떠한 입장을 가지고 있으며, 여성의 정치적 대표성을 확대하기 위한 정책에 대해 긍정적이냐에 따라 여성의 대표율이 달라질 수 있다.

유럽집행위원회와 유럽사법재판소의 경우 개별 회원국이 적합한 적임자를 선택하는 방식을 취하고 있다. 많은 경우 어떤 인물이 어떠한 기준과 절차를 통해 선출되는지에 대해 개방되어 있지 않으며, 비밀리에 이루어지는 경우가 많다. 국가적 사안으로 전략적인 계산에 입각하여 선출되는 경우도 많다. 따라서 유럽집행위원회의 위원 선출 기준 및 과정이 보다 투명하고 여성에게 개방적인 방식으로 진행되도록 유도할 필요가 있다.

유럽사법재판소의 경우 사법부의 남성 지배가 그대로 유럽연합의 구조에 반영되고 있기 때문에 사법의 영역에서 과소 대표되고 있는 여성의 대표성을 증진하기 위한 인식 전환과 해결 방안에 대한 폭넓은 논의가 계속해서 이루어져야 할 것이다.

유럽에서의 국가 통합은 다른 국제기구와는 달리 여타 지역 통합과는 차별화된 복잡한 방식으로 진행되고 있다. 유럽연합은 마스트리히트조약, 암스테르담조약, 리스본조약 등을 거치면서 상대적으로 영향력을 강화해왔을 뿐 아니라 그 영향력의 범위 역시 확대해왔다. 그러나 유럽연합 정책 결정의 정치적 대표성의 증가라는 제도적 개선을 진행해온 경험과 유럽의회 선거에서 유권자들의 투표 참여율 사이에는 역(-) 관계를 보이고 있다.

유럽연합과 기구에 대한 신뢰 저하나 정치적 정당성 및 대표성의 문제는 유럽인이 현재 겪고 있는 경제위기 상황에서 유럽 통합에 대한 지지가 떨어지는 문제와 연결되며, 유럽연합의 심화와 확대 과정에서 제기되는 정당성 및 민주성에 대한 구체적인 논의가 진행되는 과정에서 민주적 결핍 현상에 대한 보다 일차적인 관심을 받고 있다.

유럽연합의 정책 결정 과정에서 그냥 존재만 하는 것이 아니라 실질적으로 자신의 역할을 수행할 수 있는 여성의 세력화가 가능할 수 있는 수적인 증가를 의미하기 때문에 더 큰 의미를 갖는다 할 것이다. 유럽 통합의 한 주역으로서, 유권자로서, 정치엘리트로서 유럽연합에 대해 여성은 남성과는 다른 정치적 견해를 가지고 있으며, 다른 접근을 하고 있다는 점에서 유럽집행위원회와 유럽의회에서 여성을 대변하는 여성들이 일정 정도가 존재한다는 것은 중요하다.

이에 2014년 5월 22~25일 영국과 네덜란드를 시작으로 시작된 유럽의회 선거는 매우 중요한 의미를 부여한다. 약 5억 명의 유럽인들을 대표할 751명의 의원을 직접 선출하는 유럽의회 선거는, 2009년 리스본조약을 통해 유럽의회의 권한과 기능이 크게 강화되었고 유럽이사회의 제안을 바탕으로 유럽연합 집행위원장을 유럽의회가 처음으로 선출한다는 점에서 유럽연합의 절차적 민주주의의 증진 및 민주성의 결핍에 대한 대안을 제시하는 측면에서 그 의의가 큰 선거라 할 것이다.

유럽의회 선거에 대한 가장 큰 우려 가운데 하나는 유럽인들의 유럽의회 혹은 유럽의회 선거에 대한 무관심 및 유럽의회에 대한 정보 부족이다. 유럽의회 선거의 투표율이 지속적으로 낮아지고 있는데 2014년 유럽의회 선거는 43.09%라는 낮은 투표율을 보였다. 유럽의회 투표율은 지속적으로 하락하고 있다.

유럽의회 선거 투표율은 1979년에 61.9%로 최고였다가 지속적으로 하락해 1994년에는 56.6%, 1999년에는 49.5%, 2004년에는 45.4%였으며, 2009년에는 43%를 나타냈다. 독일(43.3%), 프랑스(40.6%), 영국(34.7%) 등 유럽연합의 주요 국가들의 경우 투표율은 39.4%로 낮게 나타났다. 신규 가입국 12개국에서는 평균 32.3%에 그치면서 평균보다도 훨씬 낮은 수준을 보였다.

이는 유럽연합의 민주적 대표성의 취약함이 직접선거라는 절차적 요인을 통해서 쉽게 해결되지 않음을 의미하는 것이다. 유권자들이 유럽의회 선거를 범유럽적 차원의 정치 현상으로 간주하기보다는 국내 정치의 연장선상에서 국내 총선거보다 그 중요성이 덜한 선거로 받아들이는 부차적인 선거로 인식하고 있음을 보여준다(Hix and Marsch, 2011; Mittag, 2011).

특히 2014 유럽의회선거는 유럽 경제위기의 여파가 계속되면서 주권주의, 유럽회의주의, 유럽혐오주의 등 자국 이기주의와 반유럽연합주의를 강조하는 극우 성향의 정당들이 약진해 제3세력으로 급부상한 선거였다. 특히 극우파 정당들의 캠페인은 국내 정치보다는 유로 사용 중단, 유럽연합 탈퇴, 이민자 제한 등 유럽연합 차원의 이슈에 대해 강경 발언을 함으로써 유권자의 관심을 돌리는 데 성공한 것으로 평가할 수 있다.

유럽의회 선거가 범유럽적 이슈보다는 회원국 개별 국내 정치적 상황에 의해 선거 결과가 좌우되며, 각국의 주요 정당들은 유럽 차원의 정책 및 공약을 제시하지 못한 채 국내 이슈들을 중심으로 선거 캠페인을 전개하고 있어 국내 정치와는 달리 유럽 차원의 문제에 대한 서로 다른 정책을 제시하기는 어려운 상황이라는 점도 선거 투표율이 낮은 이유 중 하나다.

따라서 유럽의회는 유럽인들에게 중요한 정책 결정 기구로 인식되지 않을 뿐만 아니라 유럽의회를 통한 정치적 대표성을 담보하기 어렵다는 점을 지적할 수 있다. 그러나 유럽연합의 경우 유럽의회를 제외하고는 유권자인 유럽 시민의 직접적인 정책 결정 과정에의 참여 과정이 제한되어 있다. 2009년 유럽의회 선거 결과를 분석한 유럽의회의 자료를 보면 유럽연합 회원국 중 8개국[2]에서 여성의 투표율이 남성의 투표율보다 높은 것으로 나타났다. 전체 투표율도 남녀가 근소한 차이를 보인다.

정치에 덜 관심을 가지고 있고 유럽연합이 어떻게 작동하고 있는지 관심이 적은 여성들이 유럽의회 선거에 남성과 비슷하게 혹은 남성보다 더 많이 참여하는 이유는 무엇일까(Europaeisches Parlament, 2009: 19). 국가 차원에서 여성의 정치 참여에 대한 분석은 여성 유권자로서의 선거 참여와 투표 행태를 중심으로 이루어지다가 민주주의가 심화되면서 정치 엘리트로서의 여성에 대한 분석으로 분석의 관점이 이동하는 경우가 대부분이다.

그러나 유럽연합의 경우 정치 엘리트로서의 여성에 대한 관심과는 달리 유럽 통합 과정과 유럽연합에 대한 유권자로서의 여성의 견해나 입장에 대해서는 큰 관심을 보이지 않고 있다. 유럽연합에 대한 유권자로서 여성의 대표성과 참여를 보장하는 문제를 살펴보는 과정에서, 여성이 유럽연합과 유럽이슈에 대해 남성과는 다른 견해를 갖는지, 그렇다면 그 이유는 무엇인지 구체적으로 살펴보는 것은 유권자로서 여성의 대표성 문제와 직결된 매우 중요한 사안이라 할 수 있다.

유권자로서 여성의 정치적 대표성에 대한 당위성이 존재함에도 불구하고 또 다른 논쟁이 되고 있는 부분은 여성들 사이에 존재하는 차이와 다양성을 어떻게 규정할 것인가 하는 문제이다. 다시 말해 유럽연합이라는 공동체에서 여성의 다양한 경험과 여성들 사이에 존재하는 차이를 어떻게 여성의 이해관계라는 하나의 카테고리로 개념화할 수 있는가

2 2009년 남성의 투표율은 44%, 여성의 투표율은 42%로 2% 정도의 차이를 보였다. 8개국은 리투아니아(남: 16%, 여: 25%), 라트비아(남: 49%, 여: 58%), 핀란드(남: 38%, 여: 42%), 몰타(남: 77%, 여: 81%), 불가리아(남: 44%, 여: 41%), 스웨덴(남: 44%, 여: 47%), 독일(남: 42%, 여: 44%), 헝가리(남: 36%, 여: 37%)이다(Europaerisches Parlament, 2009: 4).

하는 점이다.

어떤 여성은 정치 과정에서 대표성을 확보하고 어떤 여성은 그렇지 못하는지, 특히 소수 인종의 여성, 성적 소수자, 장애 여성 등 사회적 배재 집단의 경우와 같이 젠더라는 카테고리 외에 문화적·인종적·종교적인 차별 카테고리가 여성의 대표성에 어떻게 작용하는지 보다 구체적인 분석이 이루어져야 할 것이다.

생각해볼 문제

1 유럽연합의 기구에 여성이 얼마나 대표되고 있는지 현황을 살펴보고, 여성의 정치적 대표성 확대 문제가 유럽 통합과 어떤 연관관계가 있는지 설명해보자.

2 여성의 정치적 대표성이 왜 중요한지 민주주의적 시각과 젠더적 시각에서 설명해보자.

3 유럽연합이 여성의 정치적 대표성을 확대하기 위해 어떠한 정책과 수단을 강구하고 있는지 논의해보자.

4 유럽연합 기구에서 여성의 대표성의 젠더화가 어려운 이유는 무엇인지 유럽연합 기구의 선출 및 충원 방식에 맞춰 설명해보자.

5 유럽연합에서 소수 인종의 여성, 성적 소수자, 장애 여성 등 사회적 배재 집단의 경우와 같이 젠더라는 카테고리 외에 문화적·인종적·종교적 차별 카테고리가 여성의 대표성에 어떻게 작용하고 있는지, 이에 대한 정책은 무엇인지 논의해보자.

더 읽을거리

1 Ellina, C. A. 2003. *Promoting Women's Right: The Politics of Gender in the European Union*. New York and London: Routledge.

2 Dahlerup, D.(ed.). 2006. *Women, Quotas and Politics*. London: Routledge.

3 Krook, M. L. 2009. *Quotas for Women in Politics: Gender and Candidate Selection Reform Worldwide*. Oxford: Oxford University Press.

제8장

유럽연합 일가족양립정책의 제도화 과정

유럽연합은 여성의 일과 노동에 대한 새로운 인식을 기반으로 일하는 여성의 일가족양립정책을 유럽 차원에서 제도화하고자 노력하고 있다. 일가족양립정책은 사회정책의 일환으로 유럽연합 모든 회원국이 직면하고 있는 인구통계학적 문제를 해결하는 과정에서 자녀양육의 부담을 완화하는 아동수당제도와 양육수당 이상의 의미를 가진다.

여성의 일에 대한 인식 변화에 따라 여성의 소득자, 노동자로서의 지위와 역할이 강조되면서 자녀양육에 대한 부모의 공동 책임이 커졌다. 또한 일과 가족의 양립을 위해 국가가 적극적으로 개입하면서 공적 지원정책과 가족 내 돌봄의 공백에 대한 국가적 지원이 강화되고 있다. 일가족양립정책은 이를 근간으로 지속가능한 성장 동력을 확보하고, 여성의 활발한 사회적·경제적 진출을 도모하기 위한 다양한 법제와 인센티브를 마련하여 유럽의 경쟁력을 향상시키는 데 긍정적이라는 평가를 받고 있다.

이 장에서는 지속가능한 성장과 복지 패러다임으로의 전환이라는 이론적 논의와 모성보호, 육아지원, 노동시간의 유연성을 통해 유럽연합 일가족양립정책의 근간을 살펴보고자 한다. 또한 유럽연합의 일가족양립정책을 구체적으로 살펴보기 위해 스웨덴, 프랑스의 실제 사례를 살펴보며 지속가능한 성장과 복지라는 관점에서 국가 차원의 가족정책에 대한 적극적인 개입이 이루어졌는지, 여성 친화적인 정책 지원을 통해 일과 가족의 양립정책이 얼마나 젠더정책의 방향과 성격의 변화에 기여했는지 구체적으로 논의해보고자 한다.

1. 유럽 차원의 일가족양립정책의 중요성

일가족양립정책은 유럽연합과 그 회원국의 사회정책과 노동정책에서 매우 중요한 영역으로, 인구통계학적 배경에서 저출산 문제 및 사회의 고령화 현상과 맞물려 유럽과 회원국의 경쟁력 강화와 직결된 문제이다. 실제로 일가족양립정책의 실행으로 높은 출산율을 유지하고 있는 국가들이 있는가 하면 출산율과 여성의 경제활동참가율이 낮은 국가도 있어 국가별 사회경제적 성과가 다르게 나타나고 있다.

일가족양립정책은 일과 가족생활의 균형 있는 조화를 촉진하고, 성평등한 고용 기회를 확대하는 모든 가족 친화적인 정책(family friendly policy)으로, 부모와 자녀의 삶의 질의 향상을 도모하고 여성의 경제활동률 증진, 출산율 제고, 아동의 빈곤 예방, 젠더평등 등을 목표로 추진하고 있다.

여성들의 경제활동 참가가 꾸준히 증가하고 있으며, 일하는 여성 중 기혼 여성의 노동시장 참여가 크게 증가하고 있다. 유럽연합 대부분의 국가에서는 남성이 가족의 부양자로 인식되는 남성생계부양자 모델에서 벗어나 남녀의 경제활동 증가에 따라 맞벌이 가족을 근간으로 하는 이인 소득자 모델이 보편화되고 있다.

여성의 사회적 진출이 늘어나면서 일과 가족 양립 문제는 생활의 균형을 요구하며 일 중심적인 구조에서 개인과 가족의 요구에 따라 재구성되고 있다. 또한 일과 가족의 양립 문제에 대한 유럽연합 차원의 정책적 개입은 기존의 단순한 출산지원정책으로는 유럽 차원에서 발생하는 노동시장에서의 다양한 문제를 효율적으로 해결하기 어렵다는 문제의식을 대변하는 것으로 가족복지정책의 핵심적인 부분을 차지하고 있다.

유럽연합에서 일가족양립정책이 가족복지정책적 함의를 가지며 중요해진 이유는 다음의 몇 가지 이유에서 논의될 수 있다. 첫째, 일가족양립정책이 가지는 사회적 함의가 점차 증대되고 있기 때문이다. 일가족양립정책에 대한 논의는 사회정책, 특히 젠더평등을 통해 경제적 이슈를 해결하고 노동시장에서 중시하는 것에 대한 우선순위를 결정하는 문제와 연결되어 있다.

둘째, 일가족양립정책은 매우 광범위한 영역을 포괄하고 있다. 직업, 가족, 개인의 삶, 아동 돌봄 서비스, 휴가제도, 유연한 노동시간, 사회적 보호와 재정 지원 등 다양한 사회적 영역과 연계되어 논의되는 이슈로 단순하게 여성에게만 적용되는 영역이 아닌 유럽 차원의 모든 사람들에게 해당되는 정책 영역으로 인식되고 있다는 점이다.

셋째, 일가족양립정책은 유럽 차원에서 강성법과 연성법 수단 모두를 통해 해결되고 있는 정책 영역으로, 젠더정책의 하나의 중요한 사례로 유럽연합 거버넌스의 근본적인 변화와 젠더적 관점에서 평가를 가능하게 하기 때문이다.

이처럼 유럽연합에서 일가족양립정책의 중요성이 증대함에 따라 유럽 사회에서 여성의 지위는 여성들의 일과 노동의 사회적 가치, 즉 여성의 일이 제도적으로 조직화되는 방식과 연관되어 논의될 수 있다. 유럽의 많은 여성들이 노동시장에 참여하면서 여성의 노동에 대한 가치가 향상되고 여성의 자리를 가정에 국한하지 않게 됨에 따라 일과 가족의 양립 문제는 유럽 젠더이슈에서 중요한 위치를 차지하고 있다.

유럽연합은 일과 가족의 양립에 대한 필요성과 중요성을 공감하고 있지만, 회원국마다 사회정책의 일환으로 젠더정책과 가족복지정책이 운용되고 있어 유럽 차원의 일가족양립정책의 제도화 과정은 유럽 내 가족 문제의 정치적 이슈화 과정에서 공적 담론의 대상이 되어온 영역이다. 다양한 정책이 운용되는 과정에서 일과 가족 양립 현실의 차이에 따른 양립 갈등 문제도 각 회원국의 젠더 관계에 따라, 가족의 역할과 기능에 따라 매우 다양할 수밖에 없다.

그러나 공통적으로 일가족양립정책을 수행하는 국가가 여성 친화적인지 아닌지, 국가가 여성의 사회적 역할에 대한 인정과 여성의 노동과 일에 대한 새로운 인식을 요구하는 양성평등적 정책을 시행하는지, 국가의 공공정책이 여성의 삶을 얼마나 긍정적으로 변화시키는 데 일조했는지와 같은 지속적인 문제 제기가 진행되었다. 다양한 젠더레짐의 특성에 따라 일과 가족의 양립정책의 제도화 과정이 차별적임에도 불구하고 단순한 가족지원정책을 넘어 여성을 위한 일과 가족의 양립 문제를 유럽 차원에서 다룬다는 것은 매우 중요한 의미를 가질 것이다.

여성의 사회경제적 참여의 증대에 따라 일과 가족을 양립하는 정책에서 가족에 대한 수당제도는 여성의 가족 내 역할, 즉 모성 역할을 강조하는 것으로 전통적인 젠더 규범을 강화할 수 있다는 우려가 제기되고 있다. 그러므로 가족수당보다는 공적 영역에서 보육시설의 확충과 같이 여성의 노동시장 진출을 지원하는 정책을 더욱 적극적으로 시행해야 한다는 입장이 설득력을 얻고 있다.

다양한 연구를 통해 알 수 있듯이 공적 영역에서 보육시설의 여부는 출산율에 영향을 미친다(Gornick and Meyers, 2001, 2003; Lewis, 2006; Pfau-Effinger, 2011). 일반적으로 여성의 경제활동참가율이 증가하면 출산율이 떨어진다고 인식하고 있다. 그러나 여성들의 경제활동참가율이 높아지고 일을 하는 여성이 늘어난다고 해서 여성이 출산을 선택하지 않는 것은 아니다.

유럽 국가 중 여성의 경제활동율도 높고 출산율도 높은 국가가 있다는 점에서 여성이 출산을 선택하는 기준이 아이를 낳아 잘 키울 수 있는 환경과 국가의 적극적인 여성 친화적인 정책의 유무에 있다는 점은 강조되어야 한다. 보육과 양육에 대한 국가 개입이 더욱 적극적으로 이루어져야 하며, 남녀의 보육과 양육의 공동 책임의 정당성이 논의되어야 할 것이다.

임신에서 출산까지 그리고 양육으로 이어지는 일과 가족의 양립을 가능하게 하는 지원정책에 대한 유럽 차원의 지원 체계가 마련되지 못할 경우, 노동시장에서 여성의 경력 단절은 계속될 것이다. 여성 고용의 증가에도 불구하고 자녀양육과 돌봄 영역이 여전히 여성의 몫으로 남아 있고 이 과정에서 일과 가족 중 하나를 선택해야 하는 상황이 계속된다면 여성의 일과 가족 양립은 어려울 것이다.

또한 일하는 여성에 대한 인식이 변화되어야 하고 돌봄노동은 가족이라는 틀 속에서 개별 구성원이 해결하고 감수해야 할 문제가 아니라 공동체 차원에서 함께 풀어나가야 할 중요한 정책 과제로서 인식되어야 한다. 이와 같은 측면에서 일과 가족의 양립과 고용 관점을 함께 통합한 유럽연합의 정책은 노동시장의 조건과 환경의 변화까지 고려한 정책적 접근이라 평가할 수 있다.

이에 유럽연합은 지속가능한 성장과 가족정책이라는 틀 속에서 아동수당, 모성보호정책, 부모의 육아휴직제도의 효율성을 담보하여 각 회원국의 사회경제적 발전과 국가경쟁력을 향상하기 위한 정책적인 전략을 함께 고민하고 유럽연합 차원에서 일과 가족의 양립정책의 제도화를 추진하고 있다. 유럽연합의 일가족양립정책은 노동시장의 유연성을 확보하고 이 과정에서 발생 가능한 다양한 갈등을 조정하고 통제하여 고용과 돌봄을 통합적 관점에서 제시하고 있다.

가족 이슈는 정치경제적 측면, 사회문화적 측면뿐만 아니라 가족 내적인 측면 등 다양한 요인들이 상호 복합적으로 작용하여 형성되므로 각국의 가족정책과 사회정책의 틀 속에서 종합적으로 이해할 필요가 있다. 급변하는 유럽 사회의 환경 변화와 이에 따른 사회적 위험의 증가, 가족과 구성원 개인들의 의식 구조가 변하는 속도에 비해 정책적 대응 속도가 늦을 경우 가족 문제를 해결하는 과정에서 다양한 문제가 발생할 수 있다.

이에 유럽연합의 일가족양립정책은 가족복지정책의 패러다임의 전환을 의미한다는 점에서 큰 반향을 일으키며 복지정치의 새로운 의제로 주목받고 있다. 이와 같은 유럽 차원에서 일과 가족의 양립 문제는 국가 차원의 젠더 관계를 변화시키고, 기존 남성생계부양자 모델을 기본으로 하는 접근이 젠더적 관계를 명확하게 조명하고 있지 못한 부분을 일정 정도 보완하는 측면을 제공한다.

더 나아가 유럽 차원의 일가족양립정책은 기존 가족정책을 중심으로 한 정책적 한계를 보완하는 정책으로 변화되면서 가족 구성원 중 특히 여성과 아동의 변화에 대한 이해관계와 욕구의 실현 과정에서 유럽 차원의 젠더 관계의 변화에 기여한다. 고용과 돌봄 시간의 조정, 고용 형태에 따른 돌봄지원정책 및 프로그램, 아동수당 및 부모휴가제도, 부모와 노동자로서의 역할 갈등 등 국가별로 다른 젠더레짐과 젠더 관계 및 정책적 상이성이 존재한다.

그럼에도 불구하고 유럽 차원의 지속적인 고용 창출과 성장을 위해서는 노동시장에 참여할 의사와 능력을 가진 여성들의 일과 돌봄노동 사이의 긴장과 갈등을 완화할 필요가 있으며, 돌봄노동의 사회화 과정을 추진하는 과정에서 국가의 적극적인 개입과 노동시장의 환경을 변화시킬 정책이 요구된다. 즉, 노동시장의 불평등과 차별 문제를 해결하고, 보육시설 확대를 통한 자녀양육지원정책 등의 노력은 여성의 일가족양립 정책 및 고용 창출의 전제 조건이 된다.

따라서 젠더적 관점에서 국가, 시장, 여성 간의 관계를 재조정할 필요가 있다. 여성의 일가족양립정책을 어떻게 접근할 것인지에 대한 문제는 국가의 가부장적인 가족지원체계에 대한 비판에서 출발한다. 더 나아가 국가와 시장 그리고 여성의 통합적인 관계를 설정함으로써 탈가족화(defamilization)의 경향을 강화하는 데 관심을 두게 한다.

일과 가족의 양립정책은 초기에는 가족 구성원의 욕구와 이해관계를 충족시키면서 가족의 사회적 기능을 수행하고, 노동력의 안정적인 제공과 사회 유지에 필요한 지원이 국가를 통해 이루어질 수 있는 기반을 제공하기 때문에 사회정책적 측면이 강조되었다. 여성의 경제활동이 활발해짐에 따라 여성 노동력의 보호와 가족의 다양성이 강조되기 시작했으며, 특히 육아와 양육에 대한 집중 지원과 일하는 여성의 일가족양립 정책을 위한 공적 보육제도와 모성보호제도에 정책의 중요성이 놓이게 된 것이다.

2. 유럽연합 일가족양립정책의 근간

1) 지속가능한 성장과 복지 패러다임으로의 전환

유럽연합의 일가족양립정책에 관한 논의에서 유럽 차원의 젠더정책이 모든 영역의 차별철폐정책과 성주류화를 강조하는 쪽으로 분석의 중심이 옮겨감에 따라 젠더정책의 유럽화를 통해 회원국 국가 차원에서의 젠더정책의 변화가 이루어졌다. 이 과정에서 고용 및 사회 정책에서 제기되는 노동시장에서의 남녀의 불평등한 지위를 해소하는 문제는 단순하게 여성에게만 적용되는 문제가 아닌 젠더정책으로 인식하여 젠더적 관점에서 평가가 가능하게 되었다.

따라서 유럽연합에서 일가족양립정책은 여성정책이 남녀 모두에게 적용되는 역할과 구조 속에서 논의되고 있다. 이에 일가족양립정책은 유럽연합 젠더정책의 매우 중요한 핵심정책으로 유럽 차원에서 어느 정도 안정적으로 자리를 잡았다는 점은 매우 중요한 출발점이다.

유럽연합 회원국마다 상이한 젠더 상황과 맥락을 가지고 있기 때문에 상이한 젠더레짐의 구속력을 갖는다. 이에 따라 유럽 차원에서 젠더정책의 변화는 결국 지속가능한 성장과 복지를 창출하기 위한 국가의 개입과 관련된 것으로, 일가족양립정책을 수행함에 따라 얼마나 젠더정책의 방향과 성격의 변화를 가져왔는지에 대한 논의와 연결된다.

일가족양립정책에 대한 국가별 대응은 상이할 수밖에 없다. 국가의 개입 정도에 따라 유럽 국가들의 젠더 관계가 다르기 때문에 일가족양립정책은 단순하게 여성의 경제 활동 증가와 이에 따른 출산·양육 지원정책의 확대만을 의미하지 않는다. 공공 영역에서 보육시설의 확충과 적절한 기간과 급여를 지급하는 모성휴가 및 육아휴직 제도화와 보장, 더 나아가 양육을 지원하는 수당 지급 등과 같은 다양한 문제가 해결되지 않으면 안 되는 것이다.

여성의 경제활동 증가에 따라 여성의 일과 가족의 양립을 수월하게 하여 여성의 고용 창출과 돌봄의 공백을 메운다고 해서 노동시장에서의 성차별 문제나 가족 안에서 남녀의 불평등한 돌봄의 분배 문제가 해결되지 않는다. 다시 말해 여성에 대한 단순한 경제적·사회적 지원정책이 아닌 보다 근본적인 문제 해결을 위해서는 여성의 모성보호를 강조하고 여성은 가족의 양육자로, 남성은 부양자로 규정하고 여성에게 돌봄노동을 강요하고 있는 구조를 변화시키는 전환이 필요하다.

이는 일시적인 휴가정책이나 양육지원정책만으로 해결할 수 있는 문제가 아니다. 노동시장의 차별적인 근로환경 및 근로조건을 구조적으로 개선하고, 노동의 질을 변화시켜야 한다. 또한 일과 가족의 양립정책은 저출산과 고령화 문제, 여성의 노동시장 참여 증가, 노동시장과 가족 구조의 불안정성, 복지 재정의 제약 등 다양한 사회구조적인 문제와 연계되어 있다.

새로운 사회적 위험이 증대되고 이에 따라 사회적인 지원의 필요성이 강조되면서 지속가능한 경제성장과 복지 시스템을 유지하기 위해서는 무엇보다 여성 노동력의 확보와 젠더평등의 다양한 목표를 해결하는 과정에서 새로운 사회적 의제가 되고 있다. 따라서 일가족양립정책은 단지 여성의 문제를 해결하기 위해서가 아닌 평등하고 공정한 사회, 보다 많은 민주주의와 정당성을 확보하기 위해 유럽 사회가 해결해야 하는 중요한 과제라 할 수 있다.

특히 저출산 및 고령화 문제의 해결, 일가족양립정책을 공동으로 추진하는 과정에서 유럽연합 차원의 보육 서비스 확대, 부모휴가제도 개혁, 유연한 노동시간 확보 등 공동체 결정에 대한 수용 과정은 회원국들의 일가족양립정책에 영향을 미치고, 그 결과 회원국의 젠더 관계의 변화를 가져왔다. 또한 유럽 차원에서 진행되는 젠더정책의 성과에 대한 학습 효과가 지속되면서 회원국의 고유 영역으로 인식되었던 정책 영역에 대한 유럽연합의 영향력은 더욱 커지고 있다.

이 과정에서 젠더레짐의 차이에도 불구하고 모든 유럽연합 회원국에서 공통으로 목도되는 것은 남성생계부양자 모델에서 점차 이인소득자 모델로 전환이 이루어지고 있다는 점이다. 또한 일가족양립정책이 공동체 차원에서 수행됨에 따라 모든 회원국은 양육과 보육의 국가책임을 강조하고 국가적 개입을 강화하고 있다. 이를 통해 저출산 문제를 해결하고 일가족양립정책이 지속가능한 성장과 복지 패러다임을 형성하면서, 기존의 담론과는 다른 젠더정책과 젠더패러다임의 변화를 경험하고 있다.

2) 유럽연합 일가족양립정책: 모성보호, 자녀육아지원, 노동시간의 유연성

여성 고용의 증가, 이인소득자 모델의 전환에도 불구하고 일하는 여성, 특히 기혼 여성들에게는 고용 기회에서의 제한뿐만 아니라 경력 단절의 어려움이 존재한다. 이러한 현상은 공통적으로 아이가 어릴수록, 자녀의 수가 많을수록 더 명확하게 나타난다. 이에 유럽연합의 일가족양립정책은 모성보호, 자녀육아지원, 노동시간의 유연성이라는 세 가지 목표를 추진하기 위해 법체계의 변화를 통한 실효성을 확대하는 조치를 계속하고 있다. 세 가지 목표를 중심으로 유럽연합의 일가족양립정책을 보다 구체적으로 살펴보면 다음과 같다.

(1) 모성보호

모성보호의 경우 출산전후휴가를 규정하고 있는 모성휴가지침[1]은 임산부와 수유 중인 여성의 직장 생활에서의 안전과 건강을 증진할 목적으로 1992년 10월 채택되었다. 특정 직업의 경우 내재된 위험으로부터 임산부를 보호하고 업무의 안정성을 평가하여 필요하면 조치를 취해야 한다. 또한 임산부의 경우 회원국 법의 규정에 입각하여 18주의 출산전후휴가를 사용할 수 있다. 이 중 6주는 의무적으로 출산 후에 사용하도록 했다. 출산전후휴가제도는 1992년에 채택될 당시에는 14주였고, 이 중 2주는 출산 전후에 의무적으로 사용하도록 했으나, 2008년 9월 모성보호에 관한 유럽연합의 지침이 개정되어 연장되었다.

모성휴가 후 동일하거나 유사한 업무로 복귀할 권리와 임신을 이유로 해고할 수 없다는 규정도 개정되었다. 직장 복귀와 관련해서는 이전보다 열악하지 않은 노동 조건으로 동일하거나 또는 동일 가치의 업무로 복귀할 권리를 가지며, 출산 이후 달라진 환경에 맞춰 근무시간을 조정해줄 것을 요구할 수 있는 조치를 취할 수 있다.

또한 해고와 관련 보호 규정도 임신이 시작된 날부터 산전 휴가가 종료될 때까지 극히 예외적인 경우를 제외하고, 해고뿐만 아니라 일체의 해고 준비 행위가 금지된다고 개정되었다. 이와 함께 사업주의 입증 책임부담과 피해자화(victimisation) 규정이 신설되어 해당 근로자를 보호할 수 있는 조치를 회원국이 도입해야 한다는 규정이 삽입되었다.

1 Council Directive 92/85/EEC of Oct. 1992 on the Introduction of measures to encourage improvement in the safety and health at work of pregnant workers and workers who have recently given birth or are breastfeeding, OJ L 348, 28.11.1992.

(2) 자녀육아지원

자녀양육과 같은 돌봄노동은 일하는 여성들이 일과 가족을 양립하는 과정에서 가장 어려워하는 부분이다. 이에 유럽연합은 보육시설의 확충, 보육 서비스 지원, 부모휴가제도 등 다양한 정책적 노력을 해왔다 (Maetzke and Ostner, 2010; Morgan, 2013).

출산휴가의 경우 유럽연합 회원국 대부분이 법률로서 보장하고 있고 제도적 측면에서도 유사성을 보이고 있다. 그러나 부모휴가제도의 경우 휴가의 기간과 급여의 소득 대체 수준, 부성휴가(paternity leave) 실시 여부, 휴가 기간 동안 고용 보호 규정의 유무 등은 국가의 상황에 따라 다르다.

최근 들어 부모휴가 기간 및 소득 대체 수준의 제도적 수준이 높아졌으며, 부모휴가 사용 과정에서도 유연성이 증가했다. 부성휴가에 대한 장려정책의 실행으로 인센티브 제도가 도입되고 할당제가 추진되는 등 양육에서 남성의 책임이 강해지고 있다.

육아지원과 관련하여 유럽연합의 지침은 두 개의 지침을 통해 유럽 차원에서 제도화되었다. 첫 번째 지침은 1996년 6월 채택된 부모휴가 지침[2]으로, UNICE, CEEP, ETUC가 일과 가족 양립을 용이하게 하기 위한 부모휴가에 대한 최소한의 기준을 수립하고, 남녀의 기회 균등 및 동등한 대우를 촉진하기 위해 1995년 12월 14일 채택된 부모휴가기본협정 (Framework Agreement on Parental Leave)[3]에 근거한 것이다.

2 Council Directive 96/34/EC of 3 June 1996 on the Framework agreement on parental leave concluded by UNICE, CEEP, and the ETUC, OJ L 145, 19.6.1996.

3 영국을 제외한 모든 회원국이 채택한 이 협정은 1997년 97/75/EC(Council Directive 97/75/EC of 15 December 1997 amending and extending, to the United Kingdom of Greate Britain and Northern Ireland, Directive 96/34/EC of 3 June 1996 on the

주요 내용은 출산 후 8년 이내 시점에서 최소 3개월의 부모휴가를 사용할 수 있도록 하고 남녀의 기회 균등과 동등한 대우를 증진하기 위한 조치로 부모휴가에 대한 부모 개별 권리를 인정하여 남녀 모두에게 양육에 대한 책임을 인정하고 있다.

두 번째 지침은 1996년 채택된 부모휴가 지침의 개정 지침으로, 유럽집행위원회와 유럽연합의 다양한 사회적 파트너들의 협의 과정을 통해 유럽 차원에서의 일과 가족의 양립정책의 중요성에 대한 인식이 확산되었다.

젠더문제와 관련된 다양한 행위자들이 일과 가족의 양립정책 협상 과정에 참여했고, 회원국들이 이 정책을 자발적으로 수용하면서, 육아에 대한 남녀의 공동 책임뿐만 아니라 돌봄 책임에 대한 성별 간 균등한 분배 문제, 부모휴가에서 부성휴가에 대한 인센티브와 수당 문제 등도 포괄적으로 논의될 수 있게 되었다.

2008년 7월 시작된 협상은 2009년 6월 18일 부모휴가기본협정의 개정을 합의했다. 이에 따라 유럽집행위원회는 2006년 7월 30일 부모휴가 기본협정 폐지 및 개정 이행을 위한 지침 제안서를 마련했다. 이와 같은 절차에 의해 기존 부모휴가 지침은 폐지되었으며, 2010년 3월 8일 부모휴가에 대한 새로운 지침이 마련되었다.

새로운 지침은 유럽 차원에서 일가족양립정책을 제도화하여 함께 해결해야 한다는 측면을 강조하고 있다. 이에 회원국의 법 개정과 제정으로 필요한 조치들이 보장될 수 있어야 함은 물론, 이를 어겼을 경우의 처벌 규정도 제시해야 한다는 점을 통해 일과 가족의 양립을 위한 유럽

Framework agreement on parental leave concluded by UNICE, CEEP, and the ETUC)로 수정되어 영국에 확대 적용되었다.

차원의 공통 기준을 마련하고자 했다는 점에서 큰 의의를 갖는다.

새로운 부모휴가 지침은 부모휴가 기간의 연장과 부모할당제에 대한 자세한 규정을 포함하고 있다. 또한 부모휴가를 신청했을 때 기업이 거부한다면 그 사유를 명시하게 되어 있다. 중요한 것은 부모휴가 사용 후 복귀권이 보장되어야 함은 물론 부모휴가 사용으로 인한 해고를 금지하도록 규정하고 있다는 것이다. 더 나아가 부모의 근무시간 단축권 보장뿐만 아니라 입양아나 장애아를 둔 부모는 휴가 기간을 조정할 수 있도록 규정하고 있다.

(3) 노동시간의 유연성

마지막으로 노동시간의 유연성 문제는 단시간 근로 보호 지침을 통해 설명할 수 있다. 여성의 일과 가족 양립을 위한 노동시간의 유연성은 매우 효과적인 기제임에도 불구하고 노동시장에서 여성의 지위를 더욱 열악하게 하고 불평등과 차별을 강화한다는 비판이 계속되어왔다(Leria, 2002). 그 이유는 노동시간의 유연성이 노동시장에서 존재하는 수직적·수평적 배제 현상을 조장하여 여성의 고용불안정을 초래할 수 있기 때문이다. 특히 계약직, 시간제, 파트타임제 등 저임금과 고용 환경이 좋지 않은 노동에 종사하는 여성들에게 노동시간의 유연성과 함께 안정성이 보장되지 않을 경우 이는 여성 고용의 또 다른 문제가 될 수 있다.

여성의 유연화된 노동시장 활성화는 계약직, 시간제, 임시 고용이 대체되면서 나타나는 고용 불안정 문제로 환원될 수 있다. 더 나아가 파트타임으로 일하는 다수의 여성들이 풀타임 노동자와 비교해볼 때 임금 차이가 있어 정당한 혜택을 보장받지 못하고 있다는 문제도 제기된다(Lewis, 2010: 108~109).

이와 같은 문제점을 인식하고 유럽연합은 노동시장의 유연성과 안정성을 유지하면서 유럽연합의 경쟁력과 지속가능한 성장을 달성할 수 있는 고용률을 창출하고 이 과정에서 남녀의 기회 균등을 증진하기 위해 일과 가족의 양립을 가능하게 하는 성평등정책을 연결시키고자 했다.

시간제 근로는 노동시장의 구조와 빠르게 변화하는 수요와 공급 구조에 유연하게 대처할 수 있다는 장점을 가진다. 그러나 사회적 안전망이나 복지 체계의 미비로 안정성에 위험이 따르는 노동의 형태이다. 유럽연합은 2007년 유연안정성에 대한 공동원칙(common principles of flexibility)을 통해 유연성과 안정성 사이의 균형을 전략적으로 추진하여 노동 유연화를 추구하면서도 유럽연합 내 비정규직 및 시간제 근로자의 법적 지위를 보장함과 동시에 정규직 근로자와 동등한 대우를 받을 수 있도록 이들에 대한 다양한 영역의 차별을 철폐하고자 노력하고 있다.

이와 관련해서는 1997년 12월 시간제 근로 기본협정(framework agreement on part-time work)이 채택되어 1998년 12월 20일부터 효력이 발생한 시간제 근로 지침이 대표적인 예가 될 것이다. 시간제 근로 지침은 일과 가족을 양립하는 과정에서 일하는 여성들의 노동시장 참여를 증진하기 위한 대안을 다루고 있다.

시간제 근로는 여성 고용 형태 중 임신과 출산으로 인한 경력 단절 문제를 해결하고 노동시장의 유연성을 유지하기 위해 강구되었다. 노동력이 필요한 일자리에 시간제 근로 형태를 통한 노동력을 창출함으로써 여성의 일과 가족을 양립할 수 있는 방안을 모색하고, 이 가운데 시간제 노동의 질과 근로조건의 개선 등 노동시장의 재구조화를 통한 일가족양립정책의 제도화가 추진될 수 있을 것이다.

일과 가족을 양립하는 과정에서 노동시간 정책의 특징은 전반적인 노동시간의 단축과 탄력적 노동시간제도의 운용이 증대되었다는 점이다. 여성의 노동 참여가 증대함에 따라 일과 가족을 양립하기 위해서는 절대적인 시간을 가족과 함께 보낼 수 있도록 하는 정책적 배려가 필요하다. 일자리 공유를 통한 노동시간 단축, 파트타임 고용 등 노동시간 감축은 노동시장과 가족 내에서 성불평등을 완화하는 역할을 하고 있다.

탄력적 노동시간제도의 도입으로 노동시간의 조정이 용이해지고, 육아와 돌봄노동에 필요한 시간을 탄력적으로 유연하게 운영할 수 있는 과정에서 노동시간을 단축할 수 있는 제도 등이 실행되고 있다. 가족 친화적인 고용정책은 여성들의 일과 가족을 양립하고 조화롭게 할 수 있는 방안이 되고 있는 것이다.

이와 같은 의미에서 유럽연합 일가족양립정책의 근간인 모성보호, 자녀육아지원, 노동시간의 단축은 일과 가족을 양립할 수 있도록 제도적 장치를 마련하고 임신과 출산, 양육의 부담을 덜어 양육자임과 동시에 노동자인 여성의 가족 내의 지위 향상과 직장 내 여성의 불평등을 해소하고 있다.

3. 일가족양립정책의 사례: 스웨덴, 프랑스

유럽에서는 다양화, 탈제도화, 탈가족화, 개인화로 인해 가족의 형태가 변화하고 가족의 구조가 변화되고 있다. 그 과정에서 유럽연합과 그 회원국의 노동시장과 가족의 변화는 여성 고용과 일가족양립정책과 연계되어 발전하고 있다. 여성의 고용을 증대시키는 과정에서 돌봄을 사회적 위험으로 인식하면서 돌봄의 사회화 문제가 대두되었다. 여성들의 욕구와 이해관계는 충족시키지 못하면서 다양한 가족 문제와 이슈들이 등장했다.

일가족양립정책은 사회 구성원들이 노동시장에 충분히 참여하여 소득을 창출할 수 있도록 지원하는 소득 보장, 가족의 안정적인 경제 상태, 자녀양육지원(보육 서비스의 지원, 출산휴가 및 부모휴가 지원, 자녀양육비용 분담)으로 이해할 수 있다. 일가족양립정책은 유자녀 취업부모뿐 아니라 미래의 부모가 될 미혼 남녀의 태도와 행동을 결정짓는 중요한 잠재력을 가진다.

유럽연합 일가족양립정책의 실제 사례를 살펴보기 위해 스웨덴과 프랑스를 선택했다.

스웨덴은 여성의 경제활동참가율이 높고 출산율도 높은 국가로 탈가족화정책과 탈성별화정책을 적극적으로 추진하고 있다. 부성휴가제도, 육아 근무시간 단축제도, 근무시간 유연화제도 등을 통한 성별 분업 해체를 적극적으로 유도하는 과정에서 스웨덴은 아버지 할당제, 개인적 휴가 사용 권리 여부, 높은 휴가 급여 대체, 휴가 양도 가능 등의 제도적 보완을 통해 탈성별화정책을 촉진하고 있다.

사회경제적 변화와 일과 가족 양립에 대한 사회적 욕구가 증대하면서 스웨덴에서는 맞벌이 소득자 가족에 대한 법과 제도를 재구축해야 한다는 요구가 커졌다. 소위 노사협약주의, 평등주의, 복지를 통한 삶의 질 확대를 중시하는 스웨덴 모델(Aspling, 1989; Nilsson and Choe, 2011)은 이인 소득자 모델을 대변하며, 여성의 고용율도 유럽연합 국가 중 가장 높다.

이와 같이 기존 탈가족화정책은 물론 성별 분업을 적극적으로 해체하려는 국가의 여성 친화적 정책이 뒷받침되어야 일가족양립정책을 통해 출산율이 높아진다는 점에서 스웨덴의 사례는 여성의 이중 부담 해결과 국가적·사회적 차원에서의 성과가 함께 논의될 수 있는 경우라 할 수 있다.

프랑스는 국가의 출산지원정책을 통해 출산율이 급격하게 증가했다. 다양한 종류의 아동수당을 지원함으로써 탈가족화정책을 실시하고 있지만, 부분적인 성별 분업이 이루어져 남성생계부양자 모델과 이인소득자 모델이 병행되고 있다. 프랑스는 국가 차원에서 성별 분업을 해제하고 가족 내 불평등한 성별 분업 구조를 해소하기 위해 국가가 적극적으로 개입하여 성별에 관계없이 남녀 모두에게 돌봄의 책임과 권리를 부여한다. 하지만 가부장적 사회 구조와 남성의 역할 자체의 변화보다는 여성의 돌봄노동에 대한 국가의 지원을 강화하는 방향으로 일가족양립정책이 운영되고 있는 국가이다.

스웨덴과 프랑스의 일가족양립정책을 살펴보면서 이들 두 국가에서 여성의 경제활동참가율의 증대에 따른 일과 가족 양립 욕구를 해결하기 위한 정책적 노력이 어떻게 강구되었는지 구체적으로 살펴보고자 한다. 특히 국가의 여성 친화적 정책이 동등한 기회를 통한 젠더평등과 여성의 권리를 어떻게 달성해갔는지 분석해보고 이를 유럽연합에서 젠더평등과 여성 권리를 증진시키기 위한 정책에 대한 논의와 연계해봄으로써 일가족양립정책의 성과를 판단할 수 있을 것이다.

1) 스웨덴의 일가족양립정책

(1) 일가족양립정책의 변천 과정

스웨덴은 여성의 경제활동참가율이 높은 사회민주주의 복지국가로서, 지속가능한 성장을 위해 여성의 노동력 창출을 위한 일가족양립정책을 적극적으로 추진하고 있는 국가이다. 스웨덴은 여성 친화적 정책을 통해 성평등을 지향하고 있다. 여타 유럽 국가와 비교했을 때 여성의 정치적 대표성이 높으며, 가사 및 양육과 같은 돌봄노동에 대한 사회화 정도가 높다. 또한 스웨덴은 여성의 노동 지원과 성평등정책을 기반으로 자녀양육에 대한 보육 서비스 지원, 자녀양육 시간을 제공하기 위한 부모휴가제도를 적극적으로 추진하고 있다.

스웨덴은 1968년 이인소득자 모델을 공식적으로 선언하고 남녀의 노동시장에서의 평등성을 보장하는 정책을 시행하는 과정에서 세금 분할정책, 부모휴가제, 공공 탁아시설 확대 정책을 적극적으로 추진했다. 이와 같은 정책의 기조는 남성과 여성 모두가 경제활동에 참여하면서 가사 및 양육 문제에 있어 남녀의 공동 책임을 강조하고 있어, 국가가 사회 전반의 성평등정책을 통해 일과 가족의 양립정책에 적극적으로 개입하고 있으며, 성불평등을 해결하겠다는 의지를 분명히 한 것이다.

여타 유럽 국가들에 비해 전통적인 성 역할에서 탈피하여 여성들의 경제활동 증대를 위해 다양한 정책을 실행하고 있는 스웨덴은 여성의 삶의 질과 웰빙 지수가 높은 국가이다. 여성의 경제활동참가율은 1960년대 지속적으로 상승하여 1985년 78.7%까지 증가했으며, 2000년 75.5%, 2005년 75.3%, 2011년 77%로 유럽연합 국가 중 가장 높은 수치를 보이고 있다.

2012년 현재 스웨덴의 여성 고용률은 15~64세 기준 71.8%로 70%를 넘는 비율을 지속적으로 유지하고 있다. 25~54세 여성의 총고용 대비 전일제(주 30시간 이상) 비율은 87.5%로 전일제 노동에 종사하는 여성의 비율이 상당히 높아 대다수 여성이 전일제로 일하고 있는 것으로 나타났다. 시간제 종사자는 12.5%이며, 시간제 고용 중 여성은 67.5%로 나타났다(양윤정·최연혁, 2014).

스웨덴의 일가족양립정책의 역사적 과정을 좀 더 구체적으로 살펴보자.

스웨덴에서는 1960년대 들어와 여성의 경제활동참가율이 지속적으로 증가했다. 이에 따라 스웨덴은 남성생계부양자 모델에서 탈피하여 이인소득자 모델로 전환되면서 여성의 노동시장 참여를 국가 차원에서 권리로서 보장하게 되었다. 경제성장과 공공 부문 확대는 여성의 경제활동 참가의 증대를 가져왔으며, 이에 따라 자녀양육 문제가 사회적 이슈가 되었다.

여성의 일과 가족을 양립하는 과정에서 출산 및 자녀양육이라는 구조적 가족 문제를 해결이 중요한 사회적 과제로 등장했고, 이를 해결하기 위한 국가의 지원과 개입이 적극적으로 이루어졌다. 우선 여성에서 일과 고용의 기회를 동등하게 제공하기 위한 법과 제도의 정비가 이루어졌다. 자녀양육을 위한 다양한 제도적 지원과 휴가제도의 효율성을 담보하려는 노력이 추진되었다.

또한 스웨덴의 일가족양립정책은 단순히 돌봄지원을 공식적 영역으로 인식하고 임신과 출산 및 자녀양육을 지원하는 차원이 아닌 여성 친화적인 국가의 정책적 노력의 결과라 할 수 있다. 남녀 모두에게 동등한 사회적 권리를 보장하고 일과 가족 양립을 위한 정책적 노력, 특히 아동수당제도, 공공 보육 서비스 지원 확대를 통한 공적 보육제도의 개혁, 모성보호에서 유급 부모휴가제도로의 전환, 보육에서 남성의 책임 강화 등을 통한 여성 친화적인 정책이 추진되었다.

스웨덴은 여성에게 젠더평등을 통해 동등한 고용의 기회 보장과 아동의 복지권을 동시에 보장할 수 있는 일가족양립정책을 실시하고자 했다. 특히 5세 미만의 자녀를 가진 여성에 대한 일과 가족의 양립을 위한 가족 구조 문제를 해결하기 위해 국가의 적극적인 개입이 이루어질 수 있는 복지정책이 추진되었다.

1970년대 들어 노동력 창출을 위한 완전고용 추진 전략과 일가족양립정책을 통한 성평등을 지향하는 과정에서 노동시장에서 여성의 일과 지위에 대한 새로운 인식론적 접근이 시도되었다. 돌봄지원이 공식 영역으로 인식되고, 모성보호에서 유급 부모휴가로 전환하고, 공보육의 이용

가능성이 부모의 고용 상태에 조응할 수 있도록 지원하는 정책이 추진되었다(Bergqvist, 1999; Nyberg, 2000).

돌봄지원에서 어머니로서 모성의 역할과 노동자로서의 역할이 긴장이나 갈등 관계가 아닌 선택의 자유로 전환되는 과정에서 일과 가족 양립을 위한 제도적 보완이 필요했기 때문이다. 특히 시간제와 파트타임에 종사하는 여성의 비율이 높아 노동시장에서의 성별의 균형을 맞추기 위해서는 국가 차원의 여성 친화적인 복지국가의 개입이 요구되었다.

1974년 부모휴가제도가 실시됨에 따라 남녀 공동양육 모델이 제시되었다. 남녀 성별 분업을 변화시키기 위해 남성의 육아 참여를 독려하는 제도를 채택함으로써 보다 강력한 평등 조치의 기반이 마련될 수 있었다. 노동시장에서의 성평등을 확립하는 과정에서 노동자라면 남녀 누구나 일과 자녀양육을 자유롭게 선택할 수 있어야 한다는 취지에서 1970년대 국가의 자녀양육에 대한 공적 지원 확대가 정당화되었다.

대표적으로 부부분리과세제도, 부모보험제도, 연대임금전략 등을 통해 남녀의 평등한 권리 및 기회가 보장되면서 자녀양육은 부부의 공동책임이라는 인식이 확대되었다. 노동시장에서의 불평등과 차별 문제인 성별 임금 격차가 감소되고 성불평등과 차별을 제도적으로 규제하기 위한 체계를 확립하는 과정에서 노동권이 사회적 권리로서 보장될 수 있게 되었다.

부부분리과세는 여성을 노동자로서 인식하고 여성의 고용을 확대하는 데 긍정적인 역할을 했다. 부부분리과세는 남편의 소득과 부인의 소득을 분리하여 개인을 단위로 하며, 경제적 자립을 근거로 과세를 부과하는 제도로, 일하는 여성과 맞벌이 가족에게 유리하다는 점에서 기존의 모성권 중심이 아닌 여성의 노동권을 보장하기 위한 제도의 예라 할 수 있다.

1980년대 스웨덴에서는 노동자로서 선택의 자율성을 보장하는 과정에서 공적 보육 서비스 확대가 이루어졌다. 남성에게만 초점을 맞춰 고용정책이 추진되었던 것과는 달리 노동자로서의 여성에 대한 사회적 인식의 증대는 노동자라면 누구든 일과 가족을 자유롭게 선택할 수 있는 자율성을 갖는다는 점을 강조하고 있다.

선택의 자율성이 보장되기 위해서는 무엇보다 국가의 적극적인 개입과 자녀양육을 위한 공적 지원의 확대를 전제로 한다. 또한 선택의 자율성은 남녀가 공동으로 일과 가족을 양립하기 위한 책임과 의무를 공동으로 분담할 때 가능하다. 따라서 공적 영역에서의 돌봄지원뿐만 아니라 돌봄 영역과 가사노동의 공평한 분담이 중요하다. 이와 같은 문제를 해결하기 위해 스웨덴은 성평등 전략을 적극적으로 추진하게 된 것이다(Bergqvist, 1999; Leira, 2002).

스웨덴이 추진한 유급부모휴가와 공보육 확충 및 서비스 확대는 성평등 전략의 일환으로 추진된 것으로 이해할 수 있다. 부모의 선택적 자율성을 확대하기 위해 스웨덴은 공보육 서비스를 확대했다. 돌봄노동 지원에서 자녀양육을 위한 공적 지원의 확대와 노동자로서 여성에 대한 인식, 선택의 자유가 여성 노동력의 확대와 노동권 보장이라는 틀 속에서 정착되었다.

스웨덴의 일가족양립정책에서 선택의 자율성과 관련해 정당 사이에 이념의 차이가 존재한다. 사민당 정부는 여성의 노동력 창출을 목적으로 공적 지원의 확대와 다양한 공보육 서비스 보급을 통해 임금노동자로서 부모에게 선택권을 제공하고자 했다. 반면 보수당은 아이는 어머니가 키워야 한다는 모성 이데올로기를 강조했고 부모 중 한 사람이 가정에 머물며 아이를 키울 수 있도록 아동양육수당을 지원하는 전략을 통해 유급노동과 무급노동 간 젠더 균형을 꾀하고자 했다.

이처럼 스웨덴의 일가족양립정책에서 선택의 자율성은 정권의 변화에 따라 조금씩 상이했으며, 상이한 해석과 강조는 보육 서비스와 프로그램에 영향을 미쳤다.

(2) 내용 및 현황

스웨덴의 일가족양립정책은 노동시간정책, 부모휴가정책, 보육정책, 아동양육수당제도를 통해 설명할 수 있다.

먼저 노동시간정책은 2002년 근무시간 단축법이 제정되면서 자녀가 있는 부모의 경우 자녀가 8세가 될 때까지 노동시간을 25% 단축할 수 있도록 했다. 돌봄지원을 위한 노동시간의 조정 필요성이 증대함에 따라 노동시장에서 일과 가족을 양립하기 위한 유연화 전략이 확대되었다. 근무시간을 탄력적으로 이용할 수 있게 됨으로써 파트타임 노동을 선택할 수 있게 되었으며, 이를 통해 근무시간 단축이 용이해졌다.

육아를 이유로 파트타임 노동에 종사하는 여성의 비율이 높은 스웨덴의 경우 탄력적 근무시간 단축제도는 부모휴가제도 외에 자녀양육 문제를 해결하기 위한 지원제도라 할 수 있다. 만 1~8세의 자녀가 있는 여성 노동자 중 자녀의 연령이 어릴수록, 자녀의 수가 많을수록 파트타임에 종사하는 여성의 비율이 높은 것으로 나타났다.

파트타임에 종사하는 여성들의 비정규직화 및 남녀 임금 격차 문제 등 유연화 전략에 따른 갈등을 해결하기 위해 동일노동 동일임금 원칙을 강화했고, '신남녀고용평등기회법'을 통해 성별 간, 고용 형태에서 발생할 수 있는 임금의 격차를 해소하고자 노력했다. 더 나아가 여성이 사회보장 수급권에서 배제되지 않도록 하여 돌봄 영역에서 유급노동과 무급노동 사이의 선택의 자율성을 최대한 보장하고자 제도적으로 노력했다.

둘째, 부모휴가제도를 살펴보자.

스웨덴은 다양한 부모휴가제도를 가지고 있다. 부모휴가제도는 시기별로 단계적으로 변화했다. 1960년대에는 모성 이데올로기와 어머니로서 여성의 지위와 역할에 대한 인식이 지배적이었기 때문에 가정에 머물며 아이를 양육하는 여성과는 달리 일하는 여성을 위한 무급모성휴가가 지원되었다. 모성휴가는 무급에서 유급으로 점차 전환되었다.

1974년 발효된 '부모보험법(Parental Insurance Law)'은 출산휴가를 180일로 규정하고 기혼 직장 여성을 출산으로부터 자유롭게 해주었다. 1995년부터 남성도 반드시 30일을 출산휴가로 사용하도록 규정하여 부모권을 통해 자녀양육에 있어 부모의 주체화가 강조되었으며, 남녀의 평등한 책임과 의무가 강조되었다.

기존 모성휴가가 부모휴가제도로 변화되었다. 1975년부터 1989년 동안 점차적으로 부모휴가 기간과 급여가 확대되었다. 휴가 기간은 15개월까지 늘었으며, 소득 대체율도 90%까지 증대되었다. 또한 일과 가족 양립을 위해 자녀가 8세가 될 때까지 탄력적 근무시간제를 사용할 수 있게 되었다.

1997년부터 현재까지 부모휴가제도는 성평등한 일가족양립정책을 통해 남녀의 양육에서의 공동 책임을 적극적으로 추진하고 있다. 아버지 할당제를 통해 14주 모성휴가 외에 2주의 부성휴가와 추가 1개월의 아버지할당제가 제도화되어 부모 돌봄의 젠더 균형과 부모의 주체화가 일가족양립정책을 통해 제도화되고 있다.

스웨덴의 부모휴가제도를 좀더 구체적으로 설명해보면, 먼저 출산휴가가 있다. 14주 동안 별도의 명칭 없이 출산휴가를 사용할 수 있다. 부모휴가로, 16개월에서 8세 미만의 자녀를 둔 부모의 경우 정율·정액 급여, 휴가를 탄력적으로 사용할 수 있다. 특히 1995년에 아버지의 달이 도입되어 부모휴가 기간 중 1개월을 남성만이 사용할 수 있도록 했다. 아버지의 달은 2001년부터 2개월로 확대되었다.

이를 통해 많은 아버지들이 부성휴가를 사용하고 그 수가 계속해서 증가하고 있다. 2008년에는 성평등보너스(gender equality Bonus) 제도가 도입되었다. 성평등보너스제도는 임금이 낮은 여성이 육아휴직을 사용하는 경우가 많은데 남성이 부모휴가를 사용할 경우 일정 정도 보너스를 제공하여 휴가를 남녀가 평등하게 분할하여 사용할 경우 더 많은 혜택을 주는 제도로, 남녀의 성별 분업에 국가가 적극적으로 개입하는 조치라 할 수 있다.

성평등보너스제도의 도입으로 출산 부모가 480일의 출산휴가 기간 동안 동시에 135일씩 합계 270일을 사용할 경우 최대 1만 3500크로나(SEK)를 지급하는 제도를 도입했다. 남성이 70일, 여성이 100일을 사용했을 경우 공동으로 겹치는 70일의 2배, 즉 140일로 산출해 7000크로나를 부모의 통장에 50%씩 입금하도록 하고 있다(양윤정·최연혁, 2014: 26).

임시육아휴직은 60일 동안 사용할 수 있으며, 자녀가 아플 경우 자녀의 돌봄을 위해 부모가 자유롭게 사용할 수 있는 부모휴가제도이다. 스웨덴의 높은 여성경제활동율과 출산율은 이처럼 잘 정비된 부모휴가제도를 근간으로 하는 일가족양립정책이 중요하게 작용했다는 점에서 의미하는 바가 크다.

보육정책으로는 스웨덴의 경우 원칙적으로 1~6세 아동에게 보육에 대한 권리를 보장하고 있다. 조기교육의 중요성을 강조하고 있어 3~7세 유아교육의 권리 또한 보장된다. 취학 전과 학령기 아동으로 구분되어 취학 전에는 유아학교, 가정보육, 개방형 유아학교가 운영되고 있다. 학령기에는 아동에게 방과 후 서비스와 권리가 보장되어 있으며, 레저타임센터, 가정보육, 개방형 레저타임센터 등 다양한 보육 서비스가 운영되고 있다.

2008년부터 양육수당이 도입되어 1~3세 자녀를 둔 부모의 경우 육아휴직이 끝나고 난후 직장으로 복귀할 것인지 가정에 머무를 것인지 선택할 수 있게 된다. 가정에 머물 경우 최고 월 3000크로나가 양육수당으로 지급된다. 스웨덴은 보육시설의 80%가 공보육시설로 90% 이상의 아동이 이와 같은 공보육시설을 이용하고 있다. 공적 보육시설에 맞춘 스웨덴의 정책은 여성의 노동 참여 증대와 젠더평등을 기반으로 한 것으로 여성의 일가족양립정책에 긍정적이다.

2) 프랑스의 일가족양립정책

(1) 일가족양립정책의 변천 과정

프랑스의 가족정책은 오랜 역사와 사회적 지지를 기반으로 하고 있다. 프랑스는 가족을 사회의 중요한 제도로 간주하여 보호하고 유지하기 위한 국가의 개입이 정당화되어 있는 국가다. 프랑스의 가족정책은 제2차 세계대전 이후 전통적인 남성생계부양자 모델에 근거해 수립된 가족수당정책을 근간으로 하는 보수주의적인 모델로 분류되는 국가였다. 프랑스는 아동의 양육과 가족의 부양 책임을 인정하여 가족수당제도와 다양한 양육수당을 제도화하고 있는 국가로 가족지원체계에 대한 국가의 정책적 개입이 정당화되고 있다.

이와 같이 남성부양자 모델을 근간으로 가족을 중시하는 프랑스의 가족정책은 가족 형태의 변화와 가족 구조의 다양화, 부부를 구성할 권리의 확대, 아이를 중심으로 가족이 재편되는 과정에서 수정이 요구되었다. 기존 자녀와 부모로 구성된 전통적인 가족의 구조에서 벗어나 가족의 형태가 다양화되었다.

가족 형태의 변화와 가족 구조의 다양화와 함께 프랑스는 여성 노동자의 증가에 따른 이인소득자 모델로 전환되는 과정에 있다. 프랑스는 스웨덴과 같이 완전한 성별 분업이 이루어지지는 않았다. 아이를 중시하는 과정에서 노동하는 어머니, 양육하는 어머니라는 이중적인 관념을 근간으로 여전히 많은 여성들이 가정에 머물러 있기 때문이다. 하지만 프랑스에서도 부분적인 성별 분업이 이루어지고 있다.

프랑스 가족정책은 또한 가족주의에서 부모주의로의 변화를 담은 부모 모델(parental model)이라는 독특한 모델(Lewis, 1992)을 통해 설명할 수 있다. 동거와 이혼이 증가했고, 사실혼이 인정되고 있으며, 동성 부부의 결혼이 합법화되어 결혼이라는 제도의 의미가 축소되었고 결혼제도의 의미도 달라지고 있다. 가족의 구조와 가족정책의 변화는 부부를 구성할 권리의 확대와 다양한 가족에 대한 인정, 아이를 중심으로 가족이 재편되는 과정과 맞물려 진행되고 있다.

프랑스의 일가족양립정책의 변천 과정을 역사적으로 가족정책의 형성 및 발전 과정과 연계하여 논의하도록 하자.

프랑스의 가족정책은 세 가지 시기적으로 구분할 수 있다. 첫째, 1930년대부터 1960년대까지 가족정책 형성기, 둘째, 1970년대부터 1990년대까지 가족정책의 변혁기, 셋째, 2000년 이후 가족의 책임, 가족의 정체성 등 새로운 쟁점이 부상되는 시기로 구분해볼 수 있다(김민정, 2011; 유은경, 2016).

첫째, 1930년대부터 1960년대까지 가족정책 형성기의 특징을 살펴보자. 제1차 세계대전 이전 시기의 가족정책은 공적 부조 측면에서 빈곤아동에 대한 보호에 한정되어 정책으로 자리 잡지 못했던 반면에, 양차대전을 치르는 과정에서 출산을 장려하고 지원하는 인구정책의 필요성이 제기되기 시작했다. 가족이 중심이 되는 출산지원정책이 국가의 적극적인 개입정책을 통해 수행되면서 보편주의적 가족정책의 형성을 가져왔다.

프랑스는 이미 1930년대부터 가족정책과 인구정책을 결합한 정책을 실시하고 있었다. 이 시기 가족정책은 출산지원정책과 모성보호제도를 근간으로 이루어졌다. 1932년 제정된 가족법을 통해 가족정책이 공공정책의 독립적 분야로 인식되기 시작했다. 또한 기업에 국한되어 적용되었던 출산휴가제도인 모성보호제도가 1940년대 후반 사회보장제도로 통합되면서 보편화되었다.

가족법은 가족의 경제적 개선을 도모하기 위해 프랑스 영토 내에 거주하는 아이를 가진 가족에게 가족수당을 제공할 것을 규정하고 있다. 가족수당의 적용 범위가 확대되었으며, 이 과정에서 국가의 개입 역시 확대되었다. 가족수당이 모든 가족을 대상으로 확대되어 시행되면서 포괄적인 가족복지 기능을 수행하며 더욱 보편주의적 성격을 갖고 발전하게 되었다.

이 시기 가족정책의 근간은 국가의 아동양육 부담을 전체 인구가 분담하는 것과 출산을 지원하고 재생산 활동에서 모성의 역할을 강조하는 출산장려정책이라 할 수 있다. 기혼 여성들의 노동 참여를 제한하고, 기혼 여성들이 출산과 육아에 전념할 수 있도록 가족수당제도를 실시해 정착시켰다.

가족정책으로서 가족수당은 소득에 상관없이 두 자녀 이상의 가족에 지원하는 가족수당, 영유아수당, 출산 시 지원하는 출산수당, 주거수당, 한부모수당 등이다. 이와 함께 집에서 가사와 양육을 담당하는 주부를 위한 주부수당을 통한 소득지원정책이 수행되었다. 다자녀가구에게 제공되는 가족공제제도도 이 시기에 도입되었다.

이와 같은 초기 가족정책은 국가의 개입을 통한 보편적인 가족수당을 근간으로 이혼과 별거로 인한 가족 해체, 독신 가구, 무자녀 가족, 다자녀 가정, 한부모가족 등 다양한 형태를 가진 가족의 소득 재분배 효과를 극대화할 수 있었다. 그뿐 아니라 임신과 출산, 육아에 소요되는 비용을 공동 부담함으로써 가정의 소득을 지원해주고 출산을 장려하는 데 기여했다.

1960년대 가족과 모성에 대한 논쟁이 불거져 개인으로서 여성의 권리를 보장하고 여성의 노동에 대한 사회적 인식의 변화가 야기되었다. 여성의 시민적 권리에 대한 주장으로 낙태의 자유와 노동권에 대한 자기결정권이 확대되었다. 1960년대 이후 프랑스 여성운동의 부상은 이와 같은 여성의 권리와 인식에 대한 새로운 접근을 가능하게 했다는 점 또한 지적해야 한다.

둘째, 1970년대부터 1990년대까지는 가족정책의 변혁기로, 이 시기에는 보편적 가족정책이 제도화되면서 출산을 장려하는 가족정책이 가족 부양 및 소득 재분배에 초점을 두는 정책으로 전환이 이루어졌다. 가족의 소득 감소와 빈곤 문제와 같은 장기적이고 구조적인 문제에 집중되어 일정 소득 이하의 저소득층 가족에 대한 지원이 증대했다.

이 시기 일하는 여성을 위한 보육수당, 전업주부연금제도, 한부모가족을 위한 수당, 장애인수당, 특수교육수당, 개학준비수당 등이 실업과 빈곤 문제를 해결하려는 취지로 도입되었다. 또한 선별적 가족 지원제도로 노령 및 장애인 가족 구성원 보호 급여, 한시적 소득 상실 보상 급여, 아동 및 노인 보호 서비스 제공 장치 등 선별적 제도가 도입되어 다양성이 증대되었다.

1970년대에 접어들어 여성의 경제활동참가율이 증가함에 따라 자녀 양육 문제가 사회적인 이슈가 되었다. 이에 부모의 직업적 지위 인정, 출산 휴가의 도입, 보육시설에 대한 예산지원정책이 이루어졌으며, 비용 및 수요적 관점에서 재가 보육 프로그램이 도입되었다.

1972년 동일노동 동일임금 제도가 제도화되어 직업 세계에서 남녀의 평등권이 보장되면서 일하는 여성의 노동권을 보장하기 위한 다양한 지원정책이 추진되었다. 이 과정에서 여성 고용에 대한 사회적 합의는 물론이고 여성의 경제적 독립성을 키우기 위한 다양한 프로그램과 함께 양육지원정책이 활성화되었다.

1980년대 프랑스의 가족정책은 1970년대의 특징이 그대로 반영되어 전개되었다. 이 시기는 여성의 가족에 대한 책임과 모성보호라는 측면과 여성의 경제활동의 양립정책이 추진된 시기이기도 하다. 일하는 여성의 증가로 보육시설의 확충 문제에 더 집중하게 되었다. 두 가지 보육 프로그램이 도입되었는데, 자산 및 소득 조사 없이 공인 보육사를 고용하여 6세 이하의 아동을 가정에서 보육하는 경우 지급되는 보육인 고용 지원금과 육아보조사 지원금이 그것이다.

이와 같은 프로그램은 공적 영역에서 빠른 시일 내에 보육시설을 확충하는 것이 어렵기 때문에 재가 보육에 대한 규제 강화와 공인 보육사 제도 도입을 통해 집단적인 보육시설 운영비 문제를 효율적으로 해결하려는 의도이다.

이와 함께 1984년에는 육아휴직 시 국가에서 임금의 일부를 지원하는 부모양육휴직수당제도가 실시되었다. 육아휴직제도는 이미 1970년대에 마련되었으나 육아휴직 이후 직장으로의 복귀에 대한 권리가 보장되지 않았으며, 무급으로 이루어졌다. 그러나 양육부모수당은 양육을 이유로 경제활동을 포기할 경우 일정 정도의 소득을 보전해주는 것과 함께 직장 복귀권 등 사회적인 권리도 인정하고 있다는 점에서 차이가 있다(김민정, 2011).

이 밖에도 1988년에는 장애인과 노인층을 대상으로 사회적 최소급여(Social minimal)가 도입되었으며, 소득 기준에 따라 다르게 가족수당이 지급되게 되었다. 또한 영유아수당이 산전후수당과 다자녀가구보충수당으로 대체되었다.

1980년대 가족정책의 또 다른 특징은 가족의 생활 및 형태 변화에 따른 가족 형태의 다양화라는 특징을 반영하고 있다는 점이다. 부부와 자녀로 구성된 전통적 가족 구조의 불안정성이 증가했으며, 독신, 한부모가족, 동거가족 등 가족 형태의 다양성과 가족의 개별화가 중시되어 가족 구성원의 선택이 더욱 중요해졌다.

1990년대 가족정책은 가족정책 전달체계의 신설과 가족정책과 고용정책이 연계되는 특징을 가지고 있다(유은경, 2016). 가족에 대한 정부의 부처 간 협의기구와 가족부가 신설되었다. 고용정책과의 연계 속에서 노동시간의 유연성이 강화되었고, 시간제 육아제도가 도입되었다. 두 자녀 가족으로 부모양육수당이 확대되어 늘어나는 실업을 낮추고 여성을 가정으로 돌려보내려는 정부의 정책적 의지가 구현되기도 했다.

1990년대 일가족양립정책에 대한 논의가 활발하게 이루어졌다. 일과 가족 양립 방안으로 가사와 육아 부담을 완화하기 위한 노동 조건의 개선 및 육아휴직제도의 효율화에 대한 제도적인 노력이 강화되었다. 이 과정에서 미숙련 저임금 여성 노동자나 비정규직 여성 노동자의 노동시장으로의 이탈 현상이 계속되었고 일가족양립정책에도 불구하고 가사와 육아에 대한 여성의 부담은 지속되었다.

셋째, 2000년대 이후의 가족정책은 가족수당 및 양육수당의 개혁과 성평등적 인식이 강화되어 일과 가족을 양립하는 과정에서 지속적으로 제기되었던 가사와 육아에서의 불평등한 성별 분업에 대한 해결과 여성의 고용을 촉진하는 정책이 함께 논의되었다. 경제위기와 높은 실업률로 인한 노동시장의 열악한 상황에서 일과 가족 중 선택하게 하는 정책이 시행되었다.

이 과정에서 저임금 여성 노동자들의 노동시장에서의 이탈과 경력 단절 이후 노동시장으로 복귀하지 못하는 현상에 대해 모성수당을, 일하는 여성에게는 보육수당을 선택하여 수당을 도입하는 방안이 논의되었다. 보육시설의 확대와 서비스의 강화보다는 개인의 선택에 중점을 두게 됨에 따라 여성 노동의 자율성 및 노동권과는 상반되는 제도의 개인화가 진행되고 있다.

(2) 내용 및 현황

인구통계학적 배경에서 출산율의 저하에 대한 공적 영역에서의 개입이 이루어지고 있으며, 노동시장에서 남녀 불평등 문제 해결을 위한 일가족양립정책의 중요성이 강조되기 시작했다. 프랑스의 경우 일가족양립정책을 지원하기 위한 다양한 가족수당제도를 가지고 있다.

소득에 관계없이 둘째 아이부터 지급되는 가족수당, 가족의 규모와 소득에 따라 양육비의 일부를 보전해주는 가족급여, 가족의 해체나 별거, 유기로 인해 발생하는 저소득층의 자녀양육 문제를 완화하기 위한 가족지지수당, 일정 소득 수준 이하 세 자녀 이상 가구에 주는 다자녀가구보충수당, 의무학령기인 6~18세까지의 자녀에게 지급되는 개학준비수당 등이 있다.

표 8-1은 시행되고 있는 프랑스의 다양한 가족수당제도를 나타내고 있다. 일반적인 가족수당 외에 다자녀가구보충수당을 통해 세 자녀 이상 다자녀가구를 지원하고 있다. 가족지지수당, 적극적 연대수당, 개학수당 등을 통해 자녀양육에 대한 공적 지원을 강조하고 있다.

출산을 지원하는 다양한 수당제도가 마련되어 있다. 출산 및 입양 축하금을 비롯해 경제 수준에 따라 경제활동 자유선택수당이 지급되고 있어 여성의 경제활동과 자녀의 양육 사이에 선택의 자율성을 보장하고

표 8-1

프랑스 가족수당의 주요 제도

가족급여의 종류	월 지급액(유로)	수급 조건
가족수당	2자녀 가족: 125.78 3자녀 가족: 286.94 4자녀 가족: 448.10	21세 미만인 자녀가 둘 이상 있는 가족, 자녀의 연령 증가에 따른 추가 수당이 있음
다자녀가구보충수당	163.71	3세 이상, 21세 미만의 세 자녀 이상 가족(소득 조건 있음)
가족지지수당	양 부모 모두 없는 경우: 117.92 부모 중 한 사람이 없는 경우: 88.44	양쪽 부모나 한쪽 부모의 사망, 유기로 인해 도움이 필요한 아이가 있는 가족, 부모가 이혼한 경우 전 배우자에 의한 양육 의무나 양육비 지급이 이루어지고 있지 않은 가족
적극적 연대소득	1인 가구: 466.99 커플 가구: 700.49 아이가 없는 임신한 여성: 599.67 아이 한 명당 추가 수당: 199.89	임금소득과 가족급여를 합산할 때 소득 상한선 이하인 경우 지급하는 기본 소득 성격의 급여, 가족 형태와 고용 상황에 따라 차등 지급됨
개학수당	6~10세: 284.97 11~14세: 300.66 15~18세: 311.11	학령기 자녀를 둔 가족(소득 조건 있음)
영유아 보육수당		
출산・입양 축하금	임신 7개월: 923.08(2015년) 입양 시: 1806.14	임신 7개월, 입양
영유아 기초수당	소득 상한 기준에 따라 184.62 또는 92.31(2015년)	만 3세까지, 입양의 경우에는 20세 이전 12개월 동안(소득 조건 있음)
기초수당(AB) 수급자를 위한 경제활동 자유선택수당	전일제 휴직: 379.79 법정 노동시간의 50% 미만을 일한 경우: 245.51 법정노동시간의 50~80%를 일한 경우: 141.63	3세 미만의 자녀를 돌보기 위해 경제활동을 중단하거나 노동시간을 줄인 부모
기초수당(AB) 미수급자를 위한 경제활동 자유선택수당	전일제 휴직: 560.40 법정 노동시간의 50% 미만을 일한 경우: 426.12 법정 노동시간의 50~80%를 일한 경우: 322.24	

선택적 경제활동 자유선택수당	기초수당(AB) 수급자인 경우: 620.78 기초수당(AB) 미수급자인 경우: 801.39	막내가 3세 미만인 세 자녀 이상을 가진 부모가 3년의 긴 경제활동 자유선택수당(CLCA)보다 짧은 1년 동안 높은 금액의 수당을 선택할 수 있도록 한 것
보육자유선택 추가 수당	가족수당금고(CNAF)가 가구소득, 아이의 수와 나이에 따라 세 구간으로 나누어 아이돌보미 급여의 일부를 수당으로 지급, 아이돌보미 급여의 15%는 가족이 부담, 아이돌보미의 사회보험료 전액 지급, 가내 아이돌보미의 경우는 절반의 사회보험료 지급	6세 미만 자녀를 두고 경제활동을 하는 부모가 인가된 아이돌보미에게 맡기거나 가내 아이돌보미를 고용할 경우 가구소득에 따라 차등 지원 법정노동시간의 50~80% 구간에 해당하는 시간제 노동자는 시간제 경제활동 자유선택수당(CLCA)과 중복 수혜 가능

자료: 김민정(2011); 유은경(2016).

자 하는 정책적 배려가 돋보인다. 이를 통해 일하는 여성에게는 공적 지원의 확대를, 가정에서 아이를 양육하는 여성들에게는 아동양육수당을 지원하는 이중정책이 시행되고 있다.

프랑스의 일가족양립정책은 강한 가족주의 전통을 근간으로 아동에 대한 부모의 직접적인 양육을 강조하는 모성 이데올로기를 강조하고 있다. 이에 부분적 성별 변형 모델로 스웨덴과는 다른 정책적 지향을 가지고 있다. 양육정책은 국가와 개인 사이에 아동양육과 관련 역할 분담이 적절하게 이루어져 있다. 공적 보육시설의 확충보다는 아동수당과 같은 현금을 지원하는 정책을 시행하고 있는 프랑스의 경우 보육시설은 공적 보육과 사적 보육이 혼합되어 운영되는 특징을 가진다.

프랑스는 앞서 살펴본 바와 같이 다양한 수당 체제를 통해 여성의 일가족양립정책을 적극적으로 추진하고 있다. 아동이 3세가 될 때까지 부모당 3년씩 육아휴직을 사용할 수 있으며, 출산전후휴가제도를 통해 출산을 지원하는 정책을 적극적으로 시행하고 있다. 또한 출산 후 재취업을 보장하기 위해 다양한 제도를 마련하고 있다.

4. 유럽 차원의 정책적 대응 및 패러다임의 변화

이상에서 살펴본 바와 같이 국가에 의해 지원되는 아동수당 및 보육시설의 여부, 유동적인 노동시간의 운영과 같은 정책을 통한 일가족양립정책은 여성의 경제활동율과 출산율에 지대한 영향을 미친다. 유럽의 모든 국가들이 직면하고 있는 저출산 문제의 원인과 배경 그리고 이를 해결하는 과정은 국가마다 처한 상황에 따라 다를 수 있다. 그러나 출산지원정책을 수행하는 과정에서 국가가 여성 친화적인지, 국가가 공공정책의 틀 속에서 여성에게 친화적인 정책을 펼치고 있는지의 여부는 매우 중요하다.

여성들의 사고방식이 상당히 앞서 있음에도 불구하고 사회 전반의 인식이 전통적인 단계에 머물러 있는 경우 출산율이 저조한 것으로 나타났다. 다시 말해 여성의 사회적 역할에 대한 인정과 성역할 분리에 입각한 양성평등적 정책을 국가가 개입해 적극적으로 수행하는 경우에 출산율이 높게 나타났다.

이는 단순한 여성정책이 아닌 가족 친화적 법제, 노동시장에서의 남녀에 대한 균등한 대우, 전통적인 남녀관 내지 결혼관의 타파, 결혼제도에 대한 각종 특혜의 폐지, 영유아에 대한 공공 보육시설의 확충과 같은 가족 친화적인 정책과 이를 지원하는 국가의 정책이 선행되어야 하기 때문이다.

이와 같은 맥락에서 스웨덴의 경우 여타 북유럽 국가와 같이, 여성의 경제활동참가율과 출산율이 모두 높은 수준을 유지하고 있다. 스웨덴은 국가 차원에서 일가족양립정책을 탈가족화, 탈성별화 측면에서 시행한 국가의 예로, 출산율이 높은 국가일수록 보육과 양육에 대한 국가의 개입이 높은 것으로 나타났다. 보육정책, 부모휴가제도, 아버지할당제

등을 통해 남녀 모두에게 돌봄노동에 대한 책임을 강조하고 있다.

스웨덴의 일가족양립정책은 돌봄 관점과 고용 관점이 통합된 형태로, 돌봄지원에 따른 유급노동과 무급노동의 선택의 자율성을 보장하려는 과정에서 국가의 적극적인 지원이 이루어졌다. 또한 부모휴가제도가 단계별로 발전하면서 부모의 돌봄 주체화가 진행되었다. 이를 통해 부모가 공동으로 양육을 책임지면서 젠더 균형을 맞추면서 다른 국가에 비해 젠더평등적이고 여성 친화적인 일가족양립정책이 가능했던 것으로 평가할 수 있다.

여기에 스웨덴 특유의 일가족양립정책을 위한 유연화 전략을 통해 탄력적 근무시간을 제도화했으며, 근무시간의 조정에 따른 다양한 사회적 문제를 집합적으로 해결하려는 노력과 함께 여성을 노동자로서 적극적으로 인식하는 과정에서 정규직과 비정규직의 차이, 노동 유형별 차이를 극복할 수 있도록 다양한 사회적 제도를 이용했다는 점은 시사하는 바가 크다.

프랑스는 스웨덴과는 달리 출산율이 높은 편이지만, 여성의 경제활동참가율은 높지 않은 것으로 나타났다. 이는 남성생계부양자 모델이 강하고 여성의 경제활동을 제도적으로 지원하는 경우로, 프랑스의 탈가족화 정책과 양육수당제도가 기본적으로 돌봄의 주체를 여성으로 상정하고 있기 때문이다. 프랑스의 경우 보편적 공공 보육을 일정 수준으로 확대했고, 상대적으로 높은 돌봄의 탈가족화를 특징으로 하고 있다.

3~5세 보육 등록률과 이에 대한 국가의 재정적 지원이 확고한 국가로 프랑스를 들 수 있다. 이에 프랑스는 유럽 국가 중에서 출산율이 가장 높다. 그럼에도 여성의 경제활동참가율이 높지 않은 이유는 돌봄의 탈가족화와는 달리 성별 분업 해체가 전적으로 이루어지지 않았고, 일가족양립정책의 근간이 양육수당제도에 의존하고 있기 때문이다.

일가족양립정책을 통해 저출산 문제에 대한 유럽 차원의 정책적 대응 과정을 살펴보면, 몇 가지 중요한 변화를 확인할 수 있다. 이러한 변화는 출산지원정책의 패러다임이 변화되고 있음을 말한다.

첫째, 기존의 가족주의적 잔여적 복지정책에서 탈피하여 인구구조상 변화와 가족 유형의 다양성을 인정하는 정책으로 변화되었다는 점이다. 이와 같은 정책의 변화 배경으로는 인구통계학적 상황의 변화가 주요한 원인을 제공했다고 할 수 있다. 출산율의 하락이 경제성장에 심각한 영향을 미치는 요인이 됨에 따라 출산과 관련된 젠더이슈를 더 이상 가족이라는 사적 영역에서 결정할 문제가 아니라 국가가 개입하여 함께 해결해야 하는 과제로 인식하게 되었다.

둘째, 남성생계부양자 모델에서 이인소득자 모델로 전환되었다. 유럽 국가들의 출산지원정책을 보면, 제도적 변화로 국가의 책임 및 가족 내 남성(아버지)의 역할과 책임을 강조하고 있다. 이는 성평등에 대한 새로운 정책적 지향을 가지고 있음을 알 수 있다. 가족복지정책의 사회적 개입을 강화함으로써 부부 모두를 지원하는 정책으로 변화되었다. 유럽 사회 내에 존재하는 전통적인 성별 분업 원칙이나 남성생계부양자 모델로서의 성격의 변화가 함께 수반되어야 하며, 여기에 국가 주도적인 출산지원정책의 필요성이 강조되었던 것이다.

셋째, 여성의 양육을 전제로 한 관계에서 가족 내 여성의 역할과 지위 향상 및 평등성을 보장하는 방향으로 변화된 점을 지적할 수 있다. 즉, 단순히 여성과 가족에 대한 지원정책만으로는 인구통계학적 문제를 해결할 수 없다는 사회적인 인식이 확산되었고, 출산지원정책을 국가가 주도적으로 수행하는 과정에서 여성에 대한 사회적 인식의 전환이 이루어졌다.

넷째, 가족 유형의 다양성에 대한 인정과 이에 따른 개인의 개별적인 복지 욕구를 충족시킬 수 있는 방향으로의 변화를 추진하고 있다. 즉, 가족의 다양성을 인정하고 가족 내에서 개인의 역할과 지위에 대한 평등한 접근을 통해 지속가능한 성장과 복지를 지향하는 방향으로 변화되었다.

생각해볼 문제

1 유럽연합에서 돌봄을 둘러싼 젠더 체계를 국가-가족-노동시장 관계를 중심으로 살펴보자.

2 남성생계부양자 모델을 중심으로 하는 일인소득자 모델이 보편적 생계부양자 모델인 이인소득자 모델로 전환되는 과정에서 일가족양립정책은 어떠한 정치성을 갖는지 논의해보자.

3 돌봄의 탈가족화, 사회화 과정을 통해 노동권과 부모권이라는 새로운 사회권이 어떻게 구성되며, 이것이 젠더 관계에 주는 의의는 무엇인지 논의해보자.

4 유럽연합의 다양한 일가족양립정책의 사례 중 하나를 선택해 논의해보자.

더 읽을거리

1 Stratigaki, Maria. 2004. "The Cooptation of Gender Concepts in EU Policies: The Case of Reconciliation of Work and Family." *Social Politics*, Vol.11, No.1, pp.30~56.

2 Hantrais, Linda and Jo Campling(eds.). 2000. *Gendered Policies in Europe: Reconciling Employment and Family Life*. London: Macmillan.

3 Guerrina, Roberta. 2005. *Mothering the Union: Gender Politics in the EU*. Manchester: Manchester University Press.

제9장

유럽연합과 여성 폭력

1. 문제 제기: 젠더에 기반한 폭력

젠더에 기반한 폭력(gender based violence)은 여성의 성에 근거한 성별화된 폭력으로 성폭력, 가정폭력, 성매매, 인신매매 등 여성에게 가해지는 폭력을 일컫는다. 젠더에 기반한 폭력은 남성성과 여성성이라는 사회적으로 부여된 젠더에서 비롯된 것으로, 근본적인 원인이 남녀의 불평등한 사회 구조에 있음을 의미한다.

1993년 여성에 대한 유엔 여성 폭력 철폐선언(UN Declaration of the Elimination of Violence against Women)에서 처음으로 여성 폭력에 관한 정의와 성격, 유형 등을 구체적으로 규정했다. 이 선언에서 사용된 젠더에 기반한 폭력은 공적 혹은 사적 영역에서 발생하고, 성별에 기초한 폭력이며, 신체적·정신적·성적·심리적 측면을 포괄하는 복합적이고 종합적인 성격을 가진다는 점을 강조하고 있다.

지금껏 여성 폭력은 개별적이고 우연적이며 일시적인 경험으로 간주되어, 일상에서 일어나는 보편적인 일이라는 차별적 인식과 편견이 존재해왔다. 그러나 전 지구적 차원에서 여성 폭력을 인권의 문제이자 범죄로 인식하게 되면서, 보이지 않고 존재하지 않던 여성 폭력 문제는 여성의 불안정한 사회경제적 지위, 남성 중심적 젠더 규범 및 관계 속에서 새로운 규명 작업이 진행될 수 있었다. 여성 폭력 중 젠더에 기반한 폭력을 개념화한 것도 커다란 성과 중 하나라 할 수 있다.

젠더에 기반한 폭력은 남성과 여성 사이에 존재해온 불평등한 권력 관계의 표출이며, 여성에게 예속적 지위를 강요하는 주요한 사회적 기제 가운데 하나라 할 수 있다. 젠더에 기반한 폭력은 육체적·정신적·성적 폭력을 모두 포괄하며, 더 나아가 집단에 의한 조직적이고 구조적인 폭력을 포함한다. 이를 좀 더 구체적으로 제시하면, 가정폭력, 성폭력, 성적 착취, 성희롱, 전쟁의 무기(rape as a weapon)로서 조직적으로 자행되는 성폭력과 강간, 명예 살인, 강제 결혼, 인신매매, 강제 성노동, 여성 성기 절제 등 다양한 형태를 포괄한다(Nussbaum, 2005: 168).

젠더에 기반한 폭력을 카테고리별로 분류해보면, 첫째, 성폭력, 성적 착취, 강요된 성매매, 인신매매, 성희롱처럼 여성의 섹슈얼리티에 가해지는 폭력 행위, 둘째, 가정폭력, 성기 절제, 지참금 살인, 명예 범죄, 여성 혐오 범죄와 같이 여성의 신체에 가해지는 폭력, 셋째, 전쟁 무기로서의 강간 등 집단에 의한 조직적이고 구조적인 폭력으로 구분할 수 있다. 젠더에 기반한 폭력은 여성의 신체에 대한 폭력과 섹슈얼리티에 대한 폭력이 동시적으로 결합되어 발생하는 것이 일반적이다.

국제사회가 여성 폭력에 주목한 것처럼 유럽연합은 젠더에 기반한 폭력을 의제화하여 젠더정책의 중요한 영역으로 인식하고 공동으로 대처하고 있다. 또한 유럽연합은 젠더에 기반한 폭력을 인권 문제로 보고 있으며, 젠더에 기반한 폭력 문제를 유럽연합과 제3국과의 국제 개발 협력 문제에서뿐만 아니라 모든 국가와의 대외 관계에서 중요한 전제 조건으로 인식하고 있다.

이와 같이 유럽연합의 정책적 방향은 유럽 통합 과정에서 경제적·사회적·문화적 발전을 도모하기 위해 젠더에 기반한 폭력 문제를 반드시 해결해야 하는 당면한 과제로 본다. 더 나아가 이 문제에 대한 중요성을 인식하고 회원국과의 긴밀한 협력을 중심으로 유럽 차원에서 젠더에 기반한 폭력의 근절을 위해 주도적 역할을 수행하고자 노력하고 있다.

2014년 8월 1일 발효된 유럽평의회의 여성 폭력 예방 및 철폐협약은 2011년 5월 11일 이스탄불에서 13개 유럽연합 회원국에 의해 서명된 것으로, 젠더에 기반한 폭력을 정의하고 이에 대한 적극적인 대응을 제시하고 있다.

이에 의거하여 유럽연합과 그 회원국은 성폭력, 강간, 강제 결혼, 성기 절제, 강제 낙태, 성희롱과 같은 물리적 폭력, 스토킹, 육체적 폭력, 성적 폭력과 같은 폭력에 적극적으로 대응해야 하며, 여성의 섹슈얼리티에 가해지는 폭력, 여성의 신체에 가해지는 폭력, 조직적이고 집단적인 폭력 등 다양한 차원에서 발생하는 젠더에 기반한 폭력에 대해 적극적으로 대응해나가야 함을 강조하고 있다.

2. 여성 폭력에 관한 유럽연합의 정책

1) 유럽연합의 젠더정책과 여성 폭력

여성 폭력 문제는 유럽연합의 젠더정책에서 중요한 우선순위를 차지하고 있는 이슈이다. 그러나 여성의 몸에 대한 권리를 규정하고 있는 여성 폭력 문제는 그 중요성에도 불구하고 오랫동안 개인적 혹은 사적 영역으로 인식되었다(Elman, 1996; Hanmer, 1996). 많은 페미니스트들은 여성 폭력 문제가 유럽연합 권한의 밖에 놓인 문제이며, 국가적 영역에서 해결될 수 있는 문제로 간주하기도 했다.

유럽연합의 성평등정책이 고용정책이나 남녀기회균등정책에 기반하여 운영되어 일정 정도 성과를 거두었지만, 종교적·사회적·문화적 제도와 관습에 따라 다양한 형태와 내용을 가진 젠더에 기반한 폭력과 같이 여성의 삶에 영향을 미치는 문제나 여성의 특수한 환경에 대해 충분한 고려가 없었다는 점에서 비판이 제기되었다.

여성 폭력, 특히 젠더에 기반한 폭력에 대한 유럽연합 차원에서의 논의는 1999년 암스테르담 조약에 의해 성주류화가 제도화되면서 바뀌기 시작했다. 성주류화 전략이 추진되는 과정에서 젠더에 기반한 폭력 문제가 유럽연합의 젠더정책에서 중요한 이슈로 부각되기 시작했다. 유럽 통합이 진행되는 과정에서 이 문제에 대한 관심이 증대했으며, 유럽 차원에서 다양한 논의를 진행할 수 있었다.

또한 젠더에 기반한 폭력 문제를 방지하고 해결하는 과정에서 유럽 차원에서 법적·사회적·제도적 수단을 마련하기 시작했다. 유럽연합에서의 젠더에 기반한 폭력과 관련된 이슈 영역에 대한 관심의 증대에서 한 걸음 더 나아가 여성 그리고 아동에게 가해지는 폭력을 예방하고 이를 타파하기 위해 유럽의회와 유럽집행위원회 등 유럽연합의 기구들뿐만 아니라 유럽 전역에서 활동하고 있는 시민단체와 여성운동과의 긴밀한 협력을 기반으로 다양한 활동을 전개해야 한다는 문제의식이 공유하기 시작했다.

젠더에 기반한 폭력에 대한 유럽연합 차원에서의 의사결정뿐만 아니라 논의는 유럽연합 젠더정책의 어젠다와 영역을 확대시키는 데 기여할 뿐만 아니라 유럽 차원에서 이루어진 결정이 회원국의 여성 폭력 문제를 해결하는 데 중요한 지표로 작용한다는 점에서 중요하다.

이처럼 여성의 몸에 대한 존중과 자기결정권에 대한 인정, 여성 폭력이 인권 문제로 다뤄지게 된 배경에는 유럽연합의 다양한 기구에서 여성들의 적극적인 활동과 유럽 전역에서 행동하는 페미니스트들과 시민단체들의 역할이 매우 컸다.

젠더에 기반한 폭력, 특히 인신매매, 가정폭력, 성폭력 등과 같은 이슈들을 국제적 차원에서 함께 논의하고 조명하고자 했던 움직임도 유럽 차원에서 젠더에 기반한 폭력 문제를 다룰 수 있게 되는 정당성과 당위성을 확대하는 데 영향을 미쳤다. 국제 범죄의 확대와 이주의 증대에 따라 다양한 폭력과 사회적 위험이 증대했다. 또한 국제 조직범죄의 증대와 관련해 유럽에서 발생하는 인신매매의 수와 범위가 확대되었다.

이에 유럽연합은 회원국들과의 협력뿐만 아니라 국제적 협력을 통해 여성 폭력 근절을 위한 글로벌 차원의 협력도 강화하는 데 주력하고 있다. 여성 폭력 예방 및 근절을 위한 구체적인 방안을 마련하고, 표준, 우수 사례 및 절차 등을 공유할 수 있도록 하는 과정에서 여성 폭력에 대해 유럽 차원의 관심을 환기시키고 다차원적이고 다방면의 접근이 가능할 수 있도록 한 것이다.

한 예로 유럽연합은 여성 폭력 지수를 도입함으로써 여성 폭력에 대한 적극적인 대처 방안을 마련하고 있다. 유럽연합과 회원국에서 폭력을 예방할 수 있도록 지표를 통합하고 위험에 빠진 피해자를 보호하기 위한 제도도 정착되었다. 다프네(DAPHNE) 프로그램을 통한 다양한 사례는 성공적인 예로 제시될 수 있다.

다프네는 유럽 전역에서 발생하는 여성 폭력에 대해 주요 프로그래

밍 툴을 이용해 회원국과 유럽연합을 연계한 성공적인 사례라 할 수 있다. 또한 최근 유럽연합에서는 젠더에 기반한 폭력 문제와 관련해 여성의 건강과 보건, 인간면역결핍바이러스·에이즈(HIV/AIDS) 감염 및 전파의 맥락에서 논의가 활발하게 진행되고 있다.

2) 문화와 관습의 차이에서 발생하는 젠더에 기반한 폭력 문제

유럽으로의 이주가 증대됨에 따라 다양한 문화와 정체성이 국경이나 지역적 경계를 넘어 새롭게 구성되고 있다. 이에 따라 국민국가의 경계를 넘어선 다문화주의가 중요한 화두로 등장하고 있다. 다양한 문화권 간의 교류 확대로 전통적인 단일 문화 사회 내에서 다인종·다문화 담론이 활발하게 이루어지고 있으며, 다문화권 내의 사회통합에 대한 관심 역시 증대되고 있다.

이와 관련해 유럽 내 담론은 유럽에서도 해로운 문화적 관행이 시행되고 있다는 점에서 젠더에 기반한 폭력 문제에 대해 국가가 개입해야 한다는 점이다. 더 나아가 국가 차원에서 이를 법으로 금지하고 규제해야 한다는 데 일정 정도 공감대가 형성되고 있다.

그러나 명백한 인권 침해가 존재하는 소수 문화 집단의 권리를 인정하는 문제와 이로 인해 발생할 수 있는 보편적 가치 침해의 문제를 어떻게 해결할 것인지에 대해서는 격렬한 논쟁이 진행되고 있는 상황이다. 국가 차원의 개입 정도와 방법 및 정책의 제도화에 대해서도 국가마다 서로 다른 이주정책과 배경 및 토대를 중심으로 상이하게 전개되고 있다. 또한 이와 같은 입장 차이는 이에 대한 해결 및 제도적 접근에 대한 차이를 보이며 국가 정책에도 반영되고 있다.

이와 관련해 유럽연합은 유럽의 이슬람 여성을 유럽 사회로 통합시키는 일을 추진하고 있다. 문화와 관습의 차이에서 발생하는 젠더에 기반한 다양한 폭력 문제를 해결하는 과정에서 여성주의와 다문화주의의 시각차가 존재하며, 여성들 사이에도 인식의 차이가 존재한다. 또한 이슬람 여성의 유럽 사회에서의 삶과 경험에 부합하는 보다 객관적인 자료 접근이 어렵고, 이슬람 여성에 대한 폭력 문제에서 문화적 차이가 과도하게 강조됨에 따라 젠더에 기반한 폭력의 원인들이 은폐되는 결과를 낳기도 한다.

유럽 내 반이슬람 담론에서 이슬람과 여성 폭력을 등식으로 이해하고 여성의 권리를 인정할 것인지, 문화적 다양성을 인정할 것인지와 같은 여성 폭력 관련 논의는 이슬람과 폭력성, 문화적 다양성의 문제와 연계된다. 유럽으로의 이주가 늘고 국제적 차원에서의 범죄 행위에 여성이 피해자로 부각되는 경우가 증대되고 있는 과정에서 이슬람과 유럽의 대결 구조가 아닌 유럽에 사는 여성의 권리가 유럽인이냐 이주 여성이냐, 특히 이슬람 여성이냐에 따라 달라진다면 여성의 권리와 의무를 어떻게 규정할 수 있겠는가?

유럽연합은 이슬람 여성들이 유럽 사회에서의 자신의 역할과 참여에 대해 어떻게 인식하고 있는지, 유럽 사회가 이슬람 여성들의 통합을 위해 무엇을 해야 하는지에 대한 논의를 구체화했다. 한 예로, 2002년 유럽집행위원회가 3월 8일 세계여성의 날을 기념하는 행사에서 이 문제를 다뤄 이슬람 여성에 대한 이해를 증진하고 소통할 수 있는 논의의 장을 마련했다.

이 장에서는 젠더에 기반한 폭력 중 유럽연합 내 여성 성기 절제 문제와 관련된 논의를 시도해보고자 한다. 이를 위해 유럽연합의 성기 절제 문제에 대한 정책 및 입장을 살펴보고, 유럽에서 진행되고 있는 성기 절제 현황 및 유럽의 대처 방안도 알아보고자 한다.

3. 유럽연합 내 '여성 성기 절제' 논쟁[1]

여성에게 억압적인 여러 가부장적인 관습들 중 특히 여성의 성기 절제(female genital mutilation) 문제는 여성의 인권 침해와 관련해 유럽연합이 수용하고 있는 보편적인 인권 개념을 둘러싼 유럽적 가치 및 규범과 정면으로 충돌하는 사례이다. 또한 여성 성기 절제 문제에 대한 유럽 각국의 정책적 대응이 매우 상이하게 전개되고 있다는 점에서 이 문제는 유럽 사회 내에서도 다양한 담론의 충돌을 야기하고 있다.

동시에 여성의 성기 절제 문제는 유럽 문화와 이민자 문화의 충돌과 유럽 사회 내에서의 가치 충돌을 동시에 보여주는 사례이기도 하다. 논쟁의 중심에 다문화주의가 내포하고 있는 문화의 다양성 인정과 페미니즘이 표방하는 젠더 불평등을 극복하고자 하는 두 가지 가치가 격렬하게 충돌하며 갈등을 일으키고 있다(Bonifacio, 2012; Palmary et al., 2010; Volpp, 2001).

1) 유럽연합에서의 여성 성기 절제 현황 및 논쟁

(1) 유럽 내 여성 성기 절제 현황

여성 성기 절제는 여성 성기의 부분적 혹은 전체를 제거하는 시술 및 비의학적인 이유로 여성의 성기에 상처를 주는 모든 시술을 포함한다.[2] 어떠한 유형이든 여성 성기 절제는 여성의 신체의 자유를 침해하는

1 이 부분은 ≪평화학연구≫, 제14권 1호(2013), 151~170쪽에 실린 「유럽연합 내 '여성 성기절제' 논쟁」을 수정 및 재구성한 것이다.

2 여성 성기 절제는 일반적으로 크게 다음과 같이 네 가지로 분류된다. 첫째, 음핵(陰核) 절제(clitoridectomy)로 음핵 표피 일부나 음핵을 제거하는 시술로 가장 온건한 방법이

행위로 치명적인 외상을 남길 뿐만 아니라 만성적인 감염과 출혈, 통증을 동반한다. 더 나아가서 불임의 원인이 되기도 하고 임신 및 출산 시 많은 어려움을 낳거나 불감증에 이르는 등 수많은 신체적인 후유증과 이에 따른 정신적 후유증이 수반된다(김민정, 2012b; 오은경, 2008).

유럽에 이주해온 여성이 이러한 관습을 유지해야 하는 이유는 무엇인가?

첫 번째 이유는 많은 여성이 성기 절제로 고통을 받고 있음에도 불구하고 이를 가족의 중요성을 강조하는 문화적 전통으로 정당화하고 있다는 점이다. 이를 통해 성기 절제를 선택하는 여성의 대다수는 문화적으로 그룹의 일원이 되어 자신의 문화 속에 포함되어 있는 대부분의 여성들과 동등한 대우를 받을 수 있다고 여기고 있다.

여성 성기 절제는 많은 지역에서는 여성의 성욕을 없앤다는 명목으로 시행되고 있다는 점에서, 지역에 따라 이와 같은 할례 의식을 치르지 않은 여성은 결혼할 권리조차 박탈당할 수도 있는 수백 년간 지속되어온 전통으로 인식되고 있다. 이처럼 여성 성기 절제는 문화적 전통이라는 명분하에 아프리카 28개국에서 주로 15세 미만의 여성을 대상으로 여전히 시행되고 있으며, 최근 에이즈로 인한 감염 위험성의 증가에도 불구하고 사라지지 않고 있다.

다. 둘째, 음핵 절단(excision)으로 음핵 전체와 음순까지 제거하는 시술이다. 셋째, 봉합(infibulation)으로 성교(性交)를 못하게 하려는 목적으로, 음핵을 절제한 후 소변과 월경혈의 통과를 위한 작은 입구만 남기고 모두 합쳐 꿰매는 시술이다. 넷째, 비의학적인 목적으로 이루어지는 여성 성기 절제의 모든 다른 해로운 시술을 일컫는다. 가장 극단적인 방식인 봉합은 10% 정도를 차지하고 있으며, 90% 이상이 나머지 형태로 이루어지고 있다. http://whqlibdoc.who.int/hq/2011/WHO_RHR_11.18_eng.pdf(검색일: 2012.10.3).

두 번째 이유는 여성 성기 절제가 이슬람 문화 성립 이전에도 이미 여성 문화권에 존재했다는 점을 지적할 수 있다. 쿠란에서 이에 대해 특별한 언급이 없음에도 불구하고 여성의 성기 절제를 행하는 이유는 종교적으로 이슬람과 연관되어 있기 때문이다. 특히 아프리카의 경우에는 여성 성기 절제가 이슬람이 들어오기 훨씬 이전부터 행해졌으며, 이슬람과 직접 연계되지 않은 국가에서도 시행되고 있다. 즉, 이를 시행하는 국가들의 대다수가 이슬람 국가가 아닌 아프리카 국가임에도 불구하고 여성 성기 절제를 행하는 많은 사람들은 이와 같은 전통이 여전히 이슬람적 전통이라고 믿고 있다.

세 번째 이유는 여성 성기 절제는 진정한 여성성의 획득으로서 여성의 몸과 성에 대한 공동체의 집단 통제라는 의미를 갖는다. 남성에게 시행되는 할례와 마찬가지로 여성이 온전한 여성으로 되기 위해 필수로 거쳐야만 하는 관문으로 인식하는 경우가 많다.

성인 입문식과 함께 여성의 처녀성을 유지하는 데 도움을 주며, 아내로서의 정결을 유지해준다는 주장과 함께 성기 절제는 여성뿐만 아니라 남성에게도 여성의 할례를 통해 종교적으로 절제된 생활을 요구하기 때문에 남성이나 여성에 관계없이 성의 몸과 성에 대한 공동체의 집단적인 통제라는 측면에서 이를 이해할 수 있다(오은경, 2008).

국제보건기구에 의하면 1억에서 1억 4000명의 여성과 여아들이 여성 성기 절제의 희생자인 것으로 추정되며, 매년 300만 명 정도가 이 시술을 받고 있는 것으로 알려졌다. 표 9-1은 아프리카 28개국의 여성 성기 절제 시행 현황을 나타낸 것으로, 지부티, 이집트, 기니, 말리, 시에라리온, 소말리아, 수단에서는 여성 중 90% 이상이 이와 같은 시술을 하고 있는 것으로 나타났다.

심지어 유럽에서도 여성 성기 절제가 시행되고 있는 국가에서 이주

표 9-1

여성 성기 절제 현황(15세 이상 49세 미만의 여성)

국가	연도	비율
베냉	2001	16.8
부르키나파소	2005	72.5
카메룬	2004	1.4
중앙아프리카공화국	2005	25.7
차드	2004	44.9
코트디부아르	2005	41.7
지부티	2006	93.1
이집트	2005	95.8
에리트레아	2002	88.7
에티오피아	2005	74.7
감비아	2005	78.3
가나	2005	3.8
기니	2005	95.6
기니비사우	2005	44.5
케냐	2003	32.2
라이베리아	2001	45.0
말리	2001	91.6
모리타니	2001	71.3
니제르	2006	2.2
나이지리아	2003	19.0
세네갈	2005	28.2
시에라리온	2005	94.0
소말리아	2005	97.9
수단	2000	90.0
토고	2005	5.8
우간다	2006	0.6
탄자니아	2004	14.6
예멘	1997	22.6

자료: OHCHR, UNAIDAS, UNDP, UNECA, UNESCO, UNFPA, UNHCHR, UNHCR, UNICEF, UNIFEM, WHO(2008).

해온 몇몇 공동체의 여성들을 중심으로 여성 성기 절제가 행해지고 있는 것으로 알려졌다. 문제는 얼마나 많은 여성들이 여성 성기 절제를 실행하고 있고, 얼마나 많은 여성들이 고통을 받고 있는지에 대한 정확한 수나 통계가 없다는 것이다. 다만 유럽의회는 50만 명 정도의 여성이 여성 성기 절제로 고통받고 있으며, 특히 매년 18만 명의 이주 여성이 이 문제로 위험에 처해 있다고 평가하고 있는 정도이다.[3]

여기에는 여성 성기 절제가 시행되고 있는 28개국 아프리카 국가에서 이주해온 여성과 18세 이하의 여아뿐만 아니라 부모 중 적어도 한 명이 여성 성기 절제가 시행되고 있는 국가에서 유럽으로 이주해온 가족 중 유럽에서 태어난 여아들이 포함되어 있다. 여성 성기 절제가 대부분의 경우 부모나 가까운 친척에 의해 강제적으로 이루어진다는 점을 감안할 때, 아직 시민권을 부여받지 않은 이들 여아들은 이와 같은 위험에 노출되어 있는 셈이다.

(2) 여성 성기 절제를 둘러싼 다양한 논쟁

유럽연합은 유럽연합 차원의 젠더정책을 통해 성평등뿐만 아니라 모든 영역에서의 차별철폐를 추진하고 있다(Hoskyns, 2008; Meenan, 2007; van der Vleuten, 2007; Hantrais and Campling eds., 2000). 그러나 높은 수준의 인권 보호와 성평등이 적극적으로 실현되고 있는 유럽연합에서 이러한 성평등 문제가 이주 여성에게도 그대로 적용될 수 있을지는 논란의 여지가 많다.

이슬람 여성의 여성 성기 절제를 둘러싼 논쟁은 1990년대 들어와 문

3 유럽의회의 2009년 3월 24일 여성 성기 절제 근절에 대한 결의안(Combating female genital mutilation in the EU)(2008/2071(INI)) 참조.

화와 여성 폭력, 이주 여성의 권리 문제를 중심으로 유럽 사회에서 논쟁적 젠더이슈로 부각되기 시작했다(Kantola, 2010; Morris, 2009). 여성 성기 절제 문제는 앞서 언급한 유럽연합의 젠더정책 중 젠더에 기반한 여성 폭력의 대표적인 사례 중 하나이다. 유럽연합은 여성 성기 절제를 여성 인권을 탄압하는 대표적인 사례로 보는 동시에 여성의 생명을 담보로 관습이라는 미명하에 여성들에게 이루어지는 폭력으로 규정하고 있다.

여성의 성기 절제는 유럽에 이주해온 이주자 소수 집단에 의해 고수되는 특수한 관습의 하나로서 해당 여성들에게 여성 성기 절제가 가져다준 육체적 고통 외에 사회적 소수로서의 고립이 가져다주는 심각한 심리적 갈등과 자기 분열을 자신의 일로 받아들이도록 강요하고 있다. 이에 유럽연합과 그 회원국은 여성의 성기 절제를 여성 인권의 심각한 침해로 인식하고 이를 젠더에 근간한 폭력으로 간주하여 금지하고 있다.

인권의 침해와 젠더에 기반한 폭력이라는 측면에서 보자면, 보편적인 성평등 규범과 문화와 전통의 다양성 간의 충돌 및 갈등 과정은 각 문화와 전통 속에서 여성 개인의 인권을 중시하는 페미니즘과 문화적 상대성을 존중하는 다문화주의 사이의 긴장과 갈등이라는 측면에서 삶의 실천 영역에서의 서로 상이한 해석의 차이를 비롯해 모두가 인정할 수 있는 합의점을 찾는 것이 얼마나 어려운 일인지를 보여주고 있다.

이처럼 젠더문제를 둘러싸고 문화적으로 정당화된 여성 폭력에 대한 인식과 관점의 차이 문제는 이슬람 가치의 후진성과 서구 가치의 근대성이라는 이분법적 논의로 발전하여, 문화적 차이에 대한 논쟁으로 이어졌다. 서구적 가치와 이슬람 가치 간의 갈등은 또한 문화적 정체성 문제를 넘어서 유럽적 가치, 유럽적 성평등이란 무엇인지에 대한 논쟁을 불러일으켰다(Al-Habri, 1999: 41~46; Honig, 1999: 35~40).

먼저 다문화주의 입장에서 보면, 여성 성기 절제와 관련해 문화적 다양성을 존중하면서 여성 각 개인의 인권과 선택의 권리를 어떻게 보장할 것인가 하는 문제의식을 대변한다. 여성 성기 절제 문제는 여성 인권 유린 및 침해의 예로 국제사회와 NGO들의 노력으로 국가에서 법으로 공식적으로 금지하고 있다. 하지만 문화적 다양성과 전통이라는 이름으로 아직도 합법적이고 제도적인 승인의 의미에서 이루어지고 있다는 점에서 문제의 심각성이 매우 크다.

앞서 살펴본 바와 같이 몇몇 이슬람 문화권에서는 여성 성기 절제가 문화적 관습과 전통, 종교적 의식 등 다양한 의미로 시행되고 있으며 공동체적 삶과 정체성을 떠받쳐주는 의미 있는 전통으로 간주하여 하나의 관습으로 뿌리를 내리고 있다. 따라서 여성의 성기 절제를 반근대적·야만적인 억압의 기제로만 인식하는 것은 함축적이고 복잡한 문제를 너무나 단선적으로 보는 것이라는 점을 지적할 수 있다.

여성의 성기 절제 문제를 서구의 자유주의적이고 보편주의적 시각으로만 접근해서는 안 되며, 지역과 사회의 성격과 문화의 다양성에 따라 보다 객관적이고 다양한 해석이 필요하다는 점은 분명하다. 이 과정에서 서구의 인권 개념이 서구 중심적이며, 서구 사회의 규범과 가치를 비서구 사회에 강요하는 측면에 대한 비판 역시 제기될 수 있다.

또한 유럽연합에서도 폭넓은 논쟁 속에서 문화의 다양성에 대한 인정과 존중을 소수 집단의 문화적 권리로 인정하고 있다. 소수 문화 집단의 문화적 맥락을 이해해야 한다는 점에서 서구 중심의 보편적 인권에 대한 주장은 서로 다른 역사와 문화적 콘텍스트 속에서 서로 다른 기준의 인권 개념이 존재할 수 있다는 점과 함께 논의되어야 할 것이다.

문화적 다양성에 대한 인정과 인권 개념의 맥락적 차이에도 불구하고 성평등이라는 보편적인 원칙을 유럽 사회의 일원으로서 이주 여성에게도 적용해야 한다고 주장하는 페미니스트는 여성의 성기 절제를 강력하게 반대하고 있다. 이와 같은 페미니스트의 입장은 여성의 성기 절제가 여성의 몸에 각인된 가부장제이며, 강요에 의한 것이기 때문에 명백한 인권 침해이며, 어떤 이유에서도 정당화될 수 없다는 점을 강조하고 있다.

유럽에 거주하는 이슬람 가정 안에서 전통과 문화적 관습이라는 명목으로 이루어지는 여성 및 여아의 성기 절제에 대한 집단 권리(group rights) 주장은 젠더문제와 특히 여성의 자기결정권이라는 점에서 갈등을 빚는다고 할 수 있다. 여성 성기 절제 문제를 둘러싸고 벌어지는 다문화주의와 페미니즘 논쟁에서 어느 한쪽의 입장을 선택하기 어려운 이유는 다문화주의 입장과 페미니즘의 입장이 팽팽하게 맞서며 접점을 찾기 어렵기 때문이다.

그럼에도 불구하고 여성 개인의 선택과 자기결정권이라는 측면에서 보면 소수 문화 집단의 문화적 다양성 및 문화적 권리를 인정한다 하더라도 여성에게 선택과 자기결정권이 주어지지 못한 경우 다문화주의는 여성 인권에 해로울 수 있다. 이에 페미니스트들은 이와 같은 행위가 이슬람의 종교와 문화적 이유로 행해지고 있어 문화와 관행의 이름으로 포장되고 있음을 지적하고, 보편적인 인권과 규범의 논리에서 이를 반인권적이며 폭력적으로 규정하고 있다(Ahmed, 1992; Bennett, 1992; Okin, 1999).

여성의 성기 절제와 같이 여성 인권을 명백히 침해한 경우에도 여성 개인의 자기결정권을 집단의 권리 아래에 규정한다면, 결국 이들 집단의 여성 인권은 서구의 인권의 잣대로는 설명하기 어려운 점이 존재한다.

2) 여성 성기 절제 문제에 대한 유럽연합의 정책 기조

유럽연합은 유럽연합조약, 기본권헌장(Charter of Fundamental Rights),

그리고 최근 들어 리스본조약을 채택함으로써 '인간의 존엄'과 '자유·평등·정의·연대'의 정신을 새삼 강조하고 있다(Morris, 2009; Mushaben, 2012; 박채복, 2008).

이처럼 개인의 인권과 인간의 기본권, 보편적인 민주주의가 존중되는 가치 공동체로서 유럽연합은 공동체에 기반한 폭력 혹은 명예에 기반한 폭력 중 문화적 관습이라는 미명하에 여성에게 가해지는 폭력의 대표적인 사례 중 하나인 여성 성기 절제 문제를 '해로운 문화적 관행'으로 보고 이와 같은 해로운 문화적 관행을 젠더에 기반한 폭력으로 규정하고 있다.

더 나아가 유럽연합은 여성 성기 절제 문제가 유럽 사회의 성평등 문화에 위배된다는 점을 분명히 하고 있다. 더 나아가 유럽연합은 여성에게 개인적인 선택의 권리가 부재한 상황이라는 점에서 국가의 적극적인 개입을 촉구하고 있다.

유럽연합은 여성 성기 절제 문제와 관련해서 유엔의 국제인권규약 및 인권 관련 규정을 준수하기 위한 국제 협력을 중시함과 동시에 국제조직과 인권기구들과 함께 여성 성기 절제 문제를 중요한 어젠다로 설정하고 그들의 주요 프로그램에 통합시켜 이를 근절하고 척결하는 일을 적극적으로 추진하고 있다.

국제연합을 포함하여 국제사면위원회(Amnesty International: AI), 아프리카연합(Organization of African Unity: OAU), 유니세프 국제연합 어린이기금(United Nations Children's Fund: UNICEF), 국제인구기금(United Nations Population Fund: UNFPA), 국제보건기구(World Health Organization: WHO), 여성건강연구 및 발전기금(Foundation for Women's Health Research and Development: FORWARD, 국제인구발전컨퍼런스(The International Conference on Population and Development: ICPD), 여성차별철폐위원회(Committee on the Elimination of the Discrimination Against Women: CEDAW), 인권위원회(Human Rights Committee: HRC) 등 매우 다양한 인권 관련 국제기구와의 협력을 통해 국제사회에서 여성 인권 및 여성 폭력 문제를 적극적으로 해결하려 하고 있다.

여성 성기 절제 문제의 예방 및 척결을 위한 국제적 차원의 노력과 함께 유럽 지역 내 인권 및 민주주의 문제에 대해 유럽연합은 유럽평의회를 비롯해 유럽연합 내 다양한 기구들과의 협력을 통해 여성 성기 절제 문제에 대한 정책이 일관성을 가지고 추진될 수 있도록 노력하고 있다.

유럽 차원의 다양한 기구를 통한 노력으로 우선 유럽평의회의 입장을 논의할 수 있다. 유럽평의회는 2001년 결의안을 통해 유럽인권협약 제3조에 근거하여 여성 성기 절제를 여성에 대한 고문과 학대로 비인간적이며 야만적인 행위라고 규정하고 문화적 상대성에 대한 입장을 비난했다.

문화와 전통을 보호하는 것이 인간의 기본적인 권리에 대한 존중보다 우선될 수 없으며, 고문과 마찬가지인 관습은 불법화되어야 한다는 점을 명확히 했다. 더 나아가 유럽평의회는 여성 성기 절제를 여성뿐만 아니라 어린이의 건강권 및 인권에 대한 심각한 침해라 규정했다.

유럽평의회는 결의안에서 국가적 차원에서 여성 및 아동의 인권을 다루는 국제협약을 준수하고 여성 성기 절제 문제를 다룰 수 있는 특별법과 같은 법적인 조치를 마련할 것을 권고하고 있으며, 여성 성기 절제에 대한 정보 제공을 비롯해 이를 예방하기 위한 교육적·인식론적 차원에서의 다양한 조치를 취해야 함을 분명히 하고 있다.[4] 이와 같은 유럽평

4 http://www.assembly.coe.int/Mainf.asp?link=/Documents/WorkingDocs/Doc01/EDOC9076.htm(검색일: 2012.10.3).

의회의 입장은 인권협약을 채택하고 있는 유럽 국가들의 인권 규정으로 작동하고 있다는 점에서 매우 중요한 의미를 갖는다고 할 수 있다.

유럽연합 차원에서 유럽의회는 여성 성기 절제 문제와 관련해 선두적인 역할을 수행하고 있는 기구이다. 2001년 유럽의회는 여성 성기 절제 결의안을 채택해 유럽집행위원회, 유럽이사회 그리고 회원국들에 여성 성기 절제와 여타 관행을 철폐하기 위한 적극적 조치를 요구했다.[5]

유럽의회는 2006년 여성 성기 절제와 관련해 현재의 상황을 반영한 결의안[6]을 다시 채택했는데, 이를 통해 유럽집행위원회에게 유럽 차원에서 여성 성기 절제 근절을 목적으로 하는 포괄적인 전략을 다양화할 것을 강력하게 권고했다. 또한 인권대화(human rights dialogue), 코토뉴협약(Cotonou Agreement), 유엔 새천년 목표(UN millenium development goals), 민주주의와 인권을 위한 유럽기구(European Instrument for Democracy and Human Rights: EIDHR) 등 유럽연합 내 인권정책의 주요 기제들을 여성 성기 절제 문제를 척결하는 데 적극적으로 사용할 것을 권고했다.

2009년 들어 여성 성기 절제 문제는 유럽연합의 기본권에 대한 결의안에서 논의되어 이에 대한 공적 영역에서의 관심이 절대적으로 필요함을 강조했으며, 유럽 차원의 법적 조치 및 틀의 필요에 대해 적극적으로 논의하는 계기를 마련하게 되었다.[7] 더 나아가 이와 같은 유럽의회의 노

5 유럽의회의 여성 성기 절제 결의안(European Parliament resolution on female genital mutilation)(2001/2035(INI)), 20. September 2001 참조.

6 유럽의회의 여성 폭력 근절 현황 및 미래 행동계획 결의안(European Parliament resolution on the Current situation in combating violence against women and any future action)(2004/2220(INI)), 2. February 2006 참조.

7 유럽의회의 유럽연합에서 기본권에 대한 상황 결의안(European Parliament resolution on the situation of fundamental rights in the EU 2004-2008)(2007/2020(INI)), 14. January 2009 참조.

력의 결과 유럽연합 차원에서 여성 성기 절제 근절을 위한 결의안을 채택하게 되었다.[8]

유럽연합은 이 결의안에 의거하여 유럽연합 회원국과 기구들에게 유럽연합과 제3세계에서 여성 성기 절제 문제를 척결하기 위해 조치를 취할 수 있도록 종합적인 전략 및 행동계획을 수립할 것을 촉구했다.

또한 이를 근절하고 예방하기 위해 요구되는 다양한 법적·행정적 조치와 예방 시스템을 구축할 것과 특히, 교육 및 사회적 차원에서 여성 성기 절제의 위험에 처한 여성과 아이들을 보호하기 위한 메커니즘을 마련하는 등 여성 성기 절제 희생자들을 보호할 수 있는 실제적인 조치들을 강구하는 것과 동시에 이에 대한 폭넓은 정보 제공이 우선적으로 이루어질 수 있도록 했다.

이러한 노력의 결과, 여성 성기 절제 논쟁은 2009년 유럽의회의 여성 폭력 근절을 위한 결의안 채택을 통해 더욱 구체화되어 이주 여성을 받아들이는 유럽 이주국이 여성 성기 절제를 예방하고 이를 근절하는 데 적합한 행동을 취할 것을 강조했다. 또한 이주 여성의 건강과 인권 유린이라는 명백한 인식을 통해 여성 성기 절제를 근절하기 위한 특별법 조치의 적용 혹은 이에 준하는 법을 적용할 것을 강력하게 요구하고 있다.

이 밖에도 유럽집행위원회는 국제적으로 여성 성기 절제에 반대하는 다양한 국제기구 및 행위자들과의 파트너십을 통해 여성 성기 절제를 척결하는 데 적극적으로 기여하고 있다. 유럽집행위원회는 여성 성기 절제 척결을 목적으로 하는 유럽연합의 프로젝트에 재정 지원을 하고 있으

8 유럽의회의 유럽연합에서 여성 성기 절제 근절에 대한 결의안(European Parliament resolution on combating female genital mutilation in the EU)(2008/2071(INI)), 24. March. 2009 참조.

며, 제3세계와의 동반자적 협약을 체결하거나 인권과 관련된 조치와 지침에 여성 성기 절제 문제를 연계하는 작업을 통해 국제적으로 여성 성기 절제를 척결하는 움직임에 동참하고 있다.

유럽연합의 회원국들도 이에 적극적으로 참여하고 있으며, 몇몇 국가들은 여성 성기 절제 근절을 위한 행동계획(action plan)을 발전시켰다. 이는 다프네 프로젝트(Daphne-project)의 일환으로 유럽집행위원회에 의해 재정적으로 지원되고 여성 성기 절제 예방 유럽 네트워크(European Network for the Prevention of Female Genital Mutilation: EuroNet-FGM)의 주도하에 회원국, 비정부 기구, 여성 성기 절제와 관련된 의사들이 참여하여 2009년 노르웨이에서 제시되었다.

행동계획은 유럽뿐만 아니라 글로벌 차원에서 여성 성기 절제 근절을 위한 협력과 다양한 정보를 제공하고, 여성 성기 절제를 예방하는 데 주력함과 동시에 고통을 받고 있는 여성들에 대한 광범위한 보호, 이주 여성의 적극적인 참여 등을 목적으로 하고 있다.

3) 여성 성기 절제 예방 및 근절을 위한 핵심 정책 영역 및 기제

여성 성기 절제 예방 및 근절을 위한 유럽연합의 정책 영역 및 기제를 살펴보는 데 2009년 채택된 유럽의회의 결의안은 매우 중요하다. 이 결의안을 통해 유럽집행위원회, 유럽이사회, 유럽의회와 같은 유럽의 기구들은 유럽연합에서 여성 성기 절제 문제가 여성과 아동들에 대한 기본적 권리를 평가하는 척도로 받아들여지는 데 함께 협력해야 한다는 점을 명확히 했기 때문이다.

이와 더불어 회원국 차원에서의 공동의 정책적인 필요성을 공유함으로써 유럽 차원에서의 성과를 이뤄내기 위한 다양한 조치들이 함께 취해져 궁극적으로 여성 성기 절제를 철폐해야 함을 분명히 하고 있다.

이에 대해 좀 더 구체적으로 살펴보면 다음과 같다.

첫째, 유럽연합은 여성 성기 절제 문제에 대한 유럽 차원의 질적·양적 데이터 조사 작업을 실시하여 이에 대한 포괄적인 접근이 용이하게 하고자 한다. 유럽연합 내 여성 폭력에 대한 포괄적인 자료의 필요성은 2009년 유럽의회가 여성 폭력 근절을 위한 결의안 및 2010년 유럽이사회의 여성 폭력 근절에 관한 결정을 통해 유럽 차원에서 제기되었다.

물론 여성 성기 절제 문제에 대해 유럽연합 회원국 국가 차원에서 다양한 조사를 실시하고 있다. 그러나 보다 객관적이고 유럽 전역에 통용 가능한 데이터에 대한 수집과 분석 작업이 필수적이라 할 수 있다. 이에 유럽연합은 유럽 전역을 대상으로 여성 성기 절제 문제와 관련하여, 보다 정확하고 적합한 데이터를 수집하고 이를 분석하기 위한 다양한 방법을 모색하고 있다.

유럽기구들은 이를 위한 용역 연구를 수주하고 있으며, 이 문제에 대한 유럽 차원의 연구를 위한 방법론적 고민도 계속되고 있다. 구체적으로 이를 위해 유럽 차원에서 두 개의 기구가 설립되었다. 2007년 설립된 EU 기본권기구와 유럽성평등연구소(EIGE)가 그것이다.

EU 기본권기구는 유럽 차원에서 기본권을 강화하기 위해 유럽연합의 기구와 회원국들의 기본권에 대한 올바른 이해를 돕기 위한 전문적 조언과 기술적 지원을 제공하는 기구로, 유럽연합의 정책과 입법 형성 과정에서 기본권 존중에 대한 고려가 충분히 이루어질 수 있도록 기능적인 역할을 수행한다. 2011년에서 2012년에 걸쳐 EU 기본권기구는 젠더에 기반한 여성 폭력 실태를 알아보기 위해 처음으로 유럽 전역을 대상으로 하는 설문 조사를 실시했다.[9]

2012년 9월에 끝난 이 설문 조사는 15세 이전의 폭력 경험에 대해 구체적으로 알아보기 위해 27개 유럽연합 회원국에서 1500명의 여성을 무작위로 선정해 총 4만 명의 여성을 대상으로 인터뷰를 수행했다. 이 결과는 유럽 차원에서 여성 폭력에 대한 포괄적이고 종합적인 자료를 제공해줄 것이며, 이를 기반으로 공통의 정책적 합의가 가능할 것이라는 점에서 의미를 가진다.

유럽연합 차원에서 진행되고 있는 여성 폭력 논쟁에 대해 포괄적인 정보를 제공할 수 있다는 측면에서 성기 절제와 관련한 EU 기본권기구의 조사는 모든 종류의 차별에 대한 믿을 만하고 비교 가능한 통계자료를 제공한다. 이는 여성과 아동의 기본 권리를 보호하고 이들을 위한 실질적인 조치가 이루어질 수 있도록 현존 법적 테두리를 강화하는 데 긍정적인 역할을 할 것으로 기대된다.

또한 여성 성기 절제 문제와 관련한 다양한 행위자들, 예를 들면 경찰, 보건 사회 분야에 종사하는 행위자들, 여성 성기 절제 관련 유럽 내 다양한 시민단체와 NGO들에게 적절한 정보를 제공할 수 있을 것이다.[10]

이와 함께 인권에 기초한 적합한 방법론적인 도구를 발전시킨다는 취지에 입각하여 설립된 유럽성평등연구소는 유럽 차원에서 젠더에 기반한 폭력에 대한 포괄적인 정보와 질적·양적 자료 조사를 수행한다.

유럽성평등연구소는 젠더에 기반한 폭력을 예방하고 보호하는 데 좋은 예가 될 수 있는 훈련 프로그램, 인식 전환 캠페인, 자료 등 구체적인 방법 및 도구들뿐만 아니라 실행 과정에서 인권에 근간한 유럽적인 가치와 규범이 확산될 수 있도록 구체적인 방법론적 틀을 구축하는 데

9 http://fra.europa.eu/en/survey/2012/survey-gender-based-violence-against-women (검색일: 2012.10.30).

10 EIGE, “Annual Work Programme 2013,” http://www.eige.europa.eu/content/document/eige-annual-work-programme-2013(검색일: 2012.10.30).

주력하고 있다. 이 과정에서 유럽 차원의 양성평등 증진 및 여성 폭력 근절에 대한 실질적이고 합리적인 방법을 찾는 데 유럽 내 젠더와 관련된 다양한 행위자들과의 협력을 적극적으로 추진하고자 한다.[11]

이 밖에도 유럽통계국(Eurostat)을 통해서도 유럽에서 여성 성기 절제의 확산을 기록하기 위해 국가 차원에서 이루어지는 다양한 조사를 조정하고 지원함으로써 다양한 이슈 영역에 대한 정확한 통계 및 각종 데이터를 제공받을 수 있게 한다.

둘째, 유럽연합 차원에서 여성 성기 절제 문제에 공동으로 대응하는 과정에서 유럽연합 회원국들은 여성 성기 절제 희생자들의 건강 및 의료 권리를 인정하고 합당한 의료 서비스를 제공해야 한다는 점을 분명히 하고 있다.

유럽연합의 현재 보건정책은 보편성, 질적인 의료 서비스에 대한 접근, 공평성, 연대라는 네 가지 중심 목표를 지니고 있으며, 건강과 소비자를 위한 기구(Executive Agency for Health and Consumers)에 의해 집행된다. 이러한 전략에 따라 유럽 내 여성 성기 절제 피해자들에게도 질적인 의료 서비스가 제공될 수 있도록 보건 분야에 프로젝트를 지원하는 프로그램을 운영하고, 이들에 대한 보건 진료의 취약성 문제를 최소화하기 위해 이를 유럽 차원에서 제기되는 건강과 의료 서비스 문제로 인식하여 공동으로 해결하고자 노력하고 있다.

영국과 같이 여성 성기 절제 문제를 다루기 위한 특별 병원이 존재

11 자세한 내용은 성평등연구소 설립을 위한 유럽의회의 결의안 Regulation (EC) No 1922/2006 of the European Parliament and of the Council of 20 December 2006 on establishing a European Institute for Gender Equality, http://eur-lex.europa.eu/LexUriServ/LexUriServ.do?uri=OJ:L:2006:403:0009:0017:DE:PDF(검색일: 2012.10.30) 참조.

하는 곳도 있지만, 대부분의 경우 의사나 산파 등 의료 제공자들이 여성 성기 절제에 대해 선입견을 가지고 있거나 정보가 부족하여 적절한 의료 행위가 제공되지 못하는 경우가 많으므로 유럽연합 차원에서 여성 성기 절제에 대한 의료적 조치와 평준화된 행위의 지침들이 마련되어야 할 것이다.

이에 유럽연합은 산파와 산부인과 의사 혹은 유사한 직업군을 양성할 수 있는 교육 프로그램과 트레이닝 모듈을 개발하고 이와 관련된 프로젝트를 지원하는 정책을 통해 여성 성기 절제 희생자들의 치유 및 의료 권리에 대한 정보를 제공하고 의학적이고 심리적인 도움을 줄 수 있는 통합적인 프로젝트가 진행될 수 있도록 지원하는 데 주력하고 있다.

또한 유럽연합은 성기 절제 여성들의 특별한 요구에 입각하여 적절한 의료 서비스가 제공될 수 있도록 각각의 의료 섹터의 역량을 강화하도록 하고 있다. 더 나아가 유럽연합 차원에서 공동으로 이에 대한 지식과 경험을 공유할 수 있도록 다양한 채널을 확보하도록 하고 있다.

보건 분야의 지원과 관련해 유럽연합은 회원국 내 보건 분야의 문제점들을 포괄하고 있는 개방형 조정 방식(Open Methode Coordination)과 어떤 사안이나 정보, 경험들을 훨씬 수월하게 교환할 수 있도록 하는 위원회로서 사회보호위원회(Social Protection Committee)를 효과적으로 운영하여 회원국마다 다른 정책적 입장과 실제적 괴리를 줄여나가는 데 최선을 다하고자 한다.

또한 유럽연합은 여성 성기 절제와 관련된 정보와 진행 사항들을 유럽연합 회원국들의 보건 당국자들 사이에 제공하여 원활한 정보 교환이 이루어질 수 있도록 하며, 보건 진료의 접근성과 의료 혜택의 질적인 수준을 결정할 수 있는 지표를 만듦으로써 유럽회원국들 간에 공동의 대처 방안과 가이드라인을 발전시켜 피해 여성들의 삶과 보건 수준을 개선할 수 있도록 노력하고 있다.

셋째, 여성 성기 절제 문제는 여성뿐만 아니라 아이들에 대한 폭력 근절 문제와 관련 있다. 이에, 유럽연합은 공동체 젠더정책의 틀에서 역내에 거주하는 모든 여성과 아이들에 대한 폭력을 예방하고자 노력하고 있다.

특히 여성 성기 절제의 경우 몇몇 특정 공동체에서 행해지고 있으며, 대부분 가족에 의해 휴가를 틈타 외국에서 이루어지고 있어 예방 및 접근이 어려운 경우가 많다. 따라서 여성 성기 절제를 법으로 강력하게 금지하여 사회적인 문제로 환기시킬 필요가 있다.

대부분의 유럽연합 회원국들은 특별법 혹은 신체 훼손 명목으로 여성 성기 절제를 금지하는 법적 조치를 가지고 있다. 그러나 많은 국가들의 경우 여성 성기 절제에 대한 정보와 경험이 부족하여 형법의 실행이 불가능한 경우가 많다.

또한 법 집행 과정에서 사안이 치외 법권 지역에서 발생한 경우, 커뮤니티에서 일어난 일에 대해 함구하는 경우, 피해자들이 자신의 부모를 고발할 수 없다는 점, 관청의 입장에서는 의심만으로 이에 대한 법적 조치를 취할 수 없다는 점에서 법적인 제도와 조치의 제도화는 매우 중요한 의미가 있다.

이에 유럽의회는 유럽연합의 모든 기구에 여성과 아동 폭력에 대한 모든 프로토콜과 법안에 여성 성기 절제 조항을 삽입시킬 것을 강력하게 요청하고 있다. 구체적으로 집행위원회의 남녀평등로드맵(Roadmap for equality between women and men)과 아동권리에 대한 전략(towards an EU-strategy on the rights of the child) 등을 예로 들 수 있다.

또한 여성 성기 절제 근절을 위한 모든 프로젝트는 다프네 프로그램을 통해 재정적으로 지원해야 하며, 내무 및 사법 분야에서의 협력을 공고히 하기 위해 스톡홀름 행동계획[12]에 여성 성기 절제 문제로부터 여성을 보호하기 위한 구체적인 진전과 척도를 만들어야 한다. 유럽 차원에서 여성 성기 절제 문제에 대한 인식을 환기하고 공동체 차원에서 이를 근절할 수 있는 토대를 마련하고자 한다는 점도 긍정적인 시너지를 창출하는 데 기여할 것이다.

더 나아가 유럽 경찰(Europol)은 유럽 경찰 병력들의 협력을 통해 여성 성기 절제 문제에 대한 대처 방안을 강화하고 신고 및 자료 등을 공유함으로써 수사를 강화하고 법적인 조치를 취할 수 있도록 했다.

넷째, 여성 성기 절제 문제를 유럽연합으로의 망명 기준으로 인정할 것인지의 문제에 대해 아직까지 유럽 차원에서의 합의가 존재하지 않는다. 그러나 여성 성기 절제가 여성에게만 가해지는 폭력으로 정신적·육체적인 피해를 주는 고문에 비견할 만하다는 점에서 국가 차원에서 법적인 조치를 마련하고 있으나 이를 망명과 연계하는 작업은 국가마다 입장이 다르다.

유럽연합의 몇몇 회원국들은 UNHCR의 가이드라인 및 망명에 대한 제네바협정에 의거해 여성 성기 절제를 고문 및 박해로 인식하고 있으나, 많은 경우 이에 근거한 망명을 후순위로 여기고 있다. 따라서 2010년 설립된 유럽망명청(European Asylum Office)을 통해 여성 성기 절제 문제를

12 스톡홀름 행동계획(Stockholm action plan)은 2010년 유럽이사회가 유럽집행위원회에 요구한 것으로, 유럽연합의 스톡홀름 프로그램의 목표와 우선순위가 구체적인 방법에 의해 이행될 수 있도록 한 것이다. 스톡홀름 프로그램은 2010년에서 2014년 기간 동안 자유와 안정, 정의의 공간으로서 유럽 시민들의 유럽을 이룩하기 위해 유럽 시민권과 기본권에 대한 존중, 법과 정의의 공간으로서 유럽, 유럽의 안보, 이민 및 망명 문제에 대한 책임, 연대, 파트너십 구축, 글로벌화된 세계에서 유럽연합의 역할 강화 등 정치적 목표를 추진하고자 하고 있다. 자세한 내용은http://eur-lex.europa.eu/LexUriServ/LexUriServ.do?uri=OJ:C:2010:115:0001:0038:DE:PDF 참조(검색일: 2012.10.30).

주요한 부분으로 받아들이게 하고 있다. 유럽연합 회원국들에 이와 관련한 교육 및 정보를 제공하도록 하여 유럽적 차원에서 여성 성기 절제 문제를 유럽 망명 신청의 법적인 기준으로 정착시켜 젠더에 기반한 폭력으로 인식하고자 하고 있다.

다섯째, 유럽연합 차원의 경제원조정책과 여성 성기 절제 문제를 연계시켜 이를 근절하고 예방하는 외교정책을 수행하는 과정은 유럽연합의 정체성에 부합하는 일이다.

이를 위해 유럽연합은 자신의 인권정책의 틀 속에서 정치적 대화 및 인권 대화라는 기제를 통해 여성 성기 절제의 예방과 근절이 조화롭고 일관되게 관철될 수 있도록 한다. 글로벌 행위자로서 유럽연합은 경제원조정책을 통해 여성 성기 절제 철폐에 선도적인 역할을 수행하기 위해 제3세계와의 협력 관계를 구축하기 위해 노력하고 있다.

4. 여성 폭력을 근절하기 위한 시민사회의 역할

젠더에 기반한 폭력의 사례로 살펴본 여성 성기 절제 문제는 각종 문화적 관습들 가운데 유럽 사회의 기본적인 원칙 및 가치와 병립하기 힘든 것으로 이주자 집단의 문화적 정체성과 유럽 사회의 문화적 정체성이 충돌되는 사례이다.

유럽으로의 이주가 급속히 증가하면서 다양한 문화가 공존하는 가운데 주요한 논쟁의 지점은 소수 문화 집단의 권리를 주장하는 다문화주의의 요구와 문화적 이질성 및 다양성에서 비롯되는 서로 다른 정체성 및 가치로 인한 국가 혹은 국가 간의 문화적 차이에 관한 집단적 다양성의 문제이다. 특히 소수 집단의 평등과 반차별에 대한 요구뿐만 아니라 법적인 인정과 집단적인 정체성에 대한 요구는 문화적 충돌 및 갈등을 제도화하는 과정에서 많은 유럽 국가에서 지속적으로 논의되고 있다.

유럽연합과 그 회원국은 문화와 관습과 연계되어 있는 다양한 젠더 폭력 사례 중 여성 성기 절제 문제를 여성 인권의 침해로 규정하고 있다. 더 나아가 이를 여성의 권리를 침해하는 고문과 범죄로 여기고 있으며, 젠더에 기반한 폭력으로 인식하고 있다. 그러나 여성 성기 절제에 대한 유럽 국가의 정책은 국가의 역사적·정치경제적 맥락에 따라 다르다.

프랑스나 영국과 같이 식민지 경험을 가지고 있으며, 여성 성기 절제를 시행하고 있는 아프리카 국가 출신의 이주자의 비중이 높은 국가와 그렇지 않은 국가들 사이에 차이점이 존재한다. 여성 성기 절제를 다루는 법이 존재하는 국가도 있고 그렇지 않은 국가도 있다. 벨기에, 덴마크, 영국, 이탈리아, 오스트리아, 스웨덴, 스페인, 노르웨이는 이와 관련한 특별법이 존재한다. 그 외에 다른 유럽 국가들에서도 이는 신체에 대한 훼손으로 범죄 행위로 규정되고 있다.

각 국가마다 정책적 대응이 다르다는 문제뿐만 아니라 여성 성기 절제 문제와 관련해 유럽 차원에서 해결해야 하는 문제들이 산재한 상황이다. 성기 절제는 여성의 건강과도 직결된 문제로 폭력에 노출된 여성들에게 충분한 의료 제공이 되어야 한다. 이를 위해서는 성기 절제 문제를 처리하는 유럽 차원의 매뉴얼과 행동 방침에 대한 합의, 이를 시행하는 과정에서의 규칙 등 다양한 합의의 문제를 해결해야 한다.

이 과정에서 여러 영역에서 활동하는 전문가와 시민사회의 참여는 국가 차원, 유럽 차원에서 접근하기 어려운 문제에 용이하게 접근할 수 있도록 한다. 여성 폭력을 다루는 유럽의 시민사회 및 시민단체는 국제적·유럽적·국가적 차원에서 젠더에 기반한 폭력을 여성 인권에 대한 심각한 침해로 인식하고 있다.

특히 페미니스트들은 유럽 정책 결정자들이 젠더에 기반한 폭력 문제에 대해 인식하고 희생자의 입장에서 문제를 해결하고 이들을 보호해 줄 것을 강력하게 요구하고 있다. 유럽연합의 젠더정책 결정 과정에는 유럽연합이라는 초국가 기구적 행위자와 회원국이라는 국가적 행위자, 그리고 사회적 파트너 및 시민단체들이 '벨벳 트라이앵글'이라 불리는 삼각관계를 형성한다(Kantola, 2010: 100; Woodward, 2004: 85).

벨벳 트라이앵글이라 불리는 이러한 관계를 통해 국가적인 젠더 관계의 차이와 이해관계의 다양성 및 상충성에도 불구하고 공동체 차원의 젠더정책이 용이하게 이루어지는 경향이 있다. 이에 국가적 차원에서 결정되기 어려운 젠더이슈들이 유럽연합 차원에서는 보다 용이하게 결정되는 것이다.

여성 성기 절제 문제는 시민사회의 역할이 중요한 영역으로, 젠더에 기반한 폭력을 반대하는 페미니스트들의 활동이 유럽 차원에서 여성 폭력을 근절하고자 하는 적극적인 정책적 의지를 관철시키는 데 영향력을 행사하고 있다. 더 나아가 페미니스트들은 유럽 차원에서 젠더에 기반한 폭력 문제를 해결하기 위한 실질적인 조치를 강구하고 있다.

사회적 배제를 극복하고 여성 폭력을 근절하기 위한 보다 효과적인 방법을 찾기 위해 초국가적인 모범 시행 사례들을 발굴하고 공유하는 작업이 진행되었다. 상호 학습하는 과정에서 유럽의 다양한 행위자들 사이의 초국적 협력과 경험이 축적될 수 있었다.

성, 인종 및 민족성, 종교나 신념, 성적 취향 등과 관련한 차별을 철폐하고 이에 맞서기 위해 다양한 행위자들이 함께 젠더에 기반한 폭력에 반대하고 이를 근절할 수 있도록 요청하고 압력을 행사하는 과정에서 유럽연합 차원에서 결의안이 채택될 수 있도록 적극적인 활동을 수행하고 있는 것이다.

유럽연합 기구 중 유럽의회는 젠더에 기반한 폭력과 관련 결의안을 채택하고 여성 폭력을 예방하고 근절하는 데 중요한 역할을 수행하고 있다. 유럽집행위원회는 페미니스트들과 시민단체들의 협력을 이끌어내는 데 구심적인 역할을 수행했다.

또한 유럽연합은 여성 폭력의 근본 원인에 대응하고, 폭력 예방 및 피해자 보호 서비스를 증진시키며, 젠더에 기반한 폭력을 당한 피해자의 경제적 필요와 건강 문제에 대처하는 데 주력하고 있다. 폭력이 발생되기 이전에 이에 대한 예방을 사전에 도모할 수 있는 제도적 장치를 마련하는 노력과 함께 유럽 차원에서 젠더에 기반한 폭력을 인권 문제로 규정하고 관련 입법을 지원하는 일이 진행되고 있다.

이와 같은 여성 폭력을 인권 문제로 접근하고 있는 시민단체와 여성 조직들의 입장은 유럽연합의 정책 결정 과정에 영향을 미친다. 회원국의 이해관계와 인식의 차이에도 불구하고 유럽연합 차원에서 하나의 통일된 결정이 이루어질 수 있도록 하는 데 시민단체와 여성 조직들의 역할이 지대하다.

젠더에 기반한 폭력은 여성에 대한 사회적·문화적·구조적 차별과 편견 그리고 가부장적 인식이 사회 속에 뿌리 깊이 자리 잡고 있어서 발생하는 문제이기 때문에 희생자를 보호하고 희생자 중심으로 프로그램과 프로젝트가 운영되어야 한다. 이에 유럽연합은 여성 폭력을 예방하기 위한 교육과 인식 개선, 피해자 지원, 법령 정비 및 제도 지원 등 다양한 프로그램을 마련하는 데 주력하고 있다. 이와 같은 프로그램이 회원국에 수용되어 정책적으로 통일된 결과를 가져오기를 기대하고 있다.

유럽연합은 여성 폭력을 근절하기 위해 여성 폭력에 대한 인식을 개선하기 위한 다양한 캠페인 사업을 추진하고 있다. 폭력 피해자가 피해를 딛고 사회 구성원으로서 제대로 된 삶을 살 수 있도록 물리적·경제적·심리적·사회적 지원을 제공하는 지원 사업은 유럽연합이 주도적인 역할을 수행하는 부분이라 할 수 있다.

생각해볼 문제

1 젠더에 기반한 폭력에 대한 유럽연합의 정책적 기조는 무엇이며, 이 문제를 해결하기 위한 유럽연합의 노력은 어떠한지 논의해보자.

2 일반적으로 젠더에 기반한 폭력은 여성의 신체에 대한 폭력과 섹슈얼리티에 대한 폭력이 동시적으로 결합되어 발생한다. 젠더에 기반한 폭력을 개념화해보자.

3 성주류화 전략이 추진되는 과정에서 젠더에 기반한 폭력이 유럽연합의 젠더정책에서 중요한 이슈가 되어 이에 대한 관심이 커지기 시작했다. 유럽 차원에서 젠더에 기반한 폭력에 대한 다양한 논의를 진행할 수 있었던 배경을 설명해보자.

4 유럽연합의 다양한 기구에서 여성의 적극적인 활동과 유럽 전역에서 행동하는 페미니스트 및 시민단체의 역할에 대해 논의해보자.

5 유럽연합의 여성 성기 절제 문제에 대한 정책 및 입장을 살펴보고, 유럽에서 진행되고 있는 여성 성기 절제 현황 및 이에 대한 유럽연합의 대처 방안에 대해 설명해보자.

더 읽을거리

1 김민정. 2012.「여성성기 절제를 둘러싼 프랑스의 논쟁」. ≪21세기정치학회보≫, 제22권 제2호.

2 Kantola, J. 2010. *Gender and the European Union*. London: Palgrave Macmillan.

제10장

다문화의 도전과 정체성의 위기
: 유럽연합 내 헤드 스카프 논쟁

국가 간 경계가 점차 사라지고 국가 간 인구 이동이 많아지면서 세계는 점차 하나가 되어가고 있다. 더 나은 삶을 위해 유럽으로의 이주가 증가하면서 이주의 여성화도 확대되고 있다. 이주의 증대와 문화적 다양성을 둘러싸고 다양한 논의가 진행되고 있는 가운데 유럽연합 내 여성이 어떠한 문화적(인종, 민족, 계층, 섹슈얼리티 포함) 배경을 갖고 있든지 간에 남성의 폭력으로부터 동등하게 보호받아야 하며, 유럽인과 동등한 권리를 향유해야 한다는 보편적 젠더평등 원칙이 합의되었으며 정책 형성에도 반영되고 있다. 그럼에도 불구하고 유럽연합 내 소수 집단이 용인·수용하고 있는 문화적 관습 중 여성의 보편적인 인권과 충돌하는 관습에 대해

* 이 장은 *The Korean Journal of Area Studies*, Vol. 31, No. 2(2013), pp. 179~207에 실린 "Cultural Diversity and Gender Equality: Discourse on Muslim Women's Veil in Europe"을 수정 및 재구성한 것이다.

유럽연합 회원국들은 국내 상황에 따라 정책적으로 서로 다르게 대응하고 있다.

유럽연합 내에서 다문화의 도전과 정체성의 위기를 논하는 데 헤드 스카프 문제는 젠더뿐만 아니라 인종, 민족, 종교 등 하나가 아닌 여러 개의 차별이 함께 연결되어 있는 매우 복잡한 이슈다. 다양한 문화가 공존하고 있는 유럽연합에서는 국가마다 무슬림 여성의 헤드 스카프와 관련해서 서로 다른 정책적 입장이 존재한다. 유럽연합 차원에서 헤드 스카프와 관련된 법적 규정은 아직 없다. 유럽연합 회원국 정부의 입장 차이뿐만 아니라 헤드 스카프 문제를 다루는 다양한 재판소 그리고 이를 바라보는 일반 시민의 입장과 시각이 국가마다, 또 사회마다 다르며, 그에 따라 정책적 대응에도 차이가 있다.

헤드 스카프를 둘러싼 유럽연합 내 다양한 논쟁을 살펴보면, 헤드 스카프를 여성에 대한 보편적 인권 침해의 문제로 보고 이를 법적으로 금지하는 국가도 있지만, 전반적으로 헤드 스카프에 대해 매우 실용적인 입장을 취하고 있다. 즉, 이주 사회와의 관계에서 이슬람의 문화 또는 종교와 연관시켜 문화적 권리에 대한 요구로서 헤드 스카프를 인정하고 이를 전면적으로 거부하지는 않는다. 그러나 얼굴과 전신을 다 가리는 부르카와 같은 베일은 유럽 사회에 대한 도전으로 인식하여 공공 영역에서 부르카의 착용을 금하는 것이 옳다고 생각하는 경향이 증가하고 있다.

이 장에서는 여성의 보편적 권리와 다문화주의가 충돌하는 사례로 헤드 스카프 문제에 대한 논쟁을 국가별 정책을 중심으로 살펴보고자 한다. 특히 성, 계급, 국가 등 여러 범주에 의해 여성들 간의 차이를 극명하게 드러내고 종교와 문화, 젠더가 교차되어 있는 헤드 스카프 문제를 유럽연합과 그 회원국이 문화적 충돌과 갈등을 제도화하는 과정에서 어떻게 접근하고 있는지 알아보고자 했다.

1. 이주의 여성화와 교차성

이주의 여성화(feminization of migration)는 유럽연합이 지닌 작금의 정체성 위기와 새로운 다문화 정책의 함의를 상징적으로 보여준다. 국제 이주의 증가에 따른 이주 여성의 인권과 사회적 지위에 대한 문제의식은 유럽연합 내 주요 정치사회적 이슈로 발전했다. 1980년대까지만 해도 이주 문제에서 여성은 크게 주목받지 못했다.

그러나 현재 진행되고 있는 국제 이주 현상은 글로벌 차원의 인적 이동의 증가라는 단면적인 현상이 아니라 관련 국가 및 지역 사회의 정치적·경제적 상황의 변화를 야기하고 이에 따른 젠더 관계 또한 변화시키는 등 다면적이고 복잡한 양상을 띤다. 이에 이주 문제를 젠더적 관점에서 고찰하려는 이론적·경험적 연구는 국제 이주의 원인과 결과를 이해하는 데 있어 젠더 관계를 주요한 요소로 보고 있다(Arya and Roy, 2006; Oishi, 2005; Park, 2008; Piper, 2008).

여성들이 경제적인 이유뿐만 아니라 보다 나은 삶을 위해 유럽으로 이주하면서 이주 지역으로서 유럽이라는 특수성과 함께 이주의 여성화 현상이 진행되고 있다. 여성 이주의 형태 중 가장 많은 비중을 차지하고 있는 가족 결합의 경우 여성 이주자를 독립된 주체로 인식하기보다는 남성 이주자의 동반자 혹은 가족의 구성원 등으로 보고 있으며, 그 안에서 형성된 가부장적 젠더 관계가 존속되고 있는 경우가 많다.

이주로 인해 유럽에서 다문화 사회 형성이 불가피해지면서 문화적 차이에 따른 갈등을 조정하는 과정에서 젠더문제는 매우 중요한 화두가 되고 있다. 따라서 이주의 여성화는 이주의 젠더화와 성차별적인 상황의 확대 과정으로 새로운 이해와 접근을 요구하고 있다. 왜 여성들이 유럽으로 이주해오는지 그 배경과 원인을 밝히는 것도 중요하다. 더 중요한 것은 이주 여성을 단순히 젠더만으로 이해하기보다는 문화, 종교, 인종, 민족의 교차성을 포괄적으로 이해해야 한다는 점이다.

유럽 내 다양한 문화가 공존하는 가운데 주요한 논쟁의 지점은 소수 문화 집단의 권리를 주장하는 다문화주의의 요구와 문화적 이질성 및 다양성에서 비롯되는 서로 다른 정체성 및 가치의 문제로 국가 혹은 국가 간의 문화적 차이에 관한 집단적 다양성의 문제이다. 소수 집단의 평등과 반차별에 대한 요구뿐만 아니라 법적인 인정과 집단적인 정체성에 대한 요구는 문화적 충돌 및 갈등을 제도화하는 과정에서 유럽연합에서도 지속적으로 논의되고 있는 상황이다.

특히 문화적 관습과 전통이라는 이름하에 무슬림 여성을 둘러싼 다양한 폭력 문제는 단순히 유럽 문화와 이주자 문화의 충돌에 그치지 않고 유럽 문화 내에서 혹은 유럽 가치 내에서의 충돌을 가져오기도 하며, 그 중심에 다문화주의와 페미니즘의 충돌 및 갈등에 대한 논쟁이 위치하고 있다.

많은 이주 여성의 경우 유럽 사회의 주류 문화와 이주자 사회의 문화 사이에서 갈등을 겪고 있을 뿐만 아니라 인권을 보장받지 못하고 있다. 이 과정에서 유럽 주류 사회와 이주자 집단 사이에 존재하는 문화적 위계질서와 젠더적 위계질서가 존재하게 된다. 여성들 간의 차이와 위계질서에 따른 권력관계의 측면에서 약자의 위치에 처해 있는 이주 여성들은 다양성의 존중과 젠더평등이라는 두 가지 가치의 충돌과 갈등을 경험하고 있다.

소수 문화 집단의 권리를 주장하는 다문화주의는 여성에게 억압적인 관습과 법을 사회적으로 승인할 것을 요구하고 있다. 예를 들면, 여성 성기 절제, 일부다처제, 강제 결혼, 강간에 의한 결혼, 명예 살인과 같은 심각한 가부장적 관습들은 단순한 문화적인 차이로 치부하기에는 너무 많은 논쟁이 가능하다. 무엇이 정당한 문화적 차이이고 무엇이 부당한 차이인지 구별하기 어려운 상황에서 균형 잡힌 공동의 이해를 도출하기가 어렵기 때문이다.

따라서 소수 집단의 정체성과 집단에 부여되는 문화적 권리를 인정하는 과정에서 소수 집단의 권리 보장이 집단 내 여성을 억압하게 되는 경우에도 이들 소수 집단의 문화적 권리가 보장되어야 하는지의 문제에 대해서는 쉽게 답하기 어렵다. 다문화주의와 페미니즘의 갈등 상황이 계속되는 한, 다시 말해, 한 집단의 문화적 정체성을 유지할 것인지, 집단 정체성에 귀속할 것인지에 대한 개인의 딜레마가 계속되는 한 유럽 다문화주의의 도전은 계속될 것이다.

그렇다면 소수 집단이 용인하고 수용하고 있는 문화적 관습 중에 여성의 보편적인 인권과 충돌하는 부분에 대해 유럽연합과 회원국들은 어떻게 정책적으로 대응하고 있는가? 무엇보다도 여성의 보편적 권리와 다문화주의가 충돌하는 다양한 영역 중 종교와 문화, 젠더가 교차하는 헤드 스카프 논쟁을 통해 유럽의 다양한 사회적 논의와 정책들을 검토해보고자 한다.

2. 젠더, 문화, 평등 문제와 이주 여성

유럽연합은 젠더, 문화, 평등이라는 가치 관계에서 이주 여성에게 어떠한 입장을 가지고 있는가? 유럽연합은 인권, 젠더평등, 민주주의를 유럽적 가치로 여기며 다양한 행위자들의 적극적인 참여와 국제적인 협력을 이끌어가는 글로벌 행위자이다. 젠더문제는 유럽적 연대와 충성심을 창출하는 데 가장 근본적인 논의 중 하나다. 그러나 이와 같은 유럽연합의 젠더평등 문제가 이주 여성에게도 적용될 수 있을지는 논란의 여지가 많다.

유럽연합은 유럽집행위원회를 통해 동등한 경제적 자립, 일과 가족의 양립정책, 동일노동 동일임금 원칙, 정책 결정 과정에서의 여성의 참여 증진, 젠더에 기반한 폭력 및 인신매매 단절, 유럽연합을 넘어서 글로벌 차원의 성평등정책 추진 등 여섯 가지 과제를 중심으로 공동체 차원의 젠더정책을 추진하고 있다.

이와 같은 공동체의 과제는 유럽연합 젠더정책의 방향과 성격을 제시한 것이다. 노동시장 및 사회에서 남성과 여성의 평등한 기회와 처우를 목적으로 하는 유럽연합의 법적·제도적 조치를 통해 남녀의 고용 유형 및 노동시장에서의 통합이 점진적으로 이루어짐으로써 과거에 비해 많은 여성들이 정치·경제·사회 영역의 의사결정에서 중요한 지위를 차지하고 있다. 하지만 공동체 내 젠더평등이 완전하게 이루어진 상황은 아니기 때문에 보다 근본적인 원인에 대한 해결책을 강구하고자 마련된 것이다.

유럽집행위원회가 제시한 남녀평등을 위한 전략 중 젠더에 기반한 폭력 문제는 유럽연합이 추구하는 젠더평등정책에서 여러 다양한 젠더 이슈 중 지속적으로 정치적 논란이 되고 있는 민감한 이슈이다. 특히 인권의 발전과 제도화 수준이 높은 유럽에서도 다문화주의와 페미니즘의 긴장 및 갈등 관계 속에서 소수자로서의 이주 여성의 권리는 제약되거나 무시되는 모순적 상황이 발견되고 있기 때문에 보편적인 젠더평등과 이주 여성의 개인적인 권리를 보장하는 문제는 매우 중요한 이슈로 등장하고 있다.

또한 유럽 사회 내 소수 이주 집단과 유럽 주류 사회 사이의 사회적 갈등을 어떻게 조정하느냐의 문제에서 젠더평등 문제는 어떤 원칙에 근거해 다수가 소수를 포용함으로써 사회적 연대를 증진시키고, 동시에 대표의 문제를 공정하게 해소함으로써 민주주의를 발전시켜 나가느냐는 문제를 대변한다.

집단 권리와 개인 권리가 충돌하면서 유럽연합의 가치에 부합하는 사례가 증가함에 따라 집행위원회는 공동체 차원에서 젠더를 기반한 폭력 문제를 젠더평등 문제로 다뤄야 한다는 페미니스트와 유럽 주류 사회의 요구를 적극적으로 수용하고 있다.

1990년대 이전까지만 해도 문화적 다양성과 여성 폭력, 이주 여성의 권리 문제는 유럽 사회의 젠더이슈에서 우선순위를 차지하지 못했다. 1980년대 말 이후 급격하게 증가한 유럽의 이주 상황은 과거의 이주와는 달리 이주 형태와 원인 역시 복잡하고 다양해졌으며, 특히 냉전이 종식된 이후 정치적·종교적·문화적 이유로 망명하는 망명자 및 난민의 유입이 증가했다.

이 과정에서 여성 이주의 수가 남성 이주를 능가하는 이주의 여성화가 진행되었다. 이와 함께 이주자의 출신 지역 역시 다양화되어 문화적·인종적 다양성을 수반하게 되었으며, 서로 다른 문화의 공존 문제와 함께 유럽 각지에서 문화적 차이 및 다양성, 정체성 문제를 둘러싸고 긴장과 갈등이 증가하고 있다.

헤드 스카프 착용, 여성 성기 절제, 일부다처제, 강제 결혼, 명예 살인 등은 유럽의 젠더평등 이슈와 관련해 가장 논쟁적인 대상으로 자주 거론되는 사례이다. 특히 9·11 사태 이후 테러와 무슬림에 대한 공포가 유럽 전역에 확산되면서 유럽인의 무슬림 남성에 대한 공포는 그들의 폭력적 문화와 종교에 대한 비판으로 이어졌다. 무슬림 여성에 대한 인권과 폭력 문제에 대해 더 부정적으로 인식하는 경향이 증가했다.

주로 무슬림 남성에 의한 폭력 피해를 받고 있는 무슬림 여성의 몸과 권리 문제가 핵심적 논쟁 사항이 되었으며, 무슬림 여성의 헤드 스카프 착용, 여성 성기 절제, 강제 결혼, 명예 살인과 같은 여성 폭력은 유럽 주류 사회의 젠더평등 문화에 위배된다는 점이 논의의 초점이 되었다.

유럽 내에서 소수 이민자 집단의 문화적 권리를 보호하기 위한 다문화주의 정책이 여성의 권리와 충돌하는 문제를 본격적으로 논의하기 시작한 것은 1990년대 후반부터라 할 수 있다. 소수 문화 집단을 보호하는 다문화주의 정책이 과연 공동체 일원인 여성들의 이익과 반드시 일치하느냐는 질문은 다문화주의와 페미니즘은 갈등 관계에 있을 수 있다는 문제를 제기했다.

이러한 주장은 자유주의적 국가가 소수 집단의 고유한 문화와 종교적 차이를 수용하고 관용하는 과정에서 젠더화된 위계 관계를 유지하거나 강화하는 경향을 보이기 때문에 소수 문화 집단을 보호하는 다문화주의 정책이 소수 집단 여성의 인권을 침해할 여지가 있다는 지적이다(Okin, 1999: 12~13).

문화적 관습들은 보통 여성들의 삶에 많은 영향을 미치고 있다. 특히 문화적 관습으로 행해지는 다양한 형태의 폭력은 여성을 억압하는 수단이며 여성에 대한 남성의 통제를 실현하는 기능을 수행하고 있다는 점에서 문화적 관습이라는 이름으로 정당화되는 젠더에 기반한 폭력은 많은 문제점을 안고 있다는 것이다(Okin, 1999: 19).

자유주의적 국가가 소수 집단의 고유한 문화와 종교적 차이를 수용하고 관용하는 과정에서 젠더화된 위계 관계를 유지하거나 강화하는 경향을 보이기 때문에 다문화주의 정책이 소수 집단 여성의 인권을 침해할 여지가 있다는 지적이다(Okin, 1999: 12~13).

결국 다문화주의가 소수 집단을 하나의 독립적이고 단일한 단위로 간주하여 이들 집단 내부에 존재하는 차이, 특히 남녀의 권력 차이를 주목하지 못하고 있다는 점이다. 이로 인해 성차별 문제, 성별에 따라 권력과 이익이 불평등하게 분배되는 것을 간과하고 있다. 더 나아가 집단의 권리를 옹호하는 다문화주의는 개인의 자유가 해당 집단의 고유한 문화를 통해 실현된다고 주장하고 있는데, 문화를 전수받고 실행되는 공간인 사적 영역을 무시한다면 어떠한 결과를 초래하게 될 것인가?

이 밖에도 무슬림 여성의 헤드 스카프가 여성을 억압하는 기제로서 작용함에도 불구하고 이를 문화적인 권리로 인정해야 하는가, 또는 유럽에 거주하는 이슬람 가정 안에서 전통과 문화적 관습이라는 명목하에 이루어지는 어린 여자아이의 성기 절제, 강제 결혼, 명예 살인 등을 어떻게 받아들여야 할 것인가 등 문화에 대한 집단의 권리를 의미하는 집단 권리 주장은 젠더문제와 특히 여성의 자기결정권이라는 점에서 갈등을 빚는다.

문화의 가부장적 요소는 가족, 종교와 같은 사적 영역에 집중되어 있으므로, 여성은 소수 문화 안의 소수자들의 문제를 드러내는 가장 문제시되는 갈등 영역이 되기 때문에 결국 다문화주의는 일정 정도 페미니즘과 긴장 관계에 놓이게 된다. 또한 대부분의 소수 문화는 성차별적이고 가부장적이어서 개인의 선택이 실제로는 가능하지 않다는 점에서 개인의 자율성을 우선시하는 자유주의의 전통에서 집단 내의 젠더 불평등 문제는 논쟁의 중심이 된다(Okin, 1999: 23).

따라서 문화적 관습을 집단적인 권리로 볼 경우 문화적 다양성을 인정하는 것은 집단의 가치와 정체성을 구현하는 데 중요하지만 동시에 문화적 관습이라는 것이 보통 여성들의 삶에 많은 영향을 미치고 있으며, 문화적 관습으로 행해지는 다양한 형태의 폭력을 양산하는 기반이 된다는 점에서 이는 여성에 대한 억압이라 할 수 있다.

여성 개인에 대한 구성적인 권리의 인정이나 해석의 여지가 없이 문화적 관습과 전통의 이름으로 정당화되는 폭력은 없다는 점이다. 이러한 관행들은 소수 문화가 젠더평등 규범과 충돌할 때 문화 집단 내 젠더 불평등보다 문화 집단 간 차이의 인정에 더 중점을 두어 여성에게 차별적 역할을 부여하고 있음을 간과했기 때문에 발생한다고 본다(Nussbaum, 1999; Okin, 1999).

이처럼 젠더문제를 둘러싸고 남성 우월적인 가부장제하에서 문화적으로 정당화된 폭력에 대한 인식과 관점의 차이 문제는 이슬람 가치의 후진성과 서구 가치의 근대성을 이야기하기도 하는 이분법적 논의로 발전하여, 문화적 차이에 대한 논쟁으로 이어졌다. 이러한 유럽적 가치와 이슬람 가치 간의 갈등은 또한 문화적 정체성 문제를 넘어 유럽적 가치, 유럽적 젠더평등이란 무엇인가 하는 문제를 둘러싼 논쟁을 불러일으켰다(Al-Habri, 1999; Honig, 1999).

이에 다문화의 위기와 정체성의 문제로 헤드 스카프를 둘러싸고 벌어지는 다문화주의와 페미니즘과의 논쟁을 살펴보고자 한다. 다문화주의의 입장은 헤드 스카프 문제를 문화적 다양성으로 인식하고 문화적 권리에 대한 존중과 여성 각 개인의 인권과 선택의 권리를 어떻게 보장할 것인지를 중심으로 한다. 다른 한편으로는 페미니즘적 입장에서 페미니즘과 젠더평등이라는 원칙을 유럽 사회의 일원으로서 이주 여성에게도 연계시킬 것인지의 문제로 발전되었다.

다문화주의와 페미니즘이 충돌할 경우 유럽연합은 어떠한 선택을 할 수 있는지를 중심으로 헤드 스카프를 둘러싸고 벌어지는 유럽연합 내 다양한 논쟁에 대해 논의해보고자 한다.

3. 헤드 스카프를 둘러싼 유럽연합 내 다양한 논쟁

1) 유럽 사회에서 문화의 특수성과 문화의 차이에 대한 입장 차이

무슬림 여성에게는 종교의 상징으로 여겨지는 헤드 스카프가 유럽 국가 내에서는 문화적 다양성의 논란 대상이 되고 있다. 헤드 스카프 논쟁은 단순히 종교적 의복에 관한 것이 아니라 유럽 내 정체성 및 가치와 관련된 문화의 특수성과 차이에 대한 문제로 여겨지며 매우 다양한 논쟁을 불러일으키고 있다(Berghahn and Rostock, 2009).

젠더평등, 다문화주의, 종교 등 다양한 개념이 교차되어 매우 복잡한 양상을 띠고 있는 헤드 스카프 논쟁은 이주 여성의 젠더문제에 관한 유럽 내 문화적 갈등 관계를 분명히 한다. 특히 헤드 스카프 논쟁에는 유럽 다문화사회에서 유럽 주류 문화와 이슬람 문화와의 문화적 충돌이라는 측면 외에 다양한 국제적인 사건들의 여파와 이에 대한 유럽 국가들의 국내정치적 동원 전략 속에서 정치적인 의미가 부여되었다.

이는 유럽적 혹은 비유럽적으로 구분된 문화적 차이에서 발생할 수 있는 유럽 사회에 존재하는 이질화, 분리, 차별, 배제, 불평등 문제에 대한 정치적인 논의라 할 수 있다. 유럽에서 무슬림 여성의 헤드 스카프 문제는 1990년대 말 아프가니스탄의 탈레반 정부가 부르카 착용을 의무화한 것은 물론 여성들의 사회 활동을 전면 금지시키고 심지어 여성이 혼자서 혹은 여성들끼리 집 밖에 외출하는 것도 막는 조치를 취함에 따라 무슬림 여성의 인권과 몸과 머리를 가리는 문제에 대한 논쟁이 있어왔다 (Berghahn and Rostock, 2009).

그러나 무슬림 여성의 헤드 스카프 문제가 유럽 내에서 미디어 이슈가 되고 논쟁이 되기 시작한 것은 9·11 테러 이후부터다. 특히 런던과 마드리드의 테러 이후 과격한 이슬람 근본주의자에 대한 두려움과 연결되어 긴장이 고조되면서부터이다.

2) 이주 사회와의 갈등: 가치와 정체성의 문제

최근 무슬림 여성의 헤드 스카프를 둘러싼 논쟁에서도 잘 알 수 있듯이 프랑스, 덴마크, 네덜란드, 독일, 영국 등 유럽의 주요 국가에서 이주 사회와의 갈등이 표출되면서 가장 격렬한 논쟁의 주제가 되고 있으며, 유럽의 가치 및 정체성 문제와 유럽 사회에 거주하는 무슬림의 통합 문제가 전면에 부각되고 있다. 이 과정에서 헤드 스카프를 집단의 문화적 권리로 인정할 것인지, 집단보다 여성 개인의 자유와 선택, 보편적인 여성의 권리를 선택할 것인지에 대한 논쟁은 유럽 사회에서 복잡한 양상을 띠며 전개되고 있다.

이러한 헤드 스카프 논쟁은 많은 유럽 국가들에서는 자신들의 고유한 가치와 사회의 지향성에 대한 사회적 논쟁으로서 작용하고 있다. 헤드 스카프 논쟁은 무슬림들을 타자로 규정하는 사회적 논쟁의 연장선에서 이해되기도 하지만 이에 대한 유럽 국가 내에서의 논쟁의 강도와 그 여파는 상이하게 나타났다.

또한 헤드 스카프 논쟁의 결과로 나타난 각국의 법적·정치적 규정성 또한 상이하게 발전했음을 알 수 있다(Berghahn and Rostock, 2009). 궁극적으로 무슬림과의 차별성에 대한 논의의 상이성이 각국의 헤드 스카프 논쟁의 특성을 규정한다. 여성이 베일을 착용하지 않으면 명예 살인을 당하는 등의 악습과 더불어 남성과 여성의 성별화된 구조와 구성원들에게 다르게 부여되는 여성의 사적 영역 때문에 발생하는 여성의 인권 침해적인 요소가 부각되었다.

동시에 이로 인한 긴장과 갈등을 해소하고 문화적 다양성과 특수성을 인정하는 과정에서 여성의 인권 실현이라는 페미니즘과 소수 문화의 문화적 다양성을 인정하는 다문화주의가 대립되는 이슈라 할 수 있다(Oh, 2009). 유럽연합 내에 헤드 스카프를 둘러싼 양립하기 힘들어 보이는 입장 차이가 존재한다는 점은 페미니즘과 다문화주의의 갈등 관계에서도 잘 나타난다.

무슬림 여성의 헤드 스카프 문제는 각종 문화적 관습들 가운데 유럽 사회의 원칙과 가치와 병립하기 힘든 것들로 이주자 집단의 문화적 정체성과 유럽 주류 사회의 문화적 정체성이 충돌되는 경우이다. 이는 젠더 평등이 유럽 주류 사회와 이주 집단 간의 문화적 차이를 더욱 분명하게 드러나게 하는 과정을 수반하게 되었다.

이에 따라 많은 페미니스트는 여성의 권리를 보호하기 위해 유럽적 규범이 이주 여성에게도 당연히 적용되어야 한다고 주장했다. 즉, 여성을 억압하는 폭력과 관습이나 문화적 관행이 비록 고유한 문화적 전통이라고 하더라도 보편주의적 가치인 인간의 존엄성을 침해하는 문화적 관행은 관용할 수 없다는 입장이다(Ahmed, 1992; Bennett, 1992; Odeh, 1993).

3) 여성 억압 기제로서 여성 차별 정당화

페미니스트 입장에서 무슬림 여성의 헤드 스카프는 여성을 억압하고 사회와 격리시키는 기제이며, 이슬람 문화의 후진성의 상징으로 작용하여 계몽화된 민주주의 정신에 어긋난다고 강조한다. 폭력과 억압적인 이슬람이 이데올로기로서 여성 차별을 정당화해왔다는 비판은 무슬림 여성의 헤드 스카프 착용이 가지는 의미가 정치적 기제에서 종교적 상징으로 전환되면서 이슬람과 무슬림 여성에 대한 부정적인 이미지를 양산하는 데 기여한다.

억압받는 여성과 이슬람이 결합되어 "무시되고, 가난하고, 교육 수준이 낮으며, 전통적이며, 종교적이며, 가족 중심의 희생적인"이라는 여성의 이미지가 재생산된다(Ahmed, 1992). 무슬림 여성들의 헤드 스카프를 억압의 기제로 보고 이를 없애려고 하는 페미니스트의 입장은 유럽적 시각과 가치에서 보자면 헤드 스카프를 두른 무슬림 여성은 억압받는 타자로서 보기 때문에 정당한 것으로 보인다.

무슬림 여성의 헤드 스카프를 둘러싼 폭력적이고 야만적인 문화적 억압과 관습으로부터 여성을 해방시키고 여성들의 자율적 결정권을 존중하는 젠더평등 및 보편적인 인권 존중은 본질적으로 자유민주주의와 연계되어 있다는 점을 분명히 하고 있다. 결과적으로 젠더평등과 여성의 권리를 중요시하는 유럽의 민주주의적 가치가 여성을 억압하는 이슬람적 가치보다 우월하다는 입장으로 비춰질 수 있다.

이에 무슬림 여성의 헤드 스카프는 이슬람 문화에 의해 강제된 것으로, 여성들의 권리를 억압하는 것으로, 유럽적인 규범을 제도화하여 이를 규제해나가야 한다. 이는 무슬림 여성의 헤드 스카프가 종교적인 상징이기 때문에 유럽 문화에 동화되기를 거부하는 문화적인 저항 및 무슬림 정체성에 대한 적극적인 표출이라는 면에서 유럽적인 가치와 양립할 수 없다는 논의와 연결된다.

그러나 이와 같은 입장은 소수 집단의 문화가 역사적·민족적·지역적으로 다양하고 다른 사회적 맥락을 가지고 있다는 사실을 무시하고 보편적인 가치로만 보는 것으로 유럽 중심적 입장이라는 비판도 제기되었다(Hirschman, 1998: 345~368). 최근 들어 헤드 스카프를 착용한 무슬림 여성의 억압과 차별에 대한 주장들이 여성이라는 개념을 하나의 통일된 개념으로 무비판적으로 사용하는 것은 사회적·문화적 이해를 결여한 채 지나치게 일반화되거나 과장되었다는 비판도 제기되고 있다(Guindi, 1999; Marcotte, 2005; Wing and Smith, 2006).

일부 여성들은 헤드 스카프를 거부하지만, 일부 여성들은 차도르나 부르카 등 다양한 베일을 사용하고 있다. 또 일부 여성들은 저항 및 분노의 표현으로 베일을 사용하기도 하고, 종교에 대한 확신과 무슬림 여성 사이의 연대 그리고 자신의 몸을 보호하고 여성의 권익 증진의 상징으로 베일을 사용하기도 한다.

이와 같은 헤드 스카프 착용이 여성의 선택이라는 점에서 여성의 억압과 폭력을 이해하기 위해서는 해당 여성이 갖는 여성으로서의 지위뿐 아니라 인종, 종교, 민족 등의 다양한 요소가 함께 검토되어야 한다. 인종, 성, 계급, 국가 등 여러 범주에서 드러나는 여성들 간의 차이로 보았을 때 헤드 스카프 문제는 종교와 문화, 젠더가 교차된다는 점에서 교차성(intersectionality)이 중요한 관점으로 부각되고 있다(Berghahn and Rostock, 2009; Hadj-Abdau, 2008).

4) 문화적 다양성과 전통, 이주 여성

유럽 국가 대부분은 국적을 취득하지 않더라도 유럽 영토 안에 장기적으로 거주하는 이주자 및 제3국인에게 유럽인과 유사한 권리를 보장하고 있다. 유럽연합조약 및 기본권헌장(Charter of Fundamental Rights)에 근간하여 국적, 성별, 인종, 종교, 연령, 신체적 장애 및 성적 취향 등에 대한 유럽연합의 반차별 규정은 국가 차원에서 수용되어 적용되고 있다. 그러나 유럽연합 차원에서 헤드 스카프와 관련된 법적 규정은 아직 없다. 아직까지 유럽연합 차원에서 헤드 스카프에 대한 규정이 없는 관계로 유럽연합 회원국 각국은 각자의 법적 규정과 입장에 따라 차별적으로 대응하고 있다.

종교적 모티브에서 시도되는 육체를 가리는 행위(베일) 전반에 대한 규정과 관련해 유럽 국가들 사이에 존재하는 정책적 대응은 일반적으로 세 가지 관점에서 나타난다. 첫 번째 관점은 무슬림 여성의 베일을 이슬람의 문화 또는 종교와 연관시켜 문화적인 권리로서 인정하는 것이다. 두 번째 관점은 베일을 여성에 대한 보편적 인권 침해의 문제로 보고 이를 국가 차원에서 법적으로 금지하는 것이다. 세 번째 관점은 부분적인 제한으로, 베일에 대한 강력한 법적인 규제는 없지만 사회경제적·문화적·인구통계적 등 다양한 조건과 관련해서 다차원적으로 접근하는 관점 등이 존재한다.

반면 헤드 스카프에 대해서는 두 가지 규정 모델이 있다. 우선 프랑스와 터키와 같은 국가처럼 이를 법적으로 금지하는 경우가 있다. 반면 종교적으로 중립적인 국가 혹은 종교 친화적인 국가들인 네덜란드, 오스트리아, 국교를 가지고 있는 영국, 덴마크, 그리스의 경우는 무슬림 여성의 헤드 스카프를 인정하고 있다. 독일은 종교적으로 중립적인 국가의 틀에서 예외적으로 교육자들에게만 금지 규정을 가지고 있다. 이와 같은 구분은 다시금 유럽 국가들의 이주정책과 시민권정책, 국가 차원의 통합정책, 국가와 교회와의 관계, 젠더레짐, 차별금지조치, 그리고 헤드 스카프가 논의되는 프레이밍(framing)에 따라 매우 상이하게 전개되고 있다.[1]

1 대표적인 예가 유럽연합의 베일 프로젝트이다. 베일 프로젝트는 헤드 스카프에 대한 유럽 8개국의 연구를 통해 유럽 국가 간 이에 대한 규정을 차별적으로 살펴보고, 각 나라들의 국적 취득 레짐, 통합정책, 교회와 국가와의 관계, 젠더레짐, 반차별 조치 그리고 논쟁의 틀을 중심으로 국가 간 유사성과 차이점을 분석하여 헤드 스카프와 관련한 유럽연합의 입장을 구체적으로 설명하고 있다. 자세한 내용은 http://www.veil-projeckt.eu 참조.

4. 결론: 이주 여성과 다중적 차별?

무슬림 여성의 헤드 스카프와 관련한 핵심적인 문제, 즉 개방된 중립성이냐, 제한된 영역의 분리냐, 법적인 금지냐에 대해서는 유럽 국가마다 다른 정책적 입장을 가지고 있다. 그러나 전체적으로 유럽은 헤드 스카프와 관련해 매우 실용적인 입장을 취하고 있다. 이주 사회와의 관계에서 문화적 권리에 대한 요구로서 헤드 스카프를 인정하고 이를 전면적으로 거부하지는 않지만, 무슬림 여성의 헤드 스카프 논쟁에서 가장 두드러지는 문제점은 다음과 같은 것이다.

유럽에서의 헤드 스카프 논쟁에서 각각의 국가들의 귀속성을 규정하기 위해서 특수한 가치와 규정이 도구화되고 있다는 점이다. 대부분의 나라에서는 젠더평등, 세속주의, 통합과 같은 가치 개념들에 의존해서 무슬림 여성의 헤드 스카프 착용을 금지하는 것을 정당화하려 할 뿐만 아니라 동시에 헤드 스카프 착용에 대한 권리를 방어하려 한다. 여기에 적용한 규정과 가치들은 각국에서의 민족적인 개념들에 의해 서로 다르게 적용된다.

나아가 엄격한 세속화 및 국가적 중립성이라는 유럽인들의 잣대가 무슬림 문화와 인종, 종교적 현실을 인정하지 않으려는 알리바이로서 사용되고 있다. 예를 들면, 젠더평등은 항상 각 민족국가들의 문화와 정체성의 구현으로 보이며, 이것이 무슬림 여성들의 몸을 가리는 것을 통해 위협당하고 있고 또한 저해되고 있다고 보기 때문이다.

유럽 사회는 무슬림 여성의 헤드 스카프에는 관용적인 반면, 얼굴과 전신을 다 가리는 부르카와 같은 베일은 유럽 사회에 대한 도전으로 인식한다. 공공 영역에서 부르카의 착용을 금하는 것이 옳다고 생각하는 유럽인들에게 부르카는 여성 억압과 극단적 근본주의의 상징으로서 세

속주의(정교 분리)와 성평등 원칙에 위배되므로 유럽 사회 전체가 거부해야 하는 것으로 여겨지고 있다(Saharso and Lettiga, 2008).

프랑스와 터키를 제외하고 대부분의 유럽 국가에서 헤드 스카프와 관련된 법적 규정은 없지만, 무슬림의 머리나 신체 전체를 가리는 문제는 유럽 사회 내 다문화주의의 토대에 근거하여 각 국가들의 종교 및 젠더평등정책을 가늠하는 바로미터로 작용한다. 그러나 최근 덴마크와 네덜란드의 집권당이 기존의 관대한 규정을 없애고 상징적인 헤드 스카프 착용 금지를 주장하고 있다. 이는 이슬람 소수 집단을 같은 시민으로 인정하지 않는 정책으로 보인다. 기독교나 유대교의 복장과 관습은 서구의 보편적인 유럽적 가치로 당연시하면서 무슬림의 가치들은 인종성, 문화성, 종교성이 가지고 있는 실재를 인정하지 않으려고 세속주의와 중립주의를 주장하는 것은 아닐까?

생각해볼 문제

1 이주 여성을 근본적으로 이해하기 위해서는 젠더뿐만 아니라 문화, 종교, 인종, 민족의 교차성을 포괄적으로 이해해야 한다. 페미니스트들이 집중하는 교차성이라는 개념을 설명해보자.

2 유럽연합은 젠더와 문화적 다양성이라는 가치 관계에서 이주 여성에게 어떠한 입장을 가지고 있는지 설명해보자.

3 다문화의 도전과 정체성의 위기를 논의하는 데 헤드 스카프 논쟁은 여성에게 젠더뿐만 아니라 인종, 민족, 종교 등 하나가 아닌 여러 개의 차별이 함께 나타난다. 이주 여성들이 겪는 다중적 차별에 대해 보다 구체적으로 논의해보자.

4 다양한 문화가 공존하는 유럽연합에서는 국가마다 무슬림 여성의 헤드 스카프와 관련된 서로 다른 정책적 입장이 존재한다. 그 이유는 무엇인지 논의해보자.

더 읽을거리

1 Triandafyllidou, A., T. Modood and N. Meer(eds.) 2011. *European Multiculturalisms: Cultural, Religious and Ethnic Challenges*. Edinburgh: Edinburgh Univ Press.

2 van der Vleuten, Anna. 2013. *The Price of Gender Equality: Member States and Governance in the European Union*. New York and London: Routledge.

3 Nussbaum, M. C. 1999. *Sex and Social Justice*. Oxford: Oxford University Press.

제11장

확대된 유럽연합과 젠더화

유럽연합에 대한 여성주의적 연구는 유럽 통합이 진행될수록 더욱 복잡해지고 있는 영역인 젠더문제에 대해 보다 합리적인 답을 찾는 시도라 할 수 있다. 젠더평등의 문제는 로마조약에 의해 동일노동 동일임금 원칙과 함께 시작된 이래 유럽연합의 민주성 원칙으로 자리 잡고 있다. 기본적 원칙과 가치로서 남녀평등과 기회의 균등 문제는 여성들만의 문제가 아닌 유럽 사회 전체의 문제가 되었다.

페미니즘은 성차별적 억압을 종식시키는 투쟁(struggle)이다. 페미니즘은 여성의 권리를 옹호하며, 여성들이 개인적으로 처한 차별적 조건이 '개인적 경험'이 아니라 다른 여성들의 경험과 연결되어 있고, 사회체계적 억압 구조에서 발생하는 불평등이라는 것을 인식하도록 한다. 모든 페미니즘이 젠더 불평등의 문제에 대해 나름대로의 통찰력을 제공하고, 젠더 불평등을 해결할 수 있는 의미 있는 전략을 가지고 있다.

따라서 젠더평등은 여성의 대표성 확대, 일가족양립정책, 여성 폭력

등과 같이 젠더이슈로 치부되는 영역의 문제뿐만 아니라 유럽연합의 기본 원칙으로, 성주류화가 적용되는 모든 유럽연합의 결정과 관련해 논의되는 유럽적 이슈임에 틀림없다. 또한 젠더정책은 초기 동일노동 동일임금 원칙의 유럽적 적용을 논의하고 노동시장에서 동등한 대우를 논의하는 정책이 아닌, 유럽 차원의 다양한 행위자들의 협력과 조정 과정을 거쳐 이루어지는 공동체의 정책이라는 측면에서 유럽적 함의를 확보하고 있다(Verloo, 2007).

이러한 맥락에서 유럽연합 젠더정책의 유럽화와 확대된 유럽연합의 젠더화 문제는 서로 연관해 함께 논의될 수 있다. 다시 말해 유럽연합의 젠더 관계는 유럽 통합의 심화와 확대 과정 속에서 유럽연합 회원국 젠더정책의 유럽화가 수반되었다. 물론 유럽화가 진행되는 단계에서 통합의 중요한 이슈에 따라 젠더화의 과정 및 성과는 달랐지만, 젠더정책 패러다임의 변화 속에서 유럽연합의 젠더화가 진행될 수 있었던 것이다.

유럽 통합의 심화와 확대 속에서 유럽연합은 회원국의 젠더정책의 유럽화를 통해 유럽연합의 젠더화를 추진하고 있다. 때문에 젠더정책을 설명하는 데 유럽화는 매우 중요한 화두가 아닐 수 없다. 특히 유럽화를 통해 유럽연합의 정체의 변화와 함께 유럽연합의 권한과 영향력이 증대하고 있다는 점은 주목할 부분이다.

유럽화는 유럽연합을 이해하는 매우 중요한 개념으로, 일반적으로 유럽 통합 과정에서 회원국들이 유럽연합의 제도와 규범 형성에 영향을 주거나, 반대로 유럽연합이 회원국들의 제도와 규범 변화에 영향을 주는 과정으로 정의된다(Caporaso, 2008: 27). 또한 유럽화는 유럽 통합 과정의 서로 다른 단계를 보여주는 데 유효하다. 과거에는 위에서 아래로의 통합 과정이 지배적이었다면, 회원국에서 유럽연합으로, 즉 아래로부터 위로의 과정을 보는 데 새로운 접근을 가능하게 하기 때문이다(Caporaso and Jupille, 2001).

젠더정책의 유럽화에서 유럽연합의 정책과 규범이 회원국에 적용되는 과정이 무리 없이 진행되는 경우도 있지만, 회원국의 반발이나 법적용 과정이 순탄하지 않은 경우도 있다. 한 예로 동일임금 지침의 경우, 좋은 적용의 사례지만 영국과 프랑스에서 이 지침이 적용된 과정을 보면 영국의 경우 프랑스보다 많은 압력이 존재했다.

유럽연합에서 결정한 내용이 회원국에 수용되지 않는 경우에도 유럽연합의 결정은 상징적인 변화를 만들어낼 수 있다. 반면 작은 변화를 만들어내거나 전혀 변화를 일으키지 못한 경우에도 유럽연합의 의사결정 과정에서의 다양한 행위자들의 상호작용은 더 많은 변화를 이끌어낼 수도 있다는 점에서 젠더정책을 둘러싸고 유럽연합의 결정의 역동성을 이해하는 일은 분명 매우 흥미로운 일이라 할 수 있다(Radaelli and Pasquier, 2008: 37).

이와 같은 변화는 유럽연합 젠더정책의 제도적 발전을 촉진하는 데 기여했으며, 유럽연합 회원국의 이해관계와는 반대로 혹은 회원국 차원에서는 결정할 수 없었던 젠더 관련 이슈들이 가중다수결 방식을 통해 유럽연합에서 결정되는 일들이 빈번해졌다.

유럽 통합 초기에는 유럽 내 노동시장에서 발생하는 다양한 차원에서의 남녀의 불평등을 시정하고 남녀 기회 균등 및 균등한 처우를 보장하는 정책을 수행하던 유럽연합은 점차적으로 젠더정책의 유럽화를 추진하면서 유럽 차원에서 공동으로 젠더정책을 수행할 수 있는 기반을 마련하게 된 것이다(Bruno, Jacquot and Mandin, 2006; Martinsen, 2007; Roth, 2008).

초기의 유럽연합의 정책적 관심과 배려는 여성의 노동시장으로의 진출을 확대하고 노동시장에서 동일노동과 동일임금 원칙을 통한 남녀평등을 실현하는 데 초점이 맞추어져 있었다. 이는 결국 회원국의 상황과 권한 영역에 따라 차이를 보이는 젠더정책의 특수성 또한 반영된 것이라 할 수 있다.

그러나 유럽연합의 젠더정책이 남녀의 기회균등정책을 넘어 모든 정책 영역에서 차별을 철폐하는 반차별정책 및 유럽연합의 모든 정책 영역을 성인지적 관점에서 추진하는 것을 목표로 성주류화정책으로 변화되면서 노동자로서 여성에 대한 인식과 역할에 대한 새로운 조망이 가능해졌으며, 이러한 변화는 유럽 차원의 젠더 관계의 변화를 가능하게 했다.

노동시장에서의 남녀의 불평등과 기회 균등 문제뿐만 아니라 범유럽 차원에서 남녀의 평등 실현을 목적으로 하는 젠더정책을 수행할 수 있게 된 것이다(Kantola, 2010). 유럽연합 내 다양한 정책 영역이 있지만, 젠더정책의 경우 사회정책 및 고용정책의 일환으로 제도화되면서 우선 유럽의 고용 및 사회 정책에서 제기되는 노동시장에서의 남녀의 불평등한 지위를 해소하는 문제가 일정 정도 성공을 거둘 수 있게 되었다.

더 나아가 노동시장에서 남녀의 차별이 일정 정도 해소되는 과정에서 유럽연합 젠더정책의 방향과 성격의 변화가 야기되었다. 젠더와 관련한 일련의 변화는 젠더 영역에서 글로벌 행위자로서 자신의 정체성과 부합한 일이었다 할 수 있다. 유럽 차원의 젠더정책이 회원국의 젠더정책에 영향을 미치고, 또 회원국의 젠더정책이 다른 회원국의 젠더정책에 영향을 미쳐 유럽 차원의 젠더정책의 방향과 전개 양식을 바꾸게 되는 것이다.

이 과정에서 고용 및 노동시장에서의 남녀평등과 동일노동 동일임금 원칙을 넘어 일과 가족의 양립 문제, 정책 결정 과정에서의 여성의 참여 증진, 여성 폭력 문제 등 보다 구조적인 문제에 대한 세심한 접근이 이루어졌다. 이 과정에서 국가 및 지역 차원의 행위자들이 유럽연합의 젠더정책에 영향을 미치고, 유럽연합의 젠더정책이 다시금 회원국들의 젠더정책에 영향을 미치고, 회원국들의 젠더정책이 유럽연합의 젠더정책에 다시 영향을 미치는 과정은 유럽연합의 정책 결정 과정의 민주성과 개방성을 의미하게 된다.

현상 혹은 과정으로서 유럽화는 특히 변화와 연속성이라는 문제에 집중한다. 기존의 전통적인 유럽 통합 이론이나 거버넌스 이론으로는 설명할 수 없는 현상과 과정이 존재함에 따라 대안으로 등장한 것이 유럽화 논의이다. 젠더와 관련된 논의는 특히 지역, 국가, 유럽 차원에 존재하는 다양한 젠더레짐에서 무슨 일이 일어나는지, 다양한 행위자들이 왜 상호작용을 하는지, 유럽연합과 같은 초국적 행위자가 국가의 젠더정책, 제도 및 규범을 형성하는 데 영향을 미치는지 등 유럽연합의 젠더평등과 관련된 다양성에 집중하게 된다.

유럽연합의 확대 과정 역시 젠더정책의 유럽화 과정이 수반되었다. 지난 반세기 동안 유럽연합은 지속적으로 심화와 확대의 과정을 거쳤다. 덴마크, 아일랜드, 영국으로의 유럽연합의 첫 번째 확대, 남유럽으로의 두 번째 확대, 오스트리아, 핀란드, 스웨덴으로의 세 번째 확대, 동유럽 10개국으로의 네 번째 확대와 루마니아와 불가리아로의 다섯 번째 확대, 크로아티아로의 여섯 번째 확대 과정을 통해 유럽연합은 28개 회원국으로 발전했다.

특히 유럽연합의 확대 과정을 보면 새로운 국가가 유럽연합에 가입하기를 원하면 35개에 달하는 공동체의 유산(acquis communautare) 항목에 대한 검증을 통해 개별 항목에 대한 협상을 진행하게 된다. 최종적으로 가입 신청국이 공동체의 유산 35개 항목을 모두 이행해 유럽집행위원회와 가입 협상이 종료되면 가입협정이 체결되고 가입이 이루어지게 된다.

공동체의 유산은 유럽연합 회원국에 적용되는 공동의 의무이며 권리라 할 수 있다. 조약에 명기된 원칙과 목적, 유럽연합이 행한 공식적 행위, 공동정책과 법률 등을 망라한 개념이다. 젠더와 관련한 공동체의 유산은 사회정책과 고용, 남녀의 기회 균등과 차별철폐, 성주류화 등과 관련된 유럽연합의 공식적인 정책이나 지침, 유럽연합 사법재판소의 판결 등 성문화되어 법적 효력을 갖는 문서 외에도 공식적인 입법은 아니지만 유럽이사회에서 유럽 정상들 간의 합의를 총망라한다.

남녀평등은 민주주의의 핵심 원칙으로, 남녀의 기회 균등은 유럽연합의 모든 정책과 활동에 적용되어야 하는 원칙으로 자리 잡았다. 유럽연합이 확대될 때마다 새로운 젠더이슈들이 부각되었으며, 유럽연합으로의 확대가 가져올 젠더 관계의 변화에 더 많은 논의가 집중되었다. 중동유럽으로의 유럽연합의 확대에서는 대량의 노동 이주 발생에 따른 노동시장의 불안정 문제가 여성의 노동과 관련되어 논의되었다. 민족, 인종, 젠더의 다양성 문제라든지 인신매매, 성매매 등 동유럽 국가의 젠더 관계가 반영된 논의들이 부각되었다(Einhorn, 2006: 2).

1990년대에 이루어진 북유럽으로의 확대 과정은 유럽연합의 젠더 정체성을 구현하고 이를 대변하는 과정에서 전체적인 젠더평등에 매우 긍정적인 영향을 미쳤다고 평가할 수 있다. 2000년에 이루어진 유럽연합의 확대 과정에서는 북유럽 국가의 확대 과정과는 달리 중동유럽 국가들의 유럽연합으로의 확대 과정에서의 능력과 의지가 문제가 되었다.

기존 회원국과 새로운 회원국 사이의 유럽화의 위계질서 문제도 등장했다. 중동유럽 국가들의 가입 과정에서 이동의 자유와 관련해 시민권이 다르게 부여되었으며, 이 과정에서 신구회원국 간의 권리의 위계질서가 발생한 것이다. 국가의 위계가 젠더의 위계로 연계되어 유럽연합의 시민으로서 여성의 지위와 권리의 차이가 발생하게 된 것이다.

여성들 사이의 차이의 문제도 대두되었다. 기존 회원국의 여성들의 이해관계와 입장은 새로 가입한 중동유럽 국가들의 여성들의 그것과는 달라 이들 사이의 차이가 차별이 되지 않도록 이를 위한 제도와 장치의 마련이 필요했다. 서유럽의 상황과 맥락에서 여성들의 다양한 차이를 인정하되 권력관계와 성별 관계에 주목하고, 유럽 차원의 정책적 개입을 통해 성평등한 유럽을 지향한다는 목표에 대한 합의와 공유 작업이 요구되었다.

인종, 계급, 민족, 섹슈얼리티 등에 따라 여성은 젠더를 경험하는 방식이 달라진다. 유럽으로의 이주가 증대되면서 서로 다른 지위에 있는 여성들은 젠더 체계의 권력을 경험하는 방식이 달라진다. 젠더 불평등을 만들어내고 유지시키는 사회제도와 문화적 관습 역시 다르다. 이러한 불평등 구조를 다른 종류의 차별, 즉 인종 차별, 계급 차별, 문화적 차별 등과 같은 억압 체계와 연결시켜보면, 유럽연합 내 여성의 권리가 같지 않음을 알 수 있다.

사회적 위치의 상호 교차성에 주목하여 이주 여성들 혹은 다른 문화권의 여성들에게 유럽연합의 젠더평등이 적용될 수 있을까? 제3세계의 시민으로 유럽연합에 속해 있지 않지만 유럽연합에 거주하고 있는 여성들의 이해관계를 유럽연합의 젠더정책은 어떻게 포용할 수 있을 것인가?

한편으로 유럽 여성에게 특권적이고 유럽 중심적인 보편성은 제3세계의 여성의 억압에 대해 권력을 행사할 수 있다는 비판을 받아들여야 하는지, 이 권력은 다시 정의되고 새롭게 조명되어야 하는지 등 새로운 문제에 직면한 유럽연합은 어떠한 답을 내놓을지 궁금해진다.

젠더정책은 여성들만의 문제가 아니라, 젠더 관계의 변화를 추구하며, 이를 통해 평등한 삶을 추구할 수 있도록 동등한 기회와 조건, 결과를 이끄는 정책이다. 따라서 유럽연합의 정책 결정 과정에서 젠더문제가 무엇인지에 대해 새롭게 규명하고 정책 방향을 제시함으로써 서로의 차이를 줄이는 작업들이 진행되었다.

현상을 보는 방식은 그러한 현상을 분석하고 평가하여 변화시키기 위해 무엇을 해야 하는지를 결정하게 한다. 확대된 유럽연합에서 젠더정책의 우선순위를 정하는 문제는 유럽연합 회원국과 젠더와 관련된 다양한 행위자들 사이의 정치적 과정을 동반하게 되기 때문이다. 사회적 가치의 배분 기준에 따라 젠더문제가 달라지고, 젠더 요구와 정책은 실질적 요구와 전략적 요구를 구분할 수 있게 한다.

유럽 통합의 심화와 확대 과정에도 불구하고 성별 분업 구조에서 여성은 가사노동자, 남성은 생계부양자로 간주되는 남성 중심적 소득자 모델이 많은 국가에서 여전히 지배적이다. 반면 성평등한 국가에서는 맞벌이 부부에 대한 국가의 지원과 돌봄의 사회 과정을 근간으로 하는 기혼 여성의 일가족양립정책을 추진하여 여성들은 노동시장에서 일도 하고 동시에 돌봄노동도 수행하며 이를 양립하고 있다.

유럽 차원에서 실질적 젠더 요구와 전략적 젠더 요구 사이의 젠더 불균형을 해소해야 한다. 이에 유럽연합은 확대된 유럽연합의 젠더화를 위해 성평등과 성주류화정책을 동시에 수행하는 이중 전략을 구사하고 있다.

성주류화 실현을 위해 기본적으로 유럽연합과 그 회원국, 유럽연합과 기구의 모든 영역과 정책에 성인지력 향상, 성인지적 예산, 성별 분리 통계, 정책의 성분석을 실시하고 있다.

성인지력 향상은 유럽연합 기구와 정책 결정자들의 성인지적 관점 및 정책 수행 능력을 향상하기 위해 유럽 차원의 정책을 기획하는 단계부터 집행하고 평가에 이르는 단계까지 성인지적 관점이 반영되도록 하는 것이다.

성인지적 예산은 예산이 정책의 우선순위를 결정하는 정책 결정 과정이라고 보고, 예산이 성중립적으로 운영될 수 있도록 다양한 장치를 마련하는 것이다. 유럽 차원의 젠더정책을 수행하기 위해서는 적절한 자원의 배분이 필요하다. 특히 예산 분배의 경우 여성과 남성에게 미치는 영향을 분석하고, 예산에 내재된 편견과 선입견을 확인함으로써 남녀에게 공평한 예산이 배분될 수 있도록 하는 것이 중요하다. 이에 유럽연합은 성인지적 예산을 통해 성별 불평등한 결과가 초래되지 않도록 하고 있다.

성별 분리 통계는 젠더이슈를 도출하기 위한 기본적인 과정이다. 예를 들어 성별에 따라 노동시장 내에서 수직적·수평적 분리가 이루어진다. 교육 과정에서 성차별은 없는지, 가족 내에서 불평등한 가사 분담은 없는지, 여성의 이중 부담, 성별 고정관념은 없는지 살펴봐야 한다. 성별로 분리된 교육 관련 통계는 중요한 지표가 될 것이다. 이에 유럽연합은 모든 통계에 성별 분리 통계를 적용하고 있으며, 회원국 내부에서도 적용되어 운영될 수 있도록 하고 있다.

노동시장에서의 수직적·수평적 분리 현상은 결과적으로 성별 임금 격차, 의사결정 과정에서 여성 배제 등 젠더 관계에 부정적인 영향을 미친다. 따라서 성별에 따른 영향을 비교하기 위해서 남녀의 임금 차이, 직급별 여성 비율, 여성의 노동 유형, 노동시장에서 여성의 위치와 역할, 의사결정 과정에서 여성의 비율 등 다양한 영역에서의 통계가 이용된다.

정책의 성분석은 정책에 대한 성별영향평가로, 정책과 프로그램의 기획, 집행, 평가 시 여성과 남성의 서로 다른 요구를 파악하고, 정책이 여성과 남성에 미칠 영향을 분석하여 특정 성에 대한 불평등을 사전에 예방할 수 있도록 정책이 공정하게 이루어지게 하기 위한 수단이다.

유럽연합은 정책의 모든 단계에서 유럽연합의 정책에 대한 성별영향평가를 기반으로 분석하여 이를 정책 결정 과정에 반영하도록 하고 있다. 유럽 사회에는 다양한 억압 구조가 존재한다. 이들 중 하나의 억압

구조가 가장 우선하거나 가장 왜곡된 것으로 보는 억압의 위계에 반대하려는 입장이 존재한다. 다중적 억압과 착취 구조에서 차별은 다중적이며, 젠더는 특권과 차별을 가져다주는 여타 사회적 권력관계와 얽혀 있어 결코 분리되어 작동하지 않는다.

따라서 여성들 간에 차이가 존재하고 서로 다른 입장과 이해관계가 존재한다 해도 여성 공통의 목표를 향한 페미니즘적 투쟁이 전혀 불가능해지는 것은 아니다. 여성 공통의 목표를 위해 차이들을 가로질러 제휴하는 일이 중요해지고 있으며, 또 유럽연합에서 이와 같은 페미니즘적 실험이 가능하다고 보는 것이 바로 횡단의 정치(transversal politics)이다.

참고문헌

김경미. 2011.「독일: 자율적 정당할당과 온건한 수준의 여성 정치대표성」. 김민정 외.『여성 정치할당제: 보이지 않는 벽에 문을 내다』. 서울: 인간사랑.

김경희·최혜진. 2013.「선진국 담론과 전환적 성주류화」.≪한국정치학회보≫, 제47권 3집, 169~189쪽.

김민정. 2003.「글로벌 가버넌스의 여성정책: 유럽연합을 중심으로」. ≪유럽연구≫, 제18호, 239~268쪽.

_____. 2009.「성희롱 정책결정과정을 통해서 본 유럽연합의 비공식 가버넌스」. ≪동서연구≫, 제21권 1호, 285~315쪽.

_____. 2011.「프랑스 가족정책과 출산장려」. ≪민족연구≫, 제48권, 74~96쪽.

_____. 2012a.「상향식 공천제와 여성의 대표성」. ≪아시아여성연구≫, 제51권 1호, 37~70쪽.

_____. 2012b.「여성성기절제를 둘러싼 프랑스의 논쟁」. ≪21세기정치학회보≫, 제22권 2호, 171~193쪽.

김민정 외. 2012.『여성 국회의원의 경력지속: 19대 총선을 중심으로』. 2012년도 국회연구용역과제 연구보고서.

김선옥·장면선. 2003.「적극적 조치에 관한 유럽사법재판소 판례의 최근 동향」. ≪법학논집≫, 제8권 1호, 55~81쪽.

김원홍. 2012.『국회의원 선거에서의 여성공천과정 분석을 통한 대표성 증진방안』. 서울: 한국여성정책연구원.

미우라 하로키. 2012.「한국 이주노동자 문제에서 연성법의 활용과 과제: 비구속적 수단에 의한 공공정책 거버넌스의 모색」. ≪한국정치학회보≫, 제46집 1호, 229~256쪽.

박영란·최진우. 2007.「유럽연합 양성평등정책의 제도적 발전과정」. ≪유럽연구≫, 제25권 1호, 1~27쪽.

박채복. 2002.「유럽연합의 여성정책: 심화와 확대의 프로세스 속에서 기회균등의 추구」. ≪유럽연구≫, 제16권, 127~147쪽.

_____. 2008.「유럽연합의 이민 및 망명정책: 평가와 전망」. ≪한국외교사논총≫, 제30집 1호, 107~134쪽.

_____. 2012. 「독일 정당할당제와 한국 여성의 정치적 대표성」. ≪한국동북아논총≫, 제64권, 307~327쪽.
_____. 2013. 「EU 젠더레짐의 형성 및 정책결정과정」. ≪정치정보연구≫, 제16권 1호, 33~58쪽.
_____. 2013. 「유럽연합 내 '여성 성기절제' 논쟁」. ≪평화학연구≫, 제14권 1호. 151~170쪽.
_____. 2014. 「유럽연합과 정치적 대표성의 젠더화」. ≪아시아여성연구≫, 제53권 2호, 7~43쪽.
_____. 2018. 「독일 출산지원정책의 젠더적 함의」. ≪유럽연구≫, 제33권 2호, 143~167쪽.
송병준. 2010. 「유럽연합의 커미톨로지: 유럽적 문제해결을 위한 다층화된 정책과정의 양면성」. ≪유럽연구≫, 제28권 1호, 121~146쪽.
_____. 2013. 『유럽연합의 거버넌스와 공동정책』. 서울: 높이깊이.
안병억 외. 2014. 『유럽연합의 이해와 전망』. 서울: 높이깊이.
양윤정, 최연혁. 2014. 「신제도주의적 관점에서 본 스웨덴 복지모델과 기업의 시간제 근로 운영 사례」. ≪한국사회정책≫, 제21권 1호, 9~46쪽.
오미연·김기정·김민정. 2005. 「한국정당의 여성 국회의원 후보자 공천과 한국의 여성정치」. ≪한국정치학회보≫, 제39집 2호, 369~397쪽.
오은경. 2008. 「이슬람 여성의 할례를 보는 다양한 시각에 대한 소고」. ≪젠더와 문화≫, 제1권, 87~120쪽.
유럽정치연구회 엮음. 2018. 『유럽정치론』. 서울: 박영사.
유은경. 2016. 「양육수당제도 개혁을 통해서 본 프랑스 가족정책의 변화」. ≪아시아여성연구≫, 제55권 2호, 149~184쪽.
이헌근. 2007. 「여성의 정치적 대표성과 선거제도와의 상관성연구: 스웨덴을 중심으로」. ≪한국시민윤리학회보≫, 제20권 2호, 129~146쪽.
전복희. 2010. 「독일 제2기 여성운동에서 제기된 여성문제들의 특성과 제도화」. ≪평화학연구≫, 제11권 4호, 279~279쪽.
정창화. 2011. 「유럽연합(EU)의 정책결정시스템에 관한 연구」. ≪한독사회과학논총≫, 제21권 1호, 3~24쪽.
채형복. 2008. 「유럽연합에 있어 적극적 조치와 양성평등원칙」. ≪세계법학연구≫, 제14권 1호, 385~416쪽.
허라금. 2008. 「여성주의 성평등 개념을 통해 본 성주류화」. ≪여성학논집≫, 제25집 2호, 45~79쪽.
홍성우. 2009. 「네트워크 거버넌스에서의 정책조정수단: 유럽연합 연구개발 분야의 개방형 조정방식(OMC)을 중심으로」. ≪한국거버넌스학회보≫, 제16권 2호, 1~30쪽.

Abbas, Nabila, Annette Foerster and Emanuel Richter(eds.). 2015. *Supranationalitaet und Demokratie*. Wiesbaden: Springer.

Abrahamson. P., T. Boje and B. Greve. 2005. *Welfare and Families in Europe*. Aldershot: Ashgate.

Ahmed, L. 1992. *Women and Gender in Islam*. New Haven: Yale University Press.

Aleksander, Karin, Agata Martyna Jadwiżyc, Birte Meiners and Erwin Miedtke(eds.). 2010. *Der Genderfaktor: Macht oder neuer Dialog? Mit Genderblick auf Bibliotheken oder Bibliotheken im Genderblick*. http://www.querelles-net.de/index.php/qn/article/view/974/986

Al-Habri, A. Y. 1999. "Is Western Patriarchal Feminism Good for Third World/Minority Women?" in J. Cohen, M. Howard and M. C. Nussbaum(eds.). *IIs Multi-culturalism Bad for Women?* NJ: Princeton University Press.

Askola, Heli. 2007. "Violence Against Women, Trafficking, and Migration in the European Union." *European Law Journal*. Vol. 13, No. 2, pp. 204~217.

Aradau, Claudua. 2008. *Rethinking Trafficking in Women*. Politics Out of Security. Basingstoke: Palgrave Macmillan.

Arya, S. and A. Roy. 2006. *Poverty, Gender and Migration*. London: Sage Publisher.

Athela, Karoloiona. 2005. "The Revised Provisions on Sex Discrimination in European Law: A Critical Assessment." *European Low Journal*, Vol. 11, No. 1, pp.57~78.

Aust, Andreas and Frank Boenker. 2004. "New Social Risks in a Conservative Welfare States: the Case Germany." in Peter Taylor-Gooby(ed.). *New Risk, New Welfare: The Transformation of the European Welfare State*. New York: Oxford University Press.

Aybars, Ayse Idil. 2008. "The European Employment Strategy and the Europeanization of Gender Equality in Employment." in Fiona Beveridge and Samamta Velluti (eds.). *Gender and the Open Method of Coordination: Perspectives on Law, Governance and Equality in the EU*. Aldershot: Ashgate.

Bacchi, C. 2006. "Arguing for and against Quotas: Theoretical Issues." in Drude Dahlerup(ed.). *Women, Quotas and Politics*. London and New York: Routledge.

_____. 2009. *Analysing Policy: What's the Problem Represented to Be?* French Forest, Australia: Pearson.

Baer, Susanne and Dietrich Englert(eds.). 2006. *Gender Mainstreaming in der Personalentwicklung. Diskriminierungsfreie Leistungsbewertung im öffentlichen Dienst*. Bielefeld: Kleine.

Baer, Susanne and Karin Hildebrandt(eds.). 2007. *Gender Works! Gender Mainstreaming: Gute Beispiele aus der Facharbeit.* Frankfurt am Main: Pater Lang Verlag.

Bauer, G. and M. Tremblay(eds.). 2011. *Women in Executive Power. A Global Overview.* London/New York: Routledge Chapman & Hall.

Behning, Ute and Birgit Sauer(eds.). 2005. *Was bewirkt Gender Mainstreaming? Evaluierung durch Policy Analysen.* Frankfurt/M.: Campus Verlag.

Bell, M. 2002. *Anti-Discrimination Law and the European Union.* Oxford: Oxford University Press.

Bennett, C. 1992. *The Victorian Images of Islam.* London: Grey Seal.

Berghahn, S. 2008. "Regelungsregime zum islamischen Kopftuch in Europa: Standard und Abweichung." *Österreichische Zeitschrift für Politikwissenschaft,* Vol. 37, No. 4, pp.435~450.

Berghahn, S. and P. Rostock(ed.). 2009. *Der Stoff, aus dem Konflikt sind: Debatten um das Kopftuch in Deutschland.* Bielefled: Transcript Verlag.

Bergmann, Kirsten. 1999. *Die Gleichstellung von Frauen und Maennern in der europaeischen Arbeitswelt.* Opladen/Wiesbaden: West deutscher Verlag.

Bergqvist, Chriatina. 1999. *Equal Democracies: Gender and Politics in the Nordic Countires.* Oslo: Aschehoung AS.

______. 2011. "The Nordic Countries." in G. Bauer and M. Tremblay(eds.). *Women in Executive Power. A Global Overview.* London/New York: Routledge Chapman & Hall.

Beveridge, Fiona and Samantha Velluti(eds.). 2008. *Gender and the Open Method of Coordination: Perspectives on Law, Governance and Equality in the EU.* Aldershot: Ashgate.

Bleijenbergh, Inge, Jeanne Bruijin and Jet Bussemaker. 2004. "European Social Citizneshio and Gender: The Part-time Work Directive." *European Journal of Industrial Relations*, Vol. 10, No. 3, pp. 309~328.

Boezel, Tanja A. 2005. "Mind the gap! European integration between level and scope." *Journal of European Public Policy.* Vol. 12, No. 2, pp. 217~236.

Bonifacio, G. T.(ed.). 2012. *Feminism and Migration: Cross-cultural Engagements.* Heidelberg, London, New York: Springer.

Bothfeld, Silke, Sigrid Gronbach and Barbara Riedmüller(eds.). 2002. *Gender Mainstreaming — eine Innovation in der Gleichstellungspolitik. Zwischenberichte aus der politischen Praxis*. Frankfurt/Main: Campus Verlag.

Braithwaite, Mary. 2000. "Mainstreaming Gender in the European Structural Funds." Paper prepared for the Mainstreaming Gender in the european Public Policy Workshop, University of Wisconsin-Madison. 14-15 October 2000.

Bretherton, Charlotte. 2005. "Gender Mainstreaming and EU Enlargement: Swimming Against the Tide?" *Journal of European Public Policy*, Vol. 8, No. 1, pp. 60~81.

Bruno, Isabelle, Sophie Jacquot and Lou Mandin. 2006. "Europeanization through its Instrumentation: Benchmarking, Mainstreaming and the Open Method of Coordination … Toolbox or Pandora's Box?" *Journal of European Pubic Policy*, Vol. 13, No. 4, pp. 519~536.

Büchs, Milena. 2007. *New Governance in European Social Policy: The Open Method of Coordination*. Basingstoke: Palgrave Macmillan.

Buckley, F. and Y. Galligan. 2011. "Western Europe." in G. Bauer and M. Tremblay (eds.). *Women in Executive Power. A Global Overview*. London/New York: Routledge Chapman & Hall.

Caporaso, James. 2008. "The Three Words of Regional Integration Theory." in Paolo Graziano and Maarten P. Vink(eds.). *Europeanization*. New Research Agendas. Basingstoke: Palgrave Macmillan.

Caporaso, James and Joseph Jupille. 2001. "The Europeanization of gender Equality Policy and Domestic Structural Change." in Maria Green Cowles, James Caporaso and Thomas Risse(eds.). *Transforming Europe: Europeanization and Domestic Change*. Ithaca and London: Cornell University Press.

Cichowski, Rachel A. 2007. *The European Court and Civil Society: Legitimation, Mobilization and Governance*. Cambridge: Cambridge University Press.

Clavero, Sara and Yvonne Galligan. 2009. "Constituting and Reconstituting the Gender Order in Europe." *Perspectives on European Politics and Society*, Vol. 10, No. 1, pp. 101~117.

Cockburn, Cynthia. 1995. "Strategies for gender democracy: strengthening the representation of trade union women in the European social dialogue." *European Journal of Women's Studies*, Vol. 3, No. 1, pp. 7~26.

Collins, Evelyn. 1996. "European Union Sexual Harassment Policy." in Amy Elman(ed.). *Sexual Politics and the European Union*. Providence: Berghahn.

Connell, R. W. 2002. *Gender*. Cambridge: Polity Press.

Corner, L. 1999. "Capacity Building for Gender Mainstreaming in Development."

UNIFEM East and Southeast Asia Regional Office, Technical Paper.

Cousins, M. 2005. *European Welfare States: Comparative Perspectives*. London: Sage.

Cowles, Maria Green, James Caporaso and Thomas Risse(eds.). 2001. *Transforming Europe: Europeanization and Domestic Change*. Ithaca and London: Cornell University Press.

Craig, Paul. 2007. *EU Administrative Law*. Oxford: Oxford University Press.

Crompton, R. 1999. *Restructuring Gender Relations and Employment*. Oxford: Oxford University Press.

Cullen, Paulina. 2009. "Pan-European NGOs and social rights: Participatory democracy and civil dialogue." in Jutta Joachim and Birgit Locher(eds.). *Transnational Activism in the EU and the EU: A Comparative Study*. London: Routledge.

Dahlerup, Drude. 2006. "Introduction." in D. Dahlerup(ed.). *Women, Quotas and Politics*. London and New York: Routledge.

Dahlerup, Drude(ed.). 2006. *Women, Quotas and Politics*. London and New York: Routledge.

Dahrendorf, Ralf. 1957. *Soziale Klassen und Klassenkonflikt ih der industriellen Gesellschaft*. Stuttgart: Enke.

Daly, M. 1994. "Comparing welfare state: Towards a gender friendly Approach." in D. Sainsbury(ed.). *Gendering Welfare State*. London: Sage.

_____. 2007. "Whither EU Social Policy? An Account and Assessment of Developments in the Lisbon Social Inclusion Process." *Journal of Social Policy*, Vol. 37, No. 1, pp. 1~19.

Daly, M. and J. Lewis. 1998. "Introduction: Conceptional of Social Care in the Context of Welfare Restructuring." in J. Lewis(ed.). *Gender, Social Care and Welfare States Restructuring in Europe*. London: Ashgate.

Debusscher, Petra and Jacqui True. 2008. "Lobbying the EU for Gender Equal Development." in J. Orbie and L. Tortell(eds.). *The European Union and the Social Dimension of Globalisation: How to the EU Influence the World*. London: Routledge.

Denza, Eileen. 2002. *The Intergovernmental Pillars of the European Union*. Oxford: Oxford University Press.

Diaz, M. M. 2005. *Representing Women? Female Legislators in West European Parliaments*. Colchester: EC Prod Inc.

Dovi, S. 2007. "Theorizing Women's Representation in the United States." *Politics &*

Gender, Vol. 3, No. 3, pp. 297~319.

Eckstein, Christiane. 2009. *Geschlechtergerechte Familienpolitik. Wahlfreiheit als Leitbild für die Arbeitsteilung in der Familie*. Stuttgart: Verlag W. Kohlammer.

Ehrhart, Hans-Georg. 2005. "Die EU als zivil-militärischer Krisenmanager: Zwischen Anspruch und Wirklichkeit." *Integration*, Vol. 28, No. 3, pp. 217~232.

EIGE. 2013. "Annual Work Programm 2013." http://www.eige.europa.eu/content/document/eige-annual- work-programme-2013.

Einhorn, Barbara. 2006. *Citizenship in an Enlarging Union: From Dream to Awakening*. Basingstoke: Palgrave Macmillan.

Einhorn, Barbara and Charlotte Sever. 2003. "Gender and Civil Society in Central and Eastern Europe." *International Feminist Journal of Politics*, Vol. 5, No. 2, pp. 163~190.

Ellina, C. A. 2003. *Promoting Women's Right: The Politics of Gender in the European Union*. New York & London: Routledge.

Ellis, Evelyn(ed.) 1999. *The Principle of Proportionality in the Law of Europe*. Oxford: Hart Legal Publishers.

Elman, R. A. 2007. *Sexual Equality in an Integrated Europe: Virtual Equality*. Basingstoke; Palgrave Macmillan.

Elman, R. A.(ed.). 1996. *Sexual politics and the European Union: The new feminist challenge*. Providence and Oxford: Berghahn Books.

Englert, Dietrich. 2009. *Soziale Innovation durch Gender Mainstreaming*. Wiesbaden: VS Verlag.

Erler, Daniel. 2009. "Germany: Taking a Nordic Turn?" in Sheila B. Kamerman and Peter Moss(eds.). *The Politics of Parental Leave Policies — Children, Parenting, Gender and the Labour Market*. Bristol: The Policy Press.

Esping-Andersen, G. 1990. *The Three Worlds of Welfare Capitalism*. Cambridge: Polity Press.

_____. 1999. *Social Foundation of Post-Industrial Economies*. Oxford: University Press.

Eulers, Kathrin. 1991. *Frauen im Wahlrecht. Möglichkeiten zur Verbesserung der Partizipation von Frauen im Bundestag*. Baden-Baden: Nomos.

Europaeisches Parlament. 2009. "EB 71.3 - Europawahlen 2009, Nachwahlbefragung. Erste Ergebnisse: Aufschluesselung Maenner/Frauen." http://www.europarl.europa.eu/pdf/eurobarometre/28_07/FR_de.pdf (검색일: 2014.6.10).

European Commission. 2010. "Strategy for Equality between Women and Men 2010-

2015." http://eur-lex.europa.eu/LexUriServ/LexUriServ.do?uri=COM:2010:0 491:FIN:en:PDF(검색일: 2014.6.2).

_____. 2012. "Women in Economic decision-making in the EU: Progress Report." http://ec.europa.eu/justice/newsroom/gender-equality/opinion/files/120528/women_on_board_progress_report_en.pdf (검색일: 2014.6.2).

_____. 2013. "Gender Balance on Corporated Boards." http://ec.europa.eu/justice/gender-equality/files/documents/140303_factsheet_wob_en.pdf(검색일: 2014.6.2).

Fodor, Eva. 2006. "Gender mainstreamimg and its consequences in the European Union." *The Analyst*, Vol. 7, No. 1, pp. 1~16.

Forest, M. 2011. "Central and Eastern Europe." in G. Bauer and M. Tremblay(eds.). *Women in Executive Power: A Global Overview*. London/New York: Routledge Chapman & Hall.

Freedman, J. 2002. "Women in the European Parliament." *Parliamentary Affairs*, Vol. 55, No. 1, pp. 179~188.

Frey, Regina. 2003. *Gender im Mainsteaming. Geschlechtertheorie und – praxis im internationalen Diskurs*. Königstein/Taunus: Ulrike Helmer Verlag.

Galligan, Y., S. Clavero and M. Calloni. 2007. *Gender Politics and Democracy in Post-Socialist Europe*. Opladen: Budrich.

Ginsberg, Roy. 1999. "Conceptualizing the EU as an International Actor: Narrow the Theoretical Capability-Expectation Gap." *Journal of Common Market Studies*, Vol. 37, No. 3, pp. 429~454.

Goetz, Anne Marie. 2005. "Advocacy Administration in the Context of Economic and Political Liberalization." UN Division for the Advancement of Women.

Gornick, J. C. and M. K. Meyers. 2001. "Lesson-Drawing in Family Policy: Media Reports and Empirical Evidence about European Developments." *Journal of Comparative Policy Analysis: Research and Practice*, Vol. 3, No. 1, pp. 31~57.

_____. 2003. *Families that Work: Policies for Reconciling Parenthood and Employment*. New York: The Russell Sage Foundation.

Greenhaus, J. H. and N. J. Beutell. 1985. "Sources of Conflict Between Work and Family Roles." *Academy of Management Review*, Vol. 10, No. 1, pp. 76~88.

Greenwood, J. 1997. *Representing Interests in the European Union*. Basingstoke: Macmillan.

_____. 2004. "The Search for input legitimacy through organized civil society in the EU." *Transnational Associations*, Vol. 2, pp. 145~155.

Gresch, N. and P. Rostock. 2009. "Democratic Paradoves: Rights and values in European headscarf debates." Paper presented to the First European Conference in Politics and Gender at Belfast. Retrieved August 13, 2012, from http://www.essex.ac.uk/ecpr/standinggroups/documents/Gresch_Rostock.pdf

Guerrina, R. 2002. "Mothering in Europe: Feminist Critique of European Policies on Motherhood and Employment." *European Journal of Women's Studies*, Vol. 9, No. 1, pp. 49~68.

_____. 2005. *Mothering the Union: Gender Politics in the EU*. Manchester: Manchester University Press.

Guindi, F. E. 1999. *Veil: Modesty, Privacy and Resistance*. Oxford: Berg.

Haas, Linda. 2003. "Parental Leave and Gender Equality: Lessons from the EUropean Union." *Review of Policy Research*, Vol. 20, No. 1, pp. 89~114.

Hadj-Abdau, L. 2008. "Das muslimische Kopftuch und die Geschlechtergleichheit: eine Frage der Kultur oder Religion?" *Femina Politica*, Vol. 12, pp. 68~80.

Hafner-Burton, Emilie and Mark A. Pollack. 2009. "Mainstreaming Gender in the European Union: Getting the Incentives Right." *Comparative European Politics*, Vol. 7, No. 1, pp. 114~138.

Hanmer, Jalna. 1996. "The Common Market of Violence." in Amy R. Elan(ed.). *Sexual Politics and the European Union: The New Feminist Challenge*. Providence and Oxford: Berghahn Books.

Hantrais, L. and Jo Campling(eds.). 2000. *Gendered Policies in Europe: Reconciling Employment and Family Life*. London: Macmillan.

Haussman, Melisa and Birgit Sauer. 2007. *Gendering the State in the Age of Globalization: Women's Movement and State Feminism in Postindustrial Democracy*. Lanham: Rowman & Littelfield Publishers.

Hirschmann, Nancy. 1998. "Western Feminism, Eastern Veiling and the Question of Free Agency." *Constellations*, Vol. 5, No. 3, pp. 345~368.

Hix, Simon. 2005. *The Political System of the European Union*. Second Edition. Bashingstoke: Palgrave Macmillan.

Hix, Simon and Michael Marsch. 2011. "Second-order Effects Plus Pan-European Political Swings: An Analysis of European Parliament Elections across Time." *Electoral Studies*, Vol. 30, No. 1, pp. 4~15.

Hoecker, B. 1988a. *Frauen in der Politik. Eine Soziologische Studies*. Opladen: Leske & Budrich.

_____. 1988b. *Handbuch politischer Partizipation von Frauen in Europa.* Opladen: Leske & Budrich.

Holli, Anne Maria and Johanna Kantola. 2007. "State Feminism Finnish Style: Strong Policies clash with Impelementation Problems." in Joyce Outshoorn and Johanna Kantola(eds.). *Changing State Feminism.* Basingstoke: Palgrave Macmillan.

Honig, B. 1999. "My Culture Made Me Do It." in J. Cohen, M. Howard and M. C. Nussbaum(eds.). *Is Multiculturalism Bad for Women.* NJ: Princeton University Press.

Hooghe, Liesber and Gary Marks. 2001. *Multi-Level Governance and European Integration.* Lanham: Rowman & Littelfied.

Hoskyns, C. 1996. *Integrating Gender: Women, Law and Politics in the European Union.* London/ New York: Verso.

_____. 1999. "Gender and Transnational Democracy: The Case of the European Union." in Mary K. Meyer and Elisabeth Prugl(eds.). *Gender Politics in Global Governance.* Lanham: Rownam & Littlefield.

_____. 2007. "Linking Gender and International Trade Policy: Is Interaction Possible?" CSGR Working Paper 217/07.

_____. 2008. "Governing the EU: Gender and macroeconomics." in S. Rai and G. Waylen(eds.). *Global Governance: Feminist Perspectives.* Basingstoke: Palgrave Macmillan.

Ingler-Detken, Yvonne R. 2008. *Doing Gender auf der Politischen Nuehne Europas.* Wiesbaden: VS Verlag fuer Sozialwissenschaften.

Kantola, Johanna. 2009a. "Women's Political Representation in the European Union." *Journal of Legislative Studies*, Vol. 15, No. 4, pp. 379~400.

_____. 2009b. "Taking Multiple Discrimination: Gender and Crosscutting inequalities in Europe." *The Making of European Women's Studies*, Vol. IV, Athena Network.

_____. 2010. *Gender and the European Union.* Basingstoke: Palgrave Macmillan.

Klein, U. 2006. *Geschlechterverhältnisse und Gleichstellungspolitik in der Europäischen Union.* Wiesbaden: VS Verlag für Sozialwissenschaften.

_____. 2013. *Geschlechterverhältnisse, Geschlechterpolitik und Glechstellungspolitik in der Europäischen Union.* Wiesbaden: Springer.

Kleinman, M. 2002. *A European Welfare State: European Union Social Policy in Context.* Basingstoke: Palgrave.

Kolbe, Wiebke. 2002. *Elternschaft im Wohlfahrtstaat. Sweden und die Bundesrepublik im Vergleich 1945-2000*. Frankfurt a.M./New York: Campus.

Krafft, Dietmar and Claudia Wiepcke. 2005. "Gender Mainstreaming durch ökonomische Bildung." in Bernd Weitz(ed.). *Standards in der ökonomischen Bildung*. Bergisch Gladbach: Hobein.

Krell, Gertraude, Renate Ortlieb and BarbaraSieben(eds.). 2011. *Chancengleichheit durch Personalpolitik: Gleichstellung von Frauen und Männern in Unternehmen und Verwaltungen: Rechtliche Regelungen-Problemanalysen-Lösungen. 6. Auflage*. Wiesbaden Verlag: Dr. Th. Gabler.

Krizsan, A., J. Squires and H. Skjeie, 2012. *Institutionalizing Intersectionality: The Changing Nature of European Equality Regimes*. New York: Palgrave Macmillan.

Kronsell, A. 2005. "Gender, power and European integration theory." *Journal of European Public Policy*, Vol. 12, No. 6, pp. 1022~1040.

Krook, Mona Lena. 2009. *Quotas for Women in Politics: Gender and Candidate Selection Reform Worldwide*. Oxford: Oxford University Press.

Kymlicka, Will. 1995. *Multicultural Citizenship: A Liberal Theory of Minority Rights*. Oxford: Clarendon Press.

Leira, A. 2002. *Working Parents and the Welfare State-Family Change and Policy Reform in Scandinavia*. Cambridge: Cambridge University Press.

Leitner, Sigrid, Illona Ostner, and Christoph Schimitt. 2008. "Family Policies in Germany." in Illona Ostner and Christoph Schimitt(eds.). *Family Policies in the Context of Family Change: The Nordic Countries in Comparative Perspective*. Wiesbaden: VS Verlag für Sozialwissenschaften.

Lewis, J. 1992. "Gender and the development of welfare regime?" *Journal of European Social Policy*, Vol. 2, No. 3, pp. 159~173.

_____. 1997. "Gender and Welfare Regimes: Further Thoughts." *Social Politics: International Studies in Gender, State, and Society*, Vol. 4, No. 2, pp. 160~177.

_____. 2006. "Work-family reconciliation, equal opportunities and social policies: the interpretation of policy trajectories at the EU level and the meaning of gender equality." *Journal of European Public Policy*, Vol. 13, No. 3, pp. 400~437.

_____. 2010. *Work-Family Balance, Gender and Policy*. Cheltenham: Edward Elgar Publishing.

Liebert, Ulrike. 1997. "Gender and Welfare Regimes: Futher Thoughts." *Social Politics*, Vol. 4, No. 2, pp. 160~177.

Lipset, Seymour Martin and Stein Rokkan. 1967. "Cleavage Structure, Party Systems, and

Voter Alignments." in Seymour M. Lipset and Stein Rokkan(eds.). *Party Systems and Voter Alignments: Cross-National Perspectives.* New York: The Free Press Ltd..

Lister, R. 2002. *The Responsible Citizen: Creating a New Welfare Contract Western Welfare in Decline: Globalization and Women's Poverty.* University of Pennsylvania Press.

_____. 1997. *Citizenship: Feminist Perspectives.* London: Macmillan Press Ltd.

Locher, Birgit. 2007. *Traffiking in Women in the European Union: Norms, Advocacy-Networks and Policy Change.* Wiesbaden: VS Verlag

Locher, B. and E. Pruegl, 2009. "Gender Perspectives." in A. Wiener and T. Diez(eds.). *European Integration Theory.* Oxford: Oxford University Press.

Lombardo, Emamuela and Mieke Verloo. 2009. "Institutionalising intersectionality in the European Union? Policy development and contestations." *International Feminist Journal of Politics.* Vol. 11, No. 4, pp. 478~495.

Lombardo, Emanuela, Petra Meier and Mieke Verloo(eds.). 2009. *The Discursive Politics of Gender Equality: Stretching, Bending and Policymaking.* London: Routledge.

Lovenduski, J. 2006. "Introduction: State Feminism and Political Representation of Women" in J. Lovenduski(ed.). *State Feminism and Political Representation.* Cambridge: Cambridge University Press.

MacCormick, John. 2008. *Understanding the European Union.* Basingstoke: Palgrave.

Macrae, Heather. 2006. "Rescaling Gender Relations: the Influence of European Directives on the German Gender Regime." *Social Politics*, Vol. 13, No. 4, pp. 522~550

Maetzke, Margitta, and Ilona Ostner. 2010. "Introduction: Change and continuity in recent family policies." *Journal of European Social Policy*, Vol. 20, No. 5, pp. 387~398.

Manners, I. 2002. "Normative Power Europe: A Contradiction in Terms?" *Journal of Common Market Studies.* Vol. 40, No. 2, pp. 235~258.

Mansbridge, J. 1999. "Should Blacks Represent Blacks and Women Represent Women? A Contingent 'yes'." *Journal of Politics*, Vol. 61, No. 3, pp. 628~257.

Marcotte, R. 2005. "Identity, Power and the Islamist Discourse on Women." in N. Lahoud and A. Johns(ed.). *Islam in World Politics.* Oxford: Routledge.

Marshall, Thomas H. 1992. *Citizenship and Social Class.* London: Pluto Press.

Martinsen, Dorte S. 2007. "The Europeanization of Gender Equality — Who Controls the Scope of non-Discrimination." *Journal of European Public Policy*, Vol. 14, No. 4, pp. 544~562.

Masselot, Annick. 2007. "The State of Gender Equality Law in European Union."

European Law Journal, Vol. 13, No. 2, pp. 152~168.
Mazey, Sonia. 2001. *Gender Mainstreaming in the EU: Principles and Practice*. London: Kogan Page.
_____. 2002. "Gender Mainstreaming Strategies in the EU: Delivering an Agenda?" *Feminist Legal Studies*, Vol. 10, No. 3-4 pp. 227~240.
Mazur, A. 1996. "Interplay: The Formation of Sexual Harassment Legislation." in Elman, Amy.(ed.) *Sexual Politics and the European Union*. Providence: Berghahn Books, 1996.
_____. 2002. *Theorizing Feminist Policy*. New York: Oxford University Press.
_____. 2009. "Comparative Gender and Policy Projects in Europe: Current Trends in Theory, Method and Research." *Comparative European Politics*, Vol. 7, No. 1, pp. 12~36.
Meenan, H.(ed.). 2007. *Equality Law in an Enlarged European Union: Understanding the Article 13 Directives*. Cambridge: Cambridge University Press.
Meuser, Michael and Claudia Neusüß. 2004. *Gender Mainstreaming. Konzepte-Handlungsfelder-Instrumente*. Bonn: Bundeszentrale für Politische Bildung.
Meyer, Mary K. and Elisabeth Prugl(eds.). *Gender Politics in Global Governance*. Lanham: Rownam & Littlefield.
Mittag, Jürgen(ed.). 2011. *30 Jahre Direktwahlen zum Europäischen Parlament(1979~2009). Europawahlen und EP in der Analyse*. Baden-Baden: Nomos.
Moon, K. H. 2011. "The Debates on Honor Killings in Sweden and Its Policy Responses." *Korean Journal of International Relations*, Vol. 51, No. 20, pp. 135~159.
Morgan, Kimberly. 2013. "Path Shifting of The Welfare State: Electoral Competition and The Expansion of Work-Family Policies in Western Europe." *World Politics*, Vol. 65, No. 1, pp. 73~115.
Morris, E. 2009. *Second Class Migrants? Gender and Migration in the European Union*. Saabrueken: VDM Verlag Dr. Mueller.
Mushaben, J. M. 2012. "Women on the Move: EU Migration and Citizenship Policy." in G. Abels and J. M. Mushaben(eds.). *Gendering the European Union: New Approaches to Old Democratic Deficits*. Basingstoke, New York: Palgrave Macmillan.
Nelsen, Brent F. and James L. Guth. 2000. "Exploring the Gender Gap: Women, Men and Public Attitudes toward European Integration." *European Union Politics*, Vol. 1, No. 3, pp. 267~291.

Nohr, Barbara and Silke Veth(eds.). 2002. *Gender Mainstreaming. Kritische Reflexion einer neuen Strategie*. Rosa Luxemburg-Stiftung. Berlin: Karl Dietz Verlag.

Nussbaum, M. C. 1999. *Sex and Social Justice*. Oxford: Oxford University Press.

_____. 2005. "Women's Bodies: Violence, Security, Capabilities." *Journal of Human Development*, Vol. 6, No. 2, pp. 167~183.

Nyberg, A. 2002. "From Foster Mothers to Child Care Centers: A History of Working Mothers and Child Care in Sweden." *Feminist Economics*, Vol. 6, No. 1, pp. 5~20.

O'Conner, Julia S., Ann Schola Orloff and Sheila Shaver. 1999. *States, Markets and Families: Gender, Liberalism and Social Policy in Australia, Canada, Great Britain, and the United States*. Cambridge: Cambridge University Press.

Odeh, L. A. 1993. "Postcolonial feminism and the veil: Thinking the difference." *Feminist Review*, Vol. 43, No. 1, pp. 26~37.

Oh, E. K. 2009. "Women of Islams and Multiculturalism." *Feminismyeongu*, Vol. 9, No. 1, pp. 1~29.

OHCHR, UNAIDAS, UNDP, UNECA, UNESCO, UNFPA, UNHCR, UNICEF, UNIFEM, WHO. 2008. Eliminating Female Genital Mutilation: An Interagency Statement. Geneva: World Health Organization. http://whqlibdoc.who.int/publications/2008/9789241596442_eng.pdf(검색일: 2012.10.30).

Oishi, N. 2005. *Women in Motion: Globalization, State Policies, and Labor Migration in Asia*. Stanford, California: Stanford University Press.

Okin, S. M. 1999. "Is Multiculturalism Bad for Women?" in J. Cohen, M. Howard and M. C. Nussbaum(eds.). *Is Multiculturalism Bad for Women?* Princeton, NJ: Princeton University Press.

Ossilli, Mariagrazia. 2008. *Gender Policies in the European Union*. Oxford: Lang.

Palmary, I., E. Burman, K. Chantler and P. Kiguwa(eds.). 2010. *Gender and Migration: Feminist Interventions*. London & New York: Zed Books.

Park, Chae-Bok. 2008. "Women and International Migration: Background of the Feminization of Migration and its Implications." *Asian Women*, Vol. 24, No. 2, pp. 1~16.

_____. 2012. "Sustainable Growth and Change of Welfare Paradigm: In Case of German Fertility Policies." ≪평화학연구≫, 제13권 2호, 119~132쪽.

_____. 2013. "Cultural Diversity and Gender Equality: Discourse on Muslim Women's Veil in Europe." *The Korean Journal of Area Studies*, Vol. 31, No. 2, pp. 179~207.

Pascual, Amparo Serrano. 2008. "Is the OMC a Provider of Political Tools to Promote

Gender Mainstreaming?" in Fiona Beveridge and Samantha Velluti(eds.). *Gender and the Open Method of Coordination: Perspectives on Law, Governance and Equality in the EU*. Aldershot: Ashgate.

Pateman, Carol. 1992. "Gleichheit, Differenz, Unterordnung. Die Mutterschaftpolitik und die Frauen in ihrer Rolle als Staatsbürgerinnen." *Feministische Studies*, Vol. 10, No. 1, pp. 54~69.

Peterson, J. 2004. "Policy Networks." in A. Weiner and T. Diez(eds.). *European Integration Theory*. Oxford: Oxford University Press.

Pfau-Effinger, B. and T. Rostgaard. 2011. *Care Between Work and Welfare in European Societies*. London: Palgrave Macmillan.

Phillips, A. 1995. *The Politics of Presence*. Oxford: Clarendon Press; New York: Oxford University Press.

_____. 1998. "Democracy and Representation: Or Why Should It Matter Who Our Representatives Are?" *Feminism and Politics*. Oxford: Oxford University Press.

Piper, N. 2008. *New Perspectives on Gender and Migration: Livelihood, Rights and Entitlements*. New York: Routledge.

Pruegl, E. 2007. "Gender and EU Politics." in Knud Erik Jorgensen, Mark Pollack and Ben J. Rosamond(eds.). *The Handbook of European Union Politics*. London: SAGE.

_____. 2008. "Gender and the Making of Global Markets: An Exploration of the Agricultural Sector." in S. Rai and G. Waylen(eds.). *Global Governance: Feminist Perspectives*. Basingstoke: Palgrave Macmillan.

Rai, Shirin. 2003. "Institutional Mechanisms for the Advancement of Women: Mainstreaming Gender, Democratizing the State?" in S. Rai(ed.). *Mainstreaming Gender, Democratizing the State?* Manchester and New York: Manchester University Press.

Radaelli, Claudio M. and Romain Pasquier. 2008. "Conceptual Issues." in Paolo Graziano and Maarten P. Vink(eds.). *Europeanization*. New Research Agendas. Basingstoke: Palgrave Macmillan.

Rai, Shirin and Waylen, Georgina(eds.). 2008. *Global Governance: Feminist Perspectives*. Basingstroke: Palgrave Macmillan.

Rees, T. 1998. *Mainstreaming Equality in the European Union: Education, Training and Labour Market Policies*. London: Routledge.

_____. 2005. "Reflections on the Uneven Development of Gender Mainstreaming in Europe." *International Feminist Journal of Politics*. Vol. 7, No. 4, pp. 555~574.

Reynolds, A. 1999. "Women in Legislatures and Executives of the World: Knocking at the Highest Galss Ceiling." *World Politics*, Vol. 51, No. 4, pp. 547~572.

Rief, K. 1984. "National electoral cycles and European elections 1979 and 1984." *Electoral Studies*, Vol. 3, No. 3, pp. 245~255.

Rief, K. and H. Schmitt, 1980. "Nine second order national elections: A conceptual framework for the analysis of European election results." *European Journal of Political Research*, Vol. 8, No. 1, pp. 3~44.

Rosamond, Ben. 2000. *Theories of European Integration*. Hampshire: Palgrave.

Rossilli, M. 2000. *Gender Policies in the European Union*. New York: Peter Lang.

Roth, Silke. 2008. *Gender Politics in the Expanding European Union: Mobilization, Inclusion, Exclusion*. New York and Oxford: Berghahn Books.

Rubery, Jill. 2005. "Reflections on Gender Mainstreaming: an example of feminist economics in action? *Feminist Economics*, Vol. 11, No. 3, pp. 1~26.

Saharso, S. and D. Lettinga. 2008. "Contentious citizenship: Policies and Debates on the Veil in the Netherlands." *Social Politics*, Vol. 4, No. 1, pp. 455~480.

Sainsbury, D. 1994. "Women's and Men's Social Rights: Gendering Dimensions of Welfare States." in D. Sainsbury(ed.). *Gendering Welfare States*. London: Sage Publications.

_____. 1999. *Gender and Welfare State Regimes*. Oxford: Oxford University Press.

Sapiro, V. 1981. "Research Frontier Essay: When are Interests Interesting? The Problem of Political Representation of Women." *American Political Science Review*, Vol. 75, No. 3, pp. 701~716.

Scharpf, F. W. 2002. "The European Social Model: Coping with the Challenge of Diversity." Journal of Common Market Studies, Vol. 40, No. 4, pp. 645~670.

Schenk, Herrad. 1981. *Die Feministische Herausforderung. 150 Jahre Frauenbewegung in Deutschland*. Muenchen: Beck.

Schmidt, Verena. 2005. *Gender Mainstreaming — an Innovation in Europe? The Institutionalisation of Gender Mainstreaming in the European Commission*. Opladen: Barbara Budrich Publishers.

Schutter, Olivier De. 2006. "Three Models of Equality and European Anti-Discrimination Law." *Northern Ireland Legal Quarterly*, Vol. 57, No. 1, pp. 1~56.

Seeleib-Kaiser, Martin, 2002. "A Dual Transformation of German Welfare State?" *West European Politics*, Vol. 25, No. 4, pp. 25~48.

Sintomer, Y. 2009. "Kopftuch und ›foulard‹: Ein vergleicher Bild aus Frankreich auf die deutsche Debatte." in S. Berghahn and P. Rostock(eds.). *Der Stoff, aus dem Konflickte sind: Debatten um das Kopftuch in Deutschland*. Bielefled: Transcript Verlag.

Smith, K. 2000. "The end of civilian power Europe: A Welcome Demise or Cause for Concern?" *International Spectator,* Vol. 35, No. 1, pp. 11~28.

Steinhilber, Silke. 2006. "Gender and Post-Socialist Welfare States in Central and Eastern Europe." in Shahra Razavi and Hassim Shireen(eds.). *Gender and Social Policy in Global Context: Uncovering the Gendered Structure of the Social*. Basingstoke: Palgrave Macmillan.

Sterner, Gunilla and Helene Biller. 2007. *Gender Mainstreaming in EU Member States: Progress, Obstacles and Experiences at Governmental Level*. Ministry of Integration and Gender Equality, Sweden.

Stiegler, Barbara. 2000. *Wie Gender in den Mainstream kommt: Konzepte, Argumente und Praxisbeispiele zur EU-Strategie des Gender Mainstreaming*. Bonn: Friedrich-Ebert-Stiftung.

Stratigaki, M. 2000. "The European Union and the Equal Opportunities Process." in Linda Hantrais and Jo Campling(eds.). *Gendered Policies in Europe: Reconciling Employment and Family Life*. London: Macmillan.

_____. 2004. "The Cooptation of Gender Concepts in EU Policies: The Case of Reconciliation of Work and Family." *Social Politics*, Vol. 11, No. 1, pp. 30~56.

_____. 2005. "Gender Mainstreaming vs Positive Action: An Ongoing Conflict in EU Gender Equality Policy." *European Journal of Women's Studies*, Vol. 12, No. 2, pp. 165~186.

Stubb, Alexandra, Hellen Wallace and John Peterson. 2003. "The Policy Making Process." in Elizabeth Bomberg and Alexandra Stubb(eds.). *The European Union: How Does it Work?* Oxford: Oxford University Press.

Suemer, Sevil. 2009. *European Gender Regimes and Policies: Comparative Perspectives*. Farnham, UK and Burlington, VT: Ashgate.

Tamerius, K. L. 1995. "Sex, Gender and Leadership in the Representation of Women." in G. Duerst-Lahti and R. M. Kelly(eds.). *Gender Power, Leadership, and Governance*. Ann Arbor, Michigan: the University of Michigan.

Tivig, Thusnelda, Golo Henseke and Matthias Czechl. 2011. *Wohlstand ohne Kinder?: Sozioökonomische Rahmenbedingungen und Geburtenentwicklung im internationalen Vergleich*. Berlin /Heidelberg: Springer.

Triandafyllidou, A. 2011. *European Multiculturalisms: Cultural, Religious and Ethnic Challenges*. Edinburgh: Edinburgh University Press.

Trubek, David M. and Louise G. Trubek. 2005. "Hard and Soft Law in the Construction of Social Europe: the Role of the Open Method of Co-ordination." *European Law Journal*, Vol. 11, No. 3, pp. 343~364.

True, Jacqui. 2009. "Trading in Gender Equality: Gendered Meaning in EU Trade Policy." in E. Lambardo, P. Meier and M. Verloo(eds.). *The Discursive Politics of Gender Equality: Stretching, Bending and Policy-making*. London: Routledge.

True, Jacqui and Michael Mintrom. 2001. "Transnational Networks and Policy Diffusion: The Case of Gender Mainstreaming." *International Studies Quarterly*, Vol. 45, No. 1, pp. 27~57.

Vallance, E. and E. Davis. 1986. *Women of Europe*. Cambridge: Cambridge University.

van der Vleuten, Anna. 2005. "Pincers and Prestige. Explaining Implementation of EU Gender Equality Legislation." *Comparative European Politics*, Vol. 3, No. 4, pp. 464~488.

_____. 2007. *The Price of Gender Equality: Member States and Governance in the European Union*. Aldershot: Ashgate.

_____. 2013. *The Price of Gender Equality: Member States and Governance in the European Union*. New York and London: Routledge.

Verloo, Mieke, 2001. "Another Velvet Revolution? Gender Mainstreaming and the Politics of Implementation." IWM Working Paper no 5/2001. Institute for Human Science.

_____. 2005. "Displacement and Empowerment: Reflections on the Concept and Practice of the Council of Europe Approach to Gender Mainstraming and Gender Equality." *Social Politics*, Vol. 12, No. 3, pp. 344~365.

_____. 2007. *Multiple Meanings of Gender Equality: A Critical Frame Analysis of Gender Policies in Europe*. Budapest: Central European University Press.

Volpp, L. 2001. "Feminism versus Multiculturalism." *Columbia Law Review*, Vol. 101, No. 5, pp. 1181~1218.

von Alemann, Ulrich. 2003. *Das Parteiensystem der Bundesrepublik Deutschland*. Opladen: Leske + Budrich.

von Wahl, Angelika. 2006. "Gender Equality in Germany: Comparing Policy Change across Domains." *West European Politics*, Vol. 29, No. 3, pp. 461~488.

_____. 2008. "From Family to Reconciliation Policy: How the Grand Coalition Reforms the German Welfare State." *German Politics and Society*, Vol. 26, No. 13, pp. 25~49.

Walby, Sylvia. 2004. "The European Union and Gender Equality: Emerging Varieties of Gender Regime." *Social Politics*, Vol. 11, No. 1, pp. 4~29.

Wallace, Hellen. 2005. "An Institutional Anatomy and Five Policy Models." in Hellen Wallace, William Wallace and Mark A. Pollack(eds.). *Policy-Making in the European Union*. Oxford: Oxford University Press.

Wallace, Helen, William Wallace and Mark A. Pollack. 2005. "An Overview." in Helen Wallace, William Wallace and Mark A. Pollack(eds.). *Policy-Making in the European Union*. Oxford: Oxford University Press.

Wessels, W. 2008. *Das Politische System der Europäischen Union*. Wiesbaden: Nomos Verlag.

WHO. 2011. "An update on WHO's work on female genital mutilation(FGM), Progress report(2011)." http://whqlibdoc.who.int/hq/2011/WHO_RHR_11.18_eng.pdf(검색일: 2012.10.3).

William, S. J. 2000. *Unbending Gender*. Oxford: Oxford University Press.

Wing, A. and M. Smith. 2006. "Critical Race Feminism Lifts the Veil?: Muslim Women, France, and the Headscarf Ban." *University of California Davis Law Review*, Vol. 39, No. 3, pp. 743~785.

Wobbe, Theresa and Ingrid Biermann. 2009. *Vom Rom nach Amsterdam: Die Metamorphosen des Geschlechts in der Europaeischen Union*. Wiesbaden: VS Verlag fuer Sozialwissenschaften.

Woodward, Alison. 2003. "European Gender Mainstreaming: Promises and Pitfalls of Transformative Policy." *Review of Policy Research*, No. 20, pp. 65~88.

_____. 2004. "Building Velvet Triangles: Gender and Informal Governance." in Thomas Christiansen and Simona Piattoni(eds.). *Informal Governance and the European Union*. Cheltenham, UK & Northampton, MA: Edward Elgar.

Woodward, Alison and Agnes Hubert. 2007. "Reconfiguring State Feminism in the European Union: Changes from 1995-2006." Paper presented at th EUSA Tenth Biennial International Conference, 17-19 May 2007, Montreal.

Zippel, Kathrin. 2004. "Transnational Advocacy Networks and Policy Cycles in the European Union." *Social Politics*, Vol. 11, No. 1, pp. 57~85.

_____. 2009. "The European Union 2002 Directive on Sexual Harassment: A Feminist Success?" *Comparative European Politics*, Vol. 7, No. 1, pp. 139~157.

찾아보기

지은이 / **박채복**

"유럽연합과 젠더는 무슨 관계인가?" 유럽연합과 젠더라는 키워드로 유럽연합을 분석하고 접근하는 것은 유럽연합에 대한 새로운 시도이다. 이 책은 유럽연합의 전통적인 국가 중심적 분석과 연구의 문제점을 보완하고 젠더적 관점에서 유럽연합이라는 다층적 거버넌스를 집중적으로 조명하려 한다는 점에서 새롭다. 특히 유럽연합의 젠더정책 형성 및 결정 과정, 그리고 다양한 젠더이슈에 대한 동태적 분석은 유럽 차원의 젠더정책이 형성되는 메커니즘 및 역동성을 체계적으로 고찰할 수 있다는 점에서 매력적이다.

박채복은 숙명여대를 졸업하고, 독일 마르부르크(Marburg) 대학에서 정치학 박사학위를 취득했으며, 현재 숙명여자대학교 인문학연구소 연구교수로 재직 중이다. 국제정치(독일 정치 및 유럽 정치 포함)와 다문화 및 이주 문제, 그리고 젠더 및 여성 관련 분야를 연구하고 있다.

한울아카데미 2121

유럽연합과 젠더
정책, 제도, 행위자적 고찰

지은이 **박채복**
펴낸이 **김종수**
펴낸곳 **한울엠플러스(주)**
책임편집 **최규선**

초판 1쇄 인쇄 **2019년 1월 3일**
초판 1쇄 발행 **2019년 1월 21일**

주소 **10881 경기도 파주시 광인사길 153 한울시소빌딩 3층**
전화 **031-955-0655**
팩스 **031-955-0656**
홈페이지 **www.hanulmplus.kr**
등록번호 **제406-2015-000143호**

Printed in Korea.
ISBN **978-89-460-7121-6 93330** (양장)
978-89-460-6587-1 93330 (반양장)

* 책값은 겉표지에 표시되어 있습니다.